Janet Malcolm

❖

Die schweigende Frau – Die Biographien der Sylvia Plath

Aus dem Amerikanischen von

Susanne Friederike Levin

KELLNER

Die Deutsche Bibliothek – CIP-Einheitsaufnahme

Malcolm, Janet:
Die schweigsame Frau – Die Biographien der Sylvia Plath /
Janet Malcolm. Aus dem Amerikan. von Susanne Friederike
Levin. – 1. – 3. Tsd. – Hamburg : Kellner, 1994
Einheitssacht.: The silent woman <dt.>
ISBN 3-927623-43-1

Titel der amerikanischen Originalausgabe:
The silent woman – Sylvia Plath & Ted Hughes

1. – 3. Tausend, September 1994
Umschlaggestaltung: Elisabeth Hau, Marbach
Druck & Bindung: Offizin Andersen Nexö, Leipzig

ISBN 3-927623-43-1

Der Berichtende und sein Subjekt müssen gebührend und zu gleichen Teilen erkennen, daß sie ihr Leben in ihren Händen halten. Einige Geheimnisse müssen verborgen und verschwiegen werden. Möge der Gejagte sie nur mit halb so viel Methode kultivieren, wie der Forscher seine Spielerleidenschaft – auch historisches Verständnis genannt. Man hat sie zu lange normalen, instinktiven Menschen überlassen; aber ihre Effektivität wird sich verdoppeln, wenn sich die Erkenntnis durchsetzt, daß sie ihren Platz unter den Errungenschaften der Zivilisation einnehmen könnten. Dann gibt es wenigstens ein faires Spiel, bei dem sich zwei Kräfte von Angesicht zu Angesicht gegenüberstehen; sie werden erbittert kämpfen, und je erbitterter der Kampf, desto glücklicher wird zweifellos das Ergebnis. Dann wird die Gerissenheit des Fragenden, vom Widerstand vergiftet, an Schlauheit und Wildheit alles bisher bekannte übertreffen, und das blasse gewarnte Opfer wird mit allen beseitigten Spuren, allen verbrannten Papieren und allen unbeantworteten Briefen im Turm der Kunst, dem unzerstörbaren Granit, der jahrelangen Belagerung ohne Ausfall standhalten.

– Henry James, »George Sand« (1897)

Liz Taylor drängt sich zwischen Eddie Fischer und Debbie Reynolds, die engelsgleich, pausbäckig, betrogen, mit Löckchen und Hauskleid auftritt – Mike Todd kaum erkaltet (unter der Erde?). Wie seltsam, daß einen solche Ereignisse so mitnehmen. Warum? Analogien?

– Sylvia Plath, *Journals*, 2. September 1958

für Gardner

Teil Eins

EINS

Ted Hughes schrieb zwei Versionen seines Vorwortes zu *The Journals of Sylvia Plath,* einer Auswahl aus den Tagebüchern der Jahre 1950 bis 1962. Die erste Version (die 1982 im Buch abgedruckt wurde) ist ein kurzer lyrischer Essay, der auf nur einem Blakeschen Thema aufbaut: dem »wahren Ich«, das sich am Ende von Sylvia Plaths sich bekämpfenden »falschen Ichs« freimacht und seine triumphale Ausdrucksform in den *Ariel*-Gedichten findet. Sie schrieb es in den letzten sechs Monaten ihres Lebens, und es ist die einzige Grundlage ihrer Reputation als Dichterin. Hughes fand all ihre übrigen Werke – die Kurzgeschichten, die sie beharrlich schrieb und, meist erfolglos, an Unterhaltungsmagazine schickte, ihr Roman *Die Glasglocke*, ihre Briefe, ihre frühen Gedichte, in dem ersten Gedichtband *The Colossus* veröffentlicht, »wie Unreinheiten, in verschiedenen Stadien der inneren Verwandlung abgelegt, waren Nebenprodukte der inneren Arbeit«. Er schreibt über einen wichtigen Augenblick, der vieles vorwegnimmt:

> »Obwohl ich sechs Jahre lang jeden Tag mit ihr zusammen und selten länger als zwei oder drei Stunden von ihr getrennt war, habe ich nie erlebt, daß sie irgend jemandem ihr wahres Ich gezeigt hat – die letzten drei Monate ihres Lebens vielleicht ausgenommen.
>
> Ihr wahres Ich hatte sich drei Jahre zuvor für nur einen Augenblick in ihrer Arbeit gezeigt, und als ich es hörte – dieses Ich, das ich schließlich geheiratet hatte, mit dem ich lebte und das ich gut kannte – in diesem kurzen Moment, drei Zeilen, die sie rezitierte, als sie durch eine Tür trat, wußte ich, daß etwas

begonnen hatte, was ich immer gespürt hatte, daß ihr wahres Ich, die wahre Poetin, ab jetzt für sich selbst sprechen und sich von all diesen geringeren und künstlichen Ichs befreien würde, die bis zu diesem Zeitpunkt die Worte für sich beansprucht hatten. Es war, als habe ein stummer Mensch plötzlich angefangen zu sprechen.«

Hughes fährt fort: »Wenn ein wahres Ich plötzlich seinen Ausdruck findet und zu sprechen beginnt, ist das ein überwältigendes Ereignis.« Da aber die *Ariel*-Gedichte wenig über die »zufälligen Umstände oder das ernste innere Drama« enthüllen, aus dem sie hervorgehen, hat »vielleicht dieses Fehlen jeglicher begleitender Details andere dazu gereizt, in Sylvia Plath die wildesten Dinge hineinzuphantasieren«. Mit der Veröffentlichung der Tagebücher, meint er, werden vielleicht einige dieser Phantasien zur Ruhe kommen, aber Hughes führt nicht aus, wie dies geschehen soll, sondern merkt lediglich an, daß sie »Plaths tagtägliches Ringen mit ihren sich bekämpfenden Ichs« dokumentieren und von seiner umfassenden Charakterisierung ihrer Prosaschriften als »Abfallprodukte« ausgenommen werden müssen. Hughes beendet seinen dreiseitigen Essay mit einer Enthüllung, die so unerwartet und so abrupt ist, daß man ihre Bedeutung auf den ersten Blick gar nicht erkennt:

> »Die Tagebücher existieren als Sammlung von Notizbüchern und losen Blättern. Diese Auswahl enthält vielleicht ein Drittel des gesamten Materials, das jetzt in der Neilson Library am Smith College liegt. Zwei weitere Notizbücher überlebten noch einige Zeit; sie waren wie der Band ›1957–1959‹ dunkelbraun gebunden und enthielten die Aufzeichnungen von 1959 bis drei Tage vor ihrem Tod. Der letzte Band umfaßte die Eintragungen mehrerer Monate, und ich habe ihn vernichtet, denn ich wollte nicht, daß ihre Kinder ihn lesen müssen (damals hielt ich Vergessen für einen wesentlichen Bestandteil des Überlebens). Der andere Band ist verschwunden.«

Die zweite Version dieses Vorworts wurde 1982 in *Grand Street* und drei Jahre später in einer Anthologie von Schriften über Sylvia Plath veröffentlicht, *Ariel Ascending*, herausgegeben von Paul Alexander. Sie ist wesentlich länger, schwerfälliger und komplizierter, außerdem fehlt der elegant geführte rote Faden der ersten Fassung. Es scheint, als hätte Hughes seine erste Version geprüft und verworfen, als einen der zu simplen und zu hübschen, aber notwendigen Versuche jedes Schriftstellers, der herauszufinden versucht, was er sagen will. (Man könnte es auch als ein Ablegen von Unreinheiten bezeichnen.) In seinem zweiten Vorwort stellt Hughes seine Enthüllung über die verlorengegangenen Tagebücher gleich an den Anfang:

> »Sylvia Plaths Tagebücher bestehen aus einer Sammlung von Notizbüchern und losen Blättern, und die gerade veröffentlichte Sammlung enthält etwa ein Drittel des vorhandenen Materials. Zwei weitere Notizbücher überlebten noch einige Zeit nach ihrem Tod. Sie setzten da ein, wo das noch existierende Material Ende 1959 abbricht, und enthielten die Aufzeichnungen der letzten drei Jahre ihres Lebens. Den zweiten dieser beiden Bände hat ihr Ehemann vernichtet, weil er nicht wollte, daß ihre Kinder ihn lesen müssen (damals hielt er Vergessen für einen wesentlichen Bestandteil des Überlebens). Der erste Band ist erst kürzlich verschwunden (und kann vermutlich wieder auftauchen).«

Wie man sieht, hat Hughes zwei Änderungen vorgenommen. Einerseits formuliert er die Hoffnung, daß das »verschwundene« Tagebuch gelegentlich wieder auftauchen könne (der Gedanke drängt sich auf, daß es sich noch in seinem Besitz befindet und immer befunden hat). Die andere und wesentlich entscheidendere Änderung: er selbst ist »verschwunden«. »Ich habe vernichtet« wird zu »ihr Ehemann hat vernichtet«. Hughes kann die Fiktion nicht länger aufrechterhalten – die allen autobiographischen Schriften innewohnt –, daß Schreiber und Beschriebener eine untrennbare Einheit bilden. In seinem zweiten Vorwort muß Hughes sein Bewußtsein der Diskontinuität zwischen Beobachter und Beobachtetem formulieren: Der Beobachtete (»ihr Ehemann«) vertritt die Interessen der Hughes-Kinder, die er vor zerstörerischem Wissen bewahren muß, während der Beobachter – den er mit »man« bezeichnet, wie in: »Man muß sich fragen, ob die verlorengegangenen Eintragungen über ihre letzten drei Jahre nicht die wichtigsten waren« – die Interessen des Lesers vertritt, die die Beziehung zwischen den *Ariel*-Gedichten und dem Leben der Schriftstellerin verstehen wollen. Mit der Veröffentlichung von Plaths Tagebüchern sollte diese Beziehung offensichtlich beleuchtet werden. Aber der destruktive Akt »ihres Ehemanns« hat dieses Unternehmen ad absurdum geführt, denn genau jene Tagebücher, die die *Ariel*-Gedichte erhellen könnten, weil sie in der Zeit niedergeschrieben wurden, als die *Ariel*-Gedichte entstanden, sind es, die er vernichtet und verloren hat. Dieses Rätsel muß Hughes in seinem zweiten Vorwort lösen, und deshalb hat er sich mit hilfloser Redlichkeit (die ein unfreundlicher Leser fälschlicherweise für ein Ausweichmanöver halten könnte) in zwei Ichs gespalten – oder besser verloren –, keins von beiden das »wahre« oder »falsche«, aber sinnbildlich für die Unmöglichkeit seiner Situation als Herausgeber und Vernichter zugleich.

Im Verlauf seines zweiten Vorwortes gelingt Hughes eine Houndinische Befreiung aus dem Koffer, in dem er sich selbst eingesperrt und im Fluß versenkt hatte. Während er über den geheimnisvollen, zwanghaften, hermetisch verschlossenen Prozeß einer psychischen Wiedergeburt Plaths schreibt, aus dem die *Ariel*-Gedichte hervorgingen und zu dem die Tagebücher ein Schlüssel sind, ziehen sich die widerstreitenden Parts des zerstörerischen Ehemanns und des verärgerten Herausgebers leise zurück. Immer seltener tauchen die divergierenden Bezeichnungen »ihr Ehemann« und »man« auf, eine gelassene, kritische Intelligenz betritt die Szene, nimmt sich der Sache an und fesselt uns mit der spannenden, begeisternden Geschichte von Plaths poetischer Geburt. Am Ende des Essays erscheint uns das Problem mit den verschwundenen Tagebüchern wie ein Fleck am fernen Horizont. Hughes konnte uns davon ablenken, weil er uns zunächst darauf hingelenkt hat. Mit seinem Bekenntnis am Ende der ersten Version hatte er dem Leser plötzlich ein unüberwindbares Hindernis in den Weg gelegt. Indem er seine zweite Version gleich mit dem vorhandenen Hindernis beginnt, hat er die Möglichkeit, Auswege anzubieten: Er anerkennt das Problem, widersteht der Versuchung, es abzuschwächen, und schlägt andere Wege ein.

Wir alle wissen, daß das Leben – im Gegensatz zur Kunst – nicht notwendigerweise eine zweite (und eine dritte und eine dreißigste) Chance bietet, an einem Problem herumzupfuschen. Aber mit Ted Hughes scheint die Geschichte ungewöhnlich gnadenlos umzugehen, Augenblicke, in denen er seine Taten revidieren oder ungeschehen machen kann, um seinem Leben einen Teil der Tragik zu nehmen, sind ihm nicht vergönnt. Was immer Ted in seiner Beziehung zu Sylvia Plath vielleicht gern ungeschehen machen oder revidieren würde, die Gelegenheit wurde ihm genommen, als sie im Februar 1963 Selbstmord beging. Sie legte ihren Kopf in den Backofen, während ihre beiden kleinen Kinder nebenan im Zimmer schliefen, das sie gegen das Gas versiegelt hatte, nachdem sie zwei Becher mit Milch und einen Teller mit Broten für sie bereitgestellt hatte, die sie beim Erwachen vorfinden sollten. Plath und Hughes lebten zum Zeitpunkt ihres Todes nicht zusammen. Sie waren sechs Jahre verheiratet gewesen – sie war dreißig und er zweiunddreißig, als sie starb – und hatten sich im vergangenen Herbst auf turbulente Weise getrennt. Es gab eine andere Frau. Viele junge Paare befinden sich irgendwann in dieser Situation – möglicherweise mehr Paare als man denkt –, aber normalerweise geht die Phase vorüber: Man trennt sich oder findet wieder zusammen. Das Leben geht weiter. Der Schmerz und die Bitterkeit und das aufreizende Entsetzen über sexuelle Eifersucht und sexuelle Schuld legen sich. Menschen werden älter. Sie vergeben sich selbst und einander, und möglicherweise wird ihnen sogar bewußt, daß es ihre Jugend ist, die sie sich selbst und einander vergeben.

Wenn ein Mensch mit dreißig mitten in einer chaotischen Trennung stirbt, bleibt er der Situation auf ewig verhaftet. Für die Leser ihrer Dichtung und ihrer Biographie bleibt Sylvia Plath immer jung und wütend über Hughes' Untreue. Nie wird sie das Alter erreichen, wo man auf die Stürme des frühen Erwachsenseins mit reuevoller

Sympathie und ohne Zorn und Rachsucht zurückblickt. Ted Hughes hat dieses Alter – bereits vor einiger Zeit – erreicht, aber man hat ihn durch Plaths posthume Berühmtheit und die Faszination der Öffentlichkeit an ihrer Lebensgeschichte um den Frieden betrogen, den das Alter mit sich bringt. Weil er ein Teil dieses Lebens war – die interessanteste Gestalt in ihren letzten sechs Jahren –, bleibt auch er dem Chaos und der Konfusion dieser Endphase verhaftet. Wie Prometheus, dessen verwüstete Leber sich täglich regenerierte, nur um täglich erneut verwüstet zu werden, mußte Hughes zusehen, wie ihn in seiner Jugend die Biographen, Wissenschaftler, Kritiker, Schriftsteller und Journalisten vereinnahmt haben. Fremde, die, wie er fand, keine Ahnung hatten, schreiben über seine Ehe mit besitzergreifender Autorität. »Ich hoffe, daß die Fakten unseres Lebens uns selbst gehören«, schrieb Hughes im April 1989 gereizt in einem Brief an den *Independent* auf einen besonders aufdringlichen Artikel. Aber, wie jeder weiß, der je mit Klatsch zu tun hatte, gehören uns die »Fakten« unseres Lebens keineswegs. Das Eigentum wird uns am Tag unserer Geburt aus den Händen genommen, mit dem Moment der ersten Observation. Die in unserer Zeit ständig wachsende Zahl an öffentlichen Organen ist lediglich der verlängerte Arm einer grundlegenden und unverbesserlichen Neugier der Gesellschaft. Was uns angeht, geht alle an, wehe, es wehrt sich jemand dagegen. Das Prinzip der Privatheit funktioniert wie ein Schirm, hinter dem sich die Tatsache verbirgt, daß es im sozialen Universum überhaupt keine Privatheit gibt. In einem Gefecht zwischen der Öffentlichkeit mit ihrem unantastbaren Recht, sich einzumischen, und einem einzelnen, der wünscht, in Ruhe gelassen zu werden, siegt fast immer die Öffentlichkeit. Nach unserem Tod verschwindet auch der Anspruch auf einen möglichen Schutz gegen die unbedachte Bosheit der Welt. Die Gesetze, die uns angeblich vor Klatsch und Verleumdung schützen, verlieren ihre Gültigkeit. Tote kann man nicht verleumden, sie haben keinen Regreßanspruch.

Die Biographie ist das Medium, mit dem man berühmten Toten ihre letzten Geheimnisse raubt und sie der Welt zum Fraße vorwirft. Biographen bei der Arbeit sind in Wirklichkeit professionelle Einbrecher, die in ein Haus eindringen, Schubladen durchwühlen, in denen sie Juwelen und Geld vermuten, und triumphierend ihre Beute davontragen. Voyeurismus und Aufdringlichkeit, die Autoren und Leser von Biographien gleichermaßen antreiben, verdeckt ein wissenschaftlicher Apparat, um dem Unternehmen den Anschein von unerschütterlicher Würde und Solidität zu verleihen. Der Biograph steht beinahe wie ein Wohltäter da, der Jahre seines Lebens seiner Aufgabe opfert, unermüdlich in Archiven und Bibliotheken herumzusitzt und geduldig Interviews mit Zeitgenossen führt. Er wird keine Mühen scheuen, und je besser er sein Buch dem Gewerbe anpaßt, desto mehr glaubt der Leser an ein erhebendes literarisches Erlebnis, obwohl es sich lediglich um Hintertreppenklatsch und anderer Leute Post handelt. Der zweifelhafte Charakter von Biographien wird selten zugegeben, dennoch ist dies die einzige Erklärung für ihren Status als populäres Genre. Die erstaunliche Toleranz des Lesers (die er keinem Roman entgegenbringen würde) erklärt sich nur durch ein heimliches Einverständnis zwischen ihm und dem Biographen in einem aufregenden, weil verbotenen Unternehmen: auf Zehenspitzen zusammen den Flur entlangzuschleichen, vor der Schlafzimmertür stehenzubleiben und durchs Schlüsselloch zu spähen.

Hier und da begegnen wir Biographen, die der Öffentlichkeit extrem mißfallen. Irgend etwas veranlaßt den Leser, sich von diesen Biographen abzuwenden und ihnen die Begleitung durch den Flur zu verweigern. Für gewöhnlich hat der Leser im Text etwas entdeckt – er wittert Gefahr –, die Spur eines Zweifels, Risse im selbstsicheren Schutzwall des Biographen. Wie ein Einbrecher nicht innehalten sollte, um mit seinem Komplizen über Recht und Unrecht eines Bruchs zu diskutieren, während er das Schloß knackt, so darf ein Biograph keine Zweifel an der Legitimität seines biographischen Unternehmens aufkommen lassen. Die Biographien-liebende Öffentlichkeit will nichts von der Fadenscheinigkeit des Genres hören. Lieber glaubt sie daran, daß manche Biographen böse Buben sind.

Eben das ist Anne Stevenson widerfahren, der Autorin einer Biographie über Sylvia Plath mit dem Titel *Bitter Fame* [der Originaltitel wurde in der deutschen Ausgabe nicht übernommen], der bei weitem intelligentesten und ansprechendsten der bisher erschienenen fünf Biographien (eine Auflistung aller fünf findet sich im Anhang). In Stevensons Buch, das 1989 erschien, war Knarzen in der Mauer nicht zu überhören. Das Buch wurde brutal angegriffen, und Anne Stevenson an den Pranger gestellt; es wurde und ist unter Plath-Lesern als »schlechtes« Buch bekannt. Anne Stevenson beging eine Mißetat, die man ihr nicht vergeben konnte, sie zögerte vor dem Schlüsselloch. »Jede Biographie Sylvia Plaths, die zu Lebzeiten ihrer Familie und ihrer Freunde geschrieben wird, muß deren Verwundbarkeit berücksichtigen, selbst wenn die Vollständigkeit darunter leidet«, schrieb sie in ihrem Vorwort. Für einen Biographen ist dies eine erstaunliche – eine äußerst subtile – Bemerkung. Den Begriff der Verwundbarkeit überhaupt in Betracht zu ziehen! Gewissensbisse zu zeigen! Gefühle zu schonen! Nicht bis zum Äußersten zu gehen! Was denkt sich diese Frau? Biographen, ebenso wie Journalisten, haben die Aufgabe, die Neugier des Lesers zu befriedigen, und nicht, sie zu begrenzen. Sie sollen sich auf den Weg machen und Ware beschaffen – die bösen Fakten, die leise in Archiven, Bibliotheken und den Köpfen von Zeitgenossen vor sich hinschmorten und nur darauf warteten, daß ein Biograph an die Tür klopft. Manche Geheimnisse lassen sich schlecht abtransportieren, andere, von Angehörigen eifersüchtig gehütet, gar nicht. Die Angehörigen sind die natürlichen Feinde der Biographen; wie die Eingeborenen widersetzen sie sich dem Eroberer, der sie brutal unterwerfen muß, um ihr Gebiet zu übernehmen. Wenn sich die Angehörigen wie friedliche Stämme benehmen, was sie gelegentlich tun – wenn sie dem Biographen ihre Unterstützung anbieten, ihn sogar zum »offiziellen« oder »autorisierten« Biographen machen, auch dann muß er noch seine Autorität bewahren, sich aufblasen und zeigen, daß er der große weiße Mann ist und sie lediglich die nackten Wilden. Wie beispielsweise Bernard Crick: Als er sich zum autorisierten Biographen George Orwells erklären ließ, mußte er zunächst die Witwe Orwells in die Knie zwingen. »Sie gab ihre Zustimmung zu meiner strikten Bedingung, daß ich sowohl Zugang zu allen Papieren habe, als auch das absolute und erste Copyright und zitieren und schreiben darf, was ich will. Es waren harte Bedingungen, aber m. E. die einzigen, die ein Wissenschaftler für eine zeitgenössische Biographie akzeptieren kann«, schreibt Crick mit blasiertem Stolz in seinem Essay »On the Difficulties of writing Biography in General and Orwell's in Particular«. Als Sonia Orwell Auszüge aus Cricks Manuskript las und die Wertlosigkeit der Glasperlen (ihre Vorstellung, daß Crick Orwell und ihre Ehe mit ihm genau so sah wie sie selbst) erkannte, für die sie ihr Territorium abgegeben hatte – versuchte sie ihre Zustimmung zurückzuziehen. Was ihr natürlich nicht gelang. Cricks Aussage spiegelt die biographische Rechtschaffenheit. Seine »harten Bedingungen« garantieren dem Leser Qualität, wie Richtlinien vom Amt für Nahrungs- und Genußmittel. Sie versichern dem Leser, daß er etwas Reines, Vollwertiges und Wahres bekommt und niemand damit herumgepfuscht hat.

Als Anne Stevensons Biographie herauskam, sah sie wie ein Paket mit beschädigter Ware aus. Die Verpackung löste sich auf, das Etikett sah seltsam aus, da fehlte das hübsche Baumwolltüchlein auf der Flasche. Neben der sonderbaren Aussage über die intendierte Unvollständigkeit des Buches findet sich auch noch eine höchst verdächtige Vorbemerkung der Autorin auf der ersten Seite des Buches: »Das Zustandekommen dieser Biographie verdanke ich der großzügigen Unterstützung von Olwyn Hughes«, sagt Stevenson. (Olwyn Hughes ist Ted Hughes ältere Schwester und ehemalige Nachlaßbevollmächtigte der Werke von Sylvia Plath.) »Ihr Anteil an diesem Text ist so beträchtlich, daß man durchaus von einer gemeinsamen Arbeit sprechen kann. Insbesondere danke ich ihr für die Mitarbeit an den letzten vier Kapiteln dieses Buches und an dem Zyklus der *Ariel*-Gedichte aus dem Herbst 1962.« Die Vorbemerkung endet mit einem Sternchen als Verweis auf eine Auflistung aller Gedichte, mit denen Olwyn Hughes sich befaßt hat. Zu allem Überfluß unterscheidet sich die veröffentlichte Vorbemerkung von der an die Rezensenten verschickten Fassung, die lautete: »Diese Biographie über Sylvia Plath ist das Ergebnis eines dreijährigen Dialogs zwischen der Autorin und Olwyn Hughes, Nachlaßbevollmächtigte der Werke von Sylvia Plath. Olwyn Hughes hat so viel zum Text beigetragen, daß es sich fast um eine gemeinsame Autorenschaft handelt.«

Anne Stevenson hat die Eingeborenen offensichtlich nicht unterworfen, sie wurde von ihnen überwältigt und Gott weiß was für Folterungen unterzogen. Das Buch, mit dem sie letztendlich in die Zivilisation zurückgetaumelt kam, wurde als wertlose Eingeborenen-Propaganda verstoßen und war nicht das verlangte »wahrheitsgemäße« und »objektive« Werk. Man war der Meinung, daß sie von Ted und Olwyn Hughes benutzt worden war, um deren Version von Ted Hughes' Beziehung zu Plath vorzubringen. Ted Hughes war extrem zurückhaltend über sein Leben mit Plath; er hat keine Memoiren geschrieben, er gibt keine Interviews, seine Schriften über ihr Werk (die in einigen Prosa- und Gedichtbänden veröffentlicht wurden) beziehen sich ausschließlich auf ihr Werk und rühren an ihrer Biographie nur in Bezug auf das Werk. Niemandem ist der Gedanke gekommen, daß Hughes, wenn er durch Stevenson über seine Ehe mit Plath spricht, ihre Biographie auf- und nicht abwerten könnte.

ZWEI

Als ich *Bitter Fame* zum ersten Mal las, Ende des Sommers 1989, wußte ich nichts über die belastenden Umstände, unter denen das Buch erschienen ist, mich trieb auch kein besonderes Interesse an Sylvia Plath. Der Verleger hatte mir das Buch zugesandt, und mein Interesse weckte der Name Anne Stevenson. Anne hat in den fünfziger Jahren mit mir zusammen an der University of Michigan studiert. Sie war eine Klasse über mir, und ich kannte sie nicht, aber ich hatte von ihr gehört, der künstlerisch begabten Tochter eines angesehenen und beliebten Professors der Philosophie, die Gedichte für *Generation*, die Literaturzeitschrift der Universität, schrieb und den Hopwood Award, einen anerkannten Literaturpreis, gewonnen hatte. Man hatte sie mir einmal auf der Straße gezeigt: Sie war schlank und hübsch und hatte eine seltsam intensive und passionierte Ausstrahlung. Gestikulierend stand sie umringt von interessant aussehenden Knaben. Zu dieser Zeit bewunderte ich Künstlerkreise sehr, und Anne Stevenson gehörte zu den Personen, die in meiner Vorstellung besonders hell erstrahlten. Sie verkörperte all die romantischen Qualitäten, alles, wonach ich mich mit meinen zaghaften Mitstreitern gegen die Langeweile der Eisenhower-Jahre sehnte, flog ihr zu, während wir stolpernd und reichlich erfolglos unsere Phantasien vom Nonkonformismus auszuleben versuchten. Über die Jahre sah ich zu, wie Anne den literarischen Erfolg erreichte, der in Michigan angelegt worden war. Ich hatte auch zu schreiben begonnen, aber ich fühlte mich nicht als ihre Konkurrentin und beneidete sie auch nicht: Sie gehörte in eine andere Sphäre, an einen höheren, beinahe heiligen Ort – die Sphäre der Lyrik. Zu allem hatte sie einen Engländer geheiratet und war nach England gegangen – das England von E. M. Forster, G. B. Shaw, Max Beerbohm, Virginia Woolf, Lytton Strachey, Henry James, T. S. Eliot, D. H. Lawrence –, und damit festigte sich ihre Position als romantisch-literarische Gestalt in meiner Vorstellung noch mehr. Als ich Mitte der siebziger Jahre ihr buchlanges Gedicht *Correspondences* las, eine Art Briefroman und Chronik stiller (und manchmal auch nicht so stiller) häuslicher Verzweiflung über mehrere Generationen, fand meine vage Bewunderung ein standhaftes Objekt. Das Buch bewies, daß Anne nicht nur über eine überragende technische Gewandtheit als Dichterin verfügte, sie war außerdem eine Frau, die gelebt hatte und mit der Stimme einer knallharten, modernen Frau über ihre Zusammenstöße sprechen konnte. (Sie konnte ihre Stimme ebensogut in die sanfteren Töne moralischer Denkensart des neunzehnten Jahrhunderts modulieren.)

Jahre vergingen, und eines Tages tauchte im *Times Literary Supplement* ein Gedicht von Anne Stevenson auf: »A Legacy: On my Fiftieth Birthday«. Jetzt war Anne eine große literarische Dame. In ihrem Gedicht wimmelte es von Dichtern und Lektoren und Kritikern und Freunden und Kindern und Hunden, die intimen Anspielungen beschworen eine wundervolle Gesellschaft herauf, bedeutende Menschen treffen sich in ihren polierten Häusern und diskutieren im ruhigen, verbindlichen englischen Ton über Literatur. Ich erwog den Gedanken, Anne zu schreiben, ihr zu gratulieren und mich ihr als Michigan-Mitschülerin zu entdecken, und verwarf ihn wieder. Ihre Kreise erschienen mir in sich selbst zu erfolgreich und abgeschlossen.

Wieder vergingen Jahre, in denen ich nichts von Anne hörte und auch nicht an sie dachte; *Bitter Fame* brachte sie in meine Gedankenwelt zurück. Ich las die ersten Kapitel über Plaths Kindheit und Jugend und Collegejahre mit den Schlägen schmerzhaften Erkennens – wir waren alle drei fast gleichaltrig – und war einigermaßen überrascht über die exakte und kompetente Schilderung Annes, wie man sich als junger Mensch in den Fünfzigern in Amerika gefühlt hat. Woher wußte sie das alles? Ich hatte sie weit über uns gestellt, die wir in Beschämungen und Demütigungen und Erniedrigungen hilflos verstrickt waren. Offensichtlich wußte sie nur zu gut darüber Bescheid. »Amerikanische Teenager der Mittelklasse unterwarfen sich in den fünfziger Jahren einem erstaunlichen Kodex sexueller Enthaltsamkeit«, schreibt sie. Und weiter:

> »Intimitäten jeder Art waren Mädchen erlaubt, bis auf die eine Sache, auf die diese Intimitäten abzielen. Zwischen beiden Partnern im Ritual des experimentellen Sex galt die stillschweigende Vereinbarung, daß eine ›Verabredung‹ ungefähr so ablief: Nach einleitenden Gesprächen und höflicher gegenseitiger Inspektion tanzte man, was häufig in ›Schmusen‹ überging, was – stetige Fortschritte vorausgesetzt – in einer quasi-Masturbation, genannt ›Petting‹, auf dem Familiensofa oder, in begüterteren Fällen, auf dem Rücksitz im Auto endete. In sehr vereinzelten Fällen mag es unvermeidlich zum Geschlechtsverkehr gekommen sein; aber in aller Regel, wenn die Partner die gleiche Schule besuchten oder sich den gleichen moralischen Zwängen unterworfen fühlten, brach man kurz davor ab …«

Wenn sie darüber schreibt, wie Plath in ihrem Abschlußjahr am Smith kühn vom Petting dazu übergeht, mit ihren Freunden zu schlafen und ihre Mutter über ihre Aktivitäten belügt, bemerkt Anne in einer Fußnote: »Viele Frauen, die wie ich in den fünfziger Jahren in den USA studiert haben, werden sich an ein ähnliches Spiel erinnern. Sylvias doppelte Moral war damals durchaus üblich, ebenso wie ihre Briefe, die der Mutter nur die Schokoladenseite zeigten. Meine Briefe nach Hause klangen damals ähnlich.«

Die Anfangskapitel von *Bitter Fame* warfen mich in eine Zeit zurück, an die ich mich auch heute noch ungern erinnere, und zwar deshalb, weil dieses Doppelspiel so eingefahren war. Wir belogen unsere Eltern, wir belogen uns gegenseitig, und wir belogen uns selbst, so abhängig waren wir von unserem Doppelspiel geworden. Wir waren eine unangenehme, verschlagene Generation. Nur wenige von uns erkannten, wie es um uns stand. Wenn Hughes über Plaths Ringen um ihr »wahres Ich« schreibt, das aus den »falschen Ichs« hervorzubrechen versucht, schreibt er sicherlich über eine ebenso historische wie persönliche Krise. Das neunzehnte Jahrhundert ging in Amerika erst in den sechziger Jahren zu Ende; erst die sexuelle Revolution, die Frauenbewegung, die Bürgerrechtsbewegung, die Umweltbewegung und die Proteste gegen den Vietnamkrieg haben der Welt den verzweifelten Irrglauben genommen, daß sie zwei Weltkriege ebenso unbeschadet überstanden hat wie den Burenkrieg. Sylvia Plath, Anne Stevenson und ich sind in einer Zeit mündig geworden, in der die Notwendigkeit groß war, diesen Irrglauben aufrecht zu erhalten: Niemand war darauf vorbereitet – die erschüttert zurückkehrenden GIs schon gar nicht –, der Welt nach Auschwitz und Hiroshima entgegenzutreten. Am Ende ihres Lebens sah Plath dem Drachen mit entwaffnender Beständigkeit ins Auge; ihre späten Gedichte benennen und beschwören die Bomben und Todeslager. Sie konnte – sie war auserwählt – dem gegenüberzutreten, wovor die meisten von uns ängstlich zurückwichen. »Um Himmels willen, hör auf, Dich vor allem zu *fürchten*, Mutter!« schrieb sie im Oktober 1962 an Aurelia Plath. »In Deinem Brief ist jedes zweite Wort ›fürchten‹.« Im gleichen Brief schreibt sie:

> »Versuche jetzt nicht mehr, mir einzureden, ich sollte über ›anständige, tapfere Leute‹ schreiben – lies doch das *Ladies' Home Journal*, wenn Du die willst! Es ist schlimm, daß Du dich vor meinen Gedichten fürchtest – aber Du hast immer Angst gehabt, von den schlimmsten Dingen der Welt zu hören oder zu lesen – von Hiroshima, der Inquisition oder Bergen-Belsen.«

Aber Plaths Engagement für die »schlimmsten Dinge der Welt« entstand kurz bevor sie sich das Leben nahm. (Robert Lowell schrieb in seinem Vorwort zu *Ariel*: »Diese Gedichte und dieses Leben sind keine Karriere; sie sagen, daß sich das Leben, selbst wenn man es bezwingt, einfach nicht lohnt.«) Die Geschichte ihres Lebens – wie sie in fünf Biographien und zahllosen Essays und kritischen Studien beschrieben wurde – ist die bezeichnende Geschichte der angstvollen, doppelgesichtigen Fünfziger. Plath verkörpert auf lebhafte, beinahe emblematische Art den Charakter dieser Zeit. Sie ist die gespaltene Persönlichkeit par excellence. Der höhnische Surrealismus ihrer späten Gedichte und die lockere Mädchenroman-Realität ihres Lebens (wie sie von ihren Biographen und in ihren eigenen autobiographischen Schriften wiedergegeben wird) sind auf groteske Weise inkongruent. Die Photographien von Plath aus den Fünfzigern, einem oberflächlichen Mädchen mit dunklem Lippenstift und blondem Haar, verstärken das seltsame Gefühl von der zwischen Leben und Werk klaffenden Diskrepanz. In *Bitter Fame* zeichnet Anne Stevenson mit der liebevollen Schärfe einer Schwester ein Portrait von Plath als äußerst selbstbezogene und verwirrte, labile, getriebene, perfektionistische und ziemlich humorlose junge Frau, deren Selbstmord wie auch die Quelle ihrer Kunst ein Geheimnis bleibt, ein Portrait, das nicht aufgeht.

Beim Lesen dieses Buches rückten einige unbestimmte, ungeklärte Eindrücke, die ich von der Lektüre anderer Biographien kannte, schärfer in mein Blickfeld. Wenig später, als sich die negativen Berichte über das Buch verbreitet hatten und ich von den Umständen erfuhr, unter denen es entstanden ist, wurde mir klar, warum ich das Gefühl hatte, daß es hier ebenso um das Problem »Wie schreibt man eine Biographie?« ging, wie um Sylvia Plath. Damals dachte ich, daß es Sylvia Plath selbst sei, die das Vorhaben des Biographen boshaft unterminierte. Die vielen Stimmen, mit denen das tote Mädchen sprach – die Stimmen aus den Tagebüchern, den Briefen, der *Glasglocke*, den Kurzgeschichten, den frühen Gedichten, den *Ariel*-Gedichten – führen die ganze Idee biographischen Schreibens ad absurdum. Je stärker Anne Stevenson Plaths Biographie mit Zitaten anreicherte, desto dünner erschien paradoxerweise ihre eigene Erzählweise. Die Stimmen begannen Oberhand über das Buch zu gewinnen und über den Kopf des Biographen hinweg mit dem Leser zu sprechen. Sie flüsterten: »Hör auf mich, nicht auf sie. Ich bin authentisch. Ich bin kompetent. Nimm den ganzen Text aus den Tagebüchern, den *Briefen nach Hause* und alles andere. Sie werden dir erzählen, was du wissen willst.« In diesen Chor fielen andere Stimmen ein – die Stimmen derer, die Plath gekannt haben. Auch sie sagten: »Hör nicht auf Anne Stevenson. Sie hat Sylvia nicht gekannt. Ich kannte Sylvia. Ich werde dir von ihr erzählen. Lies meine Korrespondenz mit ihr. Lies meine ›Erinnerungen‹.« Drei dieser Stimmen waren extrem laut – die von Lucas Myers, Dido Merwin und Richard Murphy, deren ›Erinnerungen‹ an Plath und Hughes im Anhang von *Bitter Fame* abgedruckt wurden. Eine von ihnen, Merwins *Ein Gefäß des Zorns*, verursachte einen spitzen Aufschrei. Der Artikel wurde zur Sensation und wegen seiner Maßlosigkeit mißbilligt.

Dido Merwin konnte Plath nicht ausstehen und hatte dreißig Jahre gewartet, bis sie der Welt mitteilte, was sie von ihrer ehemaligen »Freundin« hielt, indem sie sie als unerträgliche Gattin eines Märtyrers darstellte, der lange unter ihr gelitten hat. Merwin findet es nicht verwunderlich, daß Hughes Plath verlassen hat, ihrer Meinung nach ist es »ein Wunder, daß er es so lange ausgehalten hat«. Merwin schreibt, daß sie Hughes nach ihrer Trennung fragte, »was in der Zeit ihres Zusammenlebens mit Sylvia das Schwerste gewesen sei«, und er ihr eröffnet habe, daß Sylvia in einem Anfall von Eifersucht alles, woran er gerade arbeitete, Manuskripte und Skizzen aus dem Winter 1961, in kleine Fetzen gerissen habe, und seine Shakespeare-Gesamtausgabe auch. Merwin erinnert sich außerdem – als ob es gestern gewesen wäre – an einen katastrophalen Besuch von Plath und Hughes bei ihr und ihrem Mann, dem Dichter W. S. Merwin, in ihrem Haus in der Dordogne, wo Plath »das ganze Wasser verbrauchte, dauernd zum Kühlschrank ging (und zum Frühstück aß, was man als Mittagessen gedacht hatte etc.) und die Möbel in ihrem Zimmer umräumte«. Sie verbreitete eine so schlechte Laune (was ihrem Appetit allerdings nicht schadete, erklärt Merwin und beschreibt, wie sie grollend zusah, während Plath eine feine

Leberpastete in sich hineinstopfte, als seien es »Tante Dots Frikadellen«), so daß Hughes ihren Besuch abbrechen mußte. Anne Stevenson wurde heftig kritisiert, weil sie dieses gehässige Portrait in ihre Biographie aufgenommen hatte und damit ein »unausgewogenes« Bild von Plath zeichnete.

Eigentlich hatte Anne Stevenson die Ausgewogenheit ihrer Plath-Biographie nicht durch den Negativbeitrag gestört, sondern durch die Tatsache eines derartig lebhaft subversiven Artikels. Die Grenzen biographischen Schreibens werden nie deutlicher, als wenn man sich dem Schreibstil eines anderen Genres zuwendet. Als ich mich aufgrund einer Fußnote im Text von *Bitter Fame* dem Bericht Dido Merwins zuwandte, fühlte ich mich wie aus dem Gefängnis entlassen. Die gedämpfte Vorsicht, das feierliche Abwägen von »Fakten«, das Demütige »sie muß gefühlt haben« und »er dachte wahrscheinlich« in biographischen Schriften hatten einer lebendigen Subjektivität Platz gemacht. Da sie mit ihrer eigenen Stimme als sie selbst schrieb, ihr die Regeln einer epistemologischen Haltung keine Fesseln anlegten, konnte Dido loslegen. Sie wußte genau, wie sie sich fühlte und was sie dachte. Der Kontrast zwischen der allwissenden Erzählerin von *Bitter Fame*, die verpflichtet ist, sich den Mantel fahler Umsichtigkeit umzulegen, und dem unerschütterlich maßlosen »Ich« in Merwins Bericht ist verblüffend. Merwins Portrait von Plath ist natürlich ein Selbstportrait. Sie selbst ist es, und nicht Plath, die überlebensgroß aus dem *Gefäß des Zorns* emporsteigt und mit ihrer vernichtenden Lebendigkeit bewirkt, daß der Leser Anne Stevensons Motive in Frage stellt.

DREI

Die erste schlechte Kritik von *Bitter Fame* – ein mächtiger Vorbote – erschien am 28. September 1989 in *The New York Review of Books*, ein Artikel des englischen Schriftstellers A. Alvarez. Sinnvollerweise hatte man Alvarez ausgewählt, um *Bitter Fame* zu rezensieren. Als Herausgeber für Lyrik im *Observer*, war Alvarez in den Sechzigern einer der ersten in England, die Plaths Talent entdeckten. Er hatte etliche ihrer Gedichte im *Observer* veröffentlicht und 1971 selbst eine ›Erinnerung‹ an Plath geschrieben. Sie wurde als erstes Kapitel in *Der grausame Gott* veröffentlicht, einem Buch über Selbstmord, und war der erste gedruckte Beitrag mit Details über Plaths Selbstmord. Wie Dido Merwins ›Erinnerung‹ – wie jede ›Erinnerung‹ – ist auch die von Alvarez ein autobiographisches Werk, wobei er kunstvoll und bewußt die gleiche Wirkung erzielt wie Merwin in ihrer Naivität unabsichtlich. Er verarbeitet seine ›Erinnerungen‹ an Plath zu einer Art Allegorie der selbstmörderischen Getriebenheit; Depression und Unordnung seines eigenen Lebens (er berichtet uns, daß er zehn Jahre früher selbst fünfundvierzig Schlaftabletten geschluckt hatte) verschmelzen mit ihrem letzten Lebensakt, den Alvarez metaphorisch hervorhebt: Wie er spielt auch sie mit dem Schicksal – und verlor. Alvarez argumentiert und belegt mit schauerlichen Details, daß sie gefunden und gerettet werden wollte, und lediglich aufgrund einer verrückten Kette von Zufällen gestorben ist. Seine Argumentation ist bestechend und erschreckend.

Aber erst durch eine Art Suballegorie wurde Alvarez' ›Erinnerung‹ mit so viel Begeisterung aufgenommen und zum Grundlagentext der Plath-Legende gemacht. Es ist die Geschichte der wechselnden Macht zwischen Mann und Frau. Alvarez erzählt, wie er in den zwei Jahren seiner Bekanntschaft mit Plath und Hughes beobachtet habe, daß die Macht vom einen auf den anderen überging, wie Wasser, das man von einem Gefäß ins andere schüttet. Zuerst war der Ehemann das volle Gefäß. »Es war Teds große Zeit«, schreibt Alvarez über Hughes nach ihrer ersten Begegnung im Frühjahr 1960 in London. Hughes zweiter Gedichtband, *Lupercal*, war gerade erschienen, und Alvarez hielt ihn für »das beste Werk eines jungen Autors, das ich seit Beginn meiner Tätigkeit beim *Observer* gelesen hatte«. Im weiteren Verlauf beschreibt er den Dichter selbst: »Er war ein großer kräftiger Mann, er trug schwarze Cordsamtjacken, schwarze Hosen und schwarze Schuhe; seine dunklen Haare hingen ihm unordentlich in die Stirn, sein breiter Mund wirkte geistreich. Er war die beherrschende Figur.« Im

Gegensatz zu ihm, sagt er, war Plath lediglich eine langweilige kleine Hausfrau, »amerikanisch adrett, strahlend sauber und tüchtig wie die junge Frau auf einer Kochreklame«. Alvarez nahm sie damals kaum wahr. Er berichtet von einem peinlichen Moment: als er mit Hughes die Wohnung verlassen wollte (die beiden gingen öfter zusammen spazieren oder in einen Pub, und Plath blieb zu Hause), hielt Plath ihn schüchtern zurück und erwähnte eines ihrer Gedichte, das er im vergangenen Jahr für eine Veröffentlichung im *Observer* angenommen hatte. Zuerst wußte Alvarez nicht, wovon sie sprach – er brachte die strahlende, ordentliche Hausfrau einfach nicht mit der Dichterwelt in Verbindung und hatte nicht gewußt, daß sie unter dem Namen Plath schrieb. Im Lauf des Jahres, als Plaths erster Gedichtband *The Colossus*, in England erschien, rezensierte Alvarez d*en* Band für den *Observer*. »Er schien dem Bild zu entsprechen, das ich mir von ihr gemacht hatte; echtes Talent, diszipliniert, aber noch stark im Schatten ihres Mannes«, schreibt er in seiner ›Erinnerung‹. Er lobte die technische Fertigkeit der Gedichte, spürte aber, daß etwas zurückgehalten wurde: »Fast in all ihren Gedichten ahnte man das Talent, aber noch setzte es sich gegen die Störungen nicht durch.«

Alvarez ging für ein Semester nach Amerika, um zu unterrichten, und als er im Februar 1961 nach London zurückkehrte, hatte seine Beziehung zu dem Ehepaar an Intensität verloren: »Teds Liebe zu London war erloschen, es drängte ihn aus der Stadt; Sylvia war krank gewesen, sie hatte erst eine Fehlgeburt, dann eine Blinddarmentzündung gehabt, und ich hatte meine eigenen Probleme, eine Scheidung.« Bei ihrer nächsten Begegnung, im Juni 1962, lebten sie in Devon in Court Green, einer alten Villa mit Reetdach, einem Kiesweg vor dem Haus und einem großen, verwilderten Garten mit Obstbäumen neben einer Kirche aus dem zwölften Jahrhundert. Jetzt war Sylvia dran, berichtet Alvarez:

> »Im Januar war ihr zweites Kind, ein Junge, geboren worden, und Sylvia hatte sich verändert. Sie war nicht mehr ruhig und zurückhaltend, hausfrauliches Anhängsel eines dominierenden Ehemanns, sie wirkte gefestigt und ausgefüllt, schien ihre weib-

liche Selbständigkeit wiedergewonnen zu haben. Vielleicht hatte die Geburt eines Sohnes etwas mit dem neuen zuversichtlichen Wesen zu tun. Dieses war gewiß nicht der einzige Grund für Klarheit und Scharfsinnigkeit. Sie führte mich durch Haus und Garten; die elektrischen Einrichtungen, die frisch gestrichenen Zimmer, der Obstgarten und der Grabhügel – vor allem der Grabhügel, ›der Schutzwall der alten Leichname‹, wie sie ihn später in einem Gedicht nannte – waren *ihr* Eigentum.«

Und Ted »schien zufrieden, die Hände in den Schoß zu legen und mit der kleinen Frieda (seiner zweijährigen Tochter) zu spielen, die sehr an ihm hing«. Alvarez fügt etwas nervös hinzu: »Da ihre Ehe gut und intensiv wirkte, schien es Ted nicht zu bekümmern, daß die Machtverhältnisse sich gegenwärtig zu Sylvias Gunsten verschoben hatten.«

Im Herbst 1962 war die starke, enge Verbindung gescheitert, und Hughes war nach London zurückgezogen. Plath blieb mit den Kindern in Devon, von Zeit zu Zeit fuhr sie in Sachen Literatur nach London. Sie begann Alvarez regelmäßig in seinem Studio, einem umgebauten Stall in Hampstead, zu besuchen und las ihm aus ihren neuen Arbeiten vor. Alvarez war inzwischen eher mit Plath als mit Hughes befreundet. Er hebt den Vorhang und erlaubt uns einen Blick auf sich und Plath im Studio:

»Es war auf seine heruntergekommene Art zwar schön, aber ohne Komfort. Es enthielt nichts, worauf man sich hinlümmeln konnte – nur spinnenbeinige Windsorstühle und auf dem blutroten nackten Linoleum zwei kleine Teppiche. Ich goß Sylvia etwas zu trinken ein, und sie setzte sich vor den Kohleofen auf einen der Teppiche wie eine Studentin. Sie nippte an ihrem Whisky und ließ das Eis im Glas klingen.«

Die Gedichte, die Plath Alvarez vorlas, werden heute in Literaturkursen gelehrt – »Ariel«, »Madame Lazarus«, »Papi«, »Der Bewerber«, »39,5° Fieber«, die Bienengedichte, »Ein Geburtstagsgeschenk«. Ihre zerstörerische und gnadenlose Kraft, berichtet er, erschütterte ihn derart, daß er sich in kleinliche Kritik flüchtete, um nicht die Fassung zu verlieren. Einen der Kritikpunkte bedauert er heute besonders, eine Zeile aus »Madame Lazarus«, die Plath auf sein Anraten herausgenommen hat. Nach der Lesung der Gedichte und Alvarez' Kritik wurden die Gespräche persönlicher. »Vielleicht, weil ich gleichfalls ein Clubmitglied war«, schreibt Alvarez, hatte Plath ihm von ihrem ersten Selbstmordversuch im Sommer 1953 (auch sie hatte ein Röhrchen Schlaftabletten geschluckt) und einem noch nicht so weit zurückliegenden Ereignis erzählt, als sie ihr Auto in den Graben fuhr. Ein weiteres Band zwischen der Dichterin und dem Rezensenten bestand in Plaths Bewunderung für ein Vorwort, das Alvarez für eine Penguin-Anthologie mit dem Titel »The New Poetry« geschrieben hatte, »in welchem ich«, sagt er, »die ängstliche Vorliebe der britischen Lyriker für Vornehmheit und ihren Verzicht auf unbequeme zerstörerische Wahrheiten des Innenlebens und der äußeren Gegenwart angegriffen [habe]«.

Trotzdem schien die Beziehung zwischen Rezensent und Dichterin nicht zum vermuteten Ergebnis zu führen. Alvarez zog sich von Plath zurück. »Sie muß mich für stupide und unempfindlich gehalten haben. Was ich auch war«, schreibt er über ihre letzte Begegnung 1962 an Heiligabend, keine zwei Monate vor ihrem Tod. »Ein anderes Verhalten aber hätte zur Folge gehabt, daß ich Verantwortungen übernahm, zu denen ich nicht bereit war und denen ich in meiner eigenen Depression auch nicht gewachsen gewesen wäre.« Zu diesem Zeitpunkt war auch Plath von Devon nach London gezogen und lebte in der Fitzroy Road in einer Wohnung, die Alvarez ungemütlich ordentlich und karg fand. Sie hatte ihn zum Abendessen eingeladen, aber er war bereits verabredet und kam nur auf einen Drink vorbei. »Als ich gegen acht Uhr aufbrach, um zu meiner Einladung zu gehen, wußte ich, daß ich sie endgültig, in unverzeihbarer Weise, im Stich ließ. Ich wußte, daß sie es wußte. Ich sah sie nie wieder lebend.«

Alvarez ›Erinnerung‹ beeinflußte alles, was später über Plath und Hughes geschrieben wurde; nach seinem Muster sollte die Geschichte von Plath, der verstoßenen und mißhandelten Frau, und Hughes, dem herzlosen Betrüger, gesponnen werden. Obwohl Alvarez äußerst diskret vorgeht und keine Details über die Trennung von Hughes und Plath preisgibt – über die er in Wirklichkeit eine ganze Menge wußte –, fällt es nicht schwer, seine Selbstgeißelung als versteckten Vorwurf gegen Hughes zu lesen, dessen Abwendung von Plath schließlich wesentlich endgültiger und unverzeihlicher war. Man könnte sagen, daß Hughes Martyrium mit der Publikation von Alvarez' ›Erinnerung‹ in *Der grausame Gott* und ihrem Abdruck im *Observer* begann. Hughes war sich der zerstörerischen Kraft des Textes sofort bewußt, und es gelang ihm, die Veröffentlichung der zweiten Hälfte zu verhindern. Er konnte aber nichts dagegen tun, daß die ›Erinnerung‹ in *Der grausame Gott* auftauchte und auch nicht gegen den fatalen Einfluß auf spätere Veröffentlichungen.

Nachdem die Geschichte von der selbstmordgefährdeten Dichterin und ihrer Preisgabe durch den Mann mit dem geistreichen Mundwerk erst einmal in die Welt gesetzt war, wurde daraus ein Thema mit endlosen Variationen, und Ted Hughes unter jeder einzelnen lebendig begraben. Als *Bitter Fame* erschien und erklärte, das es die »posthumen Miasmen aus Phantasien, Gerüchten, Intrigen und makabrem Tratsch zerstreuen« wolle, die die »perverse Legende« um Plath nährten, ist kaum verwunderlich, daß das Buch nicht mit offenen Armen empfangen wurde. Die Welt möchte an ihren Phantasien, Gerüchten, Intrigen und makabrem Tratsch festhalten, sie will sie nicht zerstreuen, und niemand wollte hören, daß Hughes der Gute war und Plath die Böse. Das Vergnügen, über die Toten Schlechtes zu hören, läßt sich nicht leugnen, aber es verblaßt vor dem Vergnügen, von den Lebenden Schlechtes zu hören. Vor die Aufgabe gestellt, ein Buch zu besprechen, dessen erklärtes Ziel es war, zu zerstreuen, was er in Bewegung gesetzt hatte, konnte man von Alvarez kaum erwarten, daß er ihm wohlgesonnen war. Er durchforstete *Bitter Fame*, und als er damit fertig war, gab es drei böse Buben, wo vorher nur einer gewesen war: zu Ted Hughes hatten sich Anne Stevenson und Olwyn Hughes hinzugesellt. Alvarez' Besprechung gebar eine neue Geschichte – die Geschichte von der korrupten Biographin und der bösen Schwester.

VIER

Den Weg für diese Geschichte hatte die Plath-Biographie von Linda Wagner-Martin, einer Englisch-Professorin an der Michigan State University geebnet. An diesem Buch, das so ausdruckslos schlicht geschrieben ist wie das Tagebuch eines jungen Mädchens (»Dick war in den Frühjahrsferien in Florida gewesen, er und Perry hatten gerade eine Reise nach Maine unternommen, und jetzt wollte er nach Arizona. Sie aber blieb in Wellesley und mähte den Rasen.«), ist das Vorwort am interessantesten, in dem sich Wagner-Martin kühn über ihre unglücklichen Verhandlungen mit den Plath -Erben verbreitet:

> »Nachdem ich 1982 die Forschungsarbeit an dieser Biographie begonnen hatte, nahm ich zu Olwyn Hughes Kontakt auf, die den literarischen Nachlaß Sylvia Plaths verwaltet. Sie war zunächst hilfsbereit und bei meinen Nachforschungen behilflich, indem sie selbst Fragen beantwortete und mich an andere verwies, die weiterhelfen konnten. Als Olwyn allerdings die letzten Kapitel des Buches, und insbesondere, als sie 1986 eine Manuskriptfassung davon las, nahm ihre Bereitschaft zur Zusammenarbeit merklich ab. Olwyn schrieb mir lange Briefe und war meist uneinig mit meinen Ansichten, die Leben und Entwicklung der Plath betrafen. Ted Hughes reagierte auf die Lektüre der Manuskriptfassung mit Änderungsvorschlägen, die fünfzehn Seiten umfaßten und die Streichung von mehr als 15 000 Wörtern bedeutet hätten.
>
> Es war notwendig, daß ich die Korrespondenz mit Olwyn Hughes fortsetzte, um die Erlaubnis zu erhalten, längere Passagen aus dem Werk Sylvia Plaths zu zitieren. Aber bei jeder sich bietenden Gelegenheit machte Olwyn Einwände geltend und bezog sich dabei häufig auf die Kommentare von Ted Hughes (obwohl, wie bereits oben erwähnt, Ted Hughes es ablehnte, direkt zu diesem Buch interviewt zu werden). Aufgrund dieser Kommentare nahm ich viele Veränderungen vor. Allerdings setzten sich die Änderungswünsche fort, und ich kam zu dem

Schluß, daß ich eine Abdruckgenehmigung nur erhalten würde, wenn ich das Manuskript ganz im Sinne der Hughes schreiben würde. Als ich diese Taktik begriff, mußte ich mein Vorhaben, ausführlich zitieren zu dürfen, aufgeben, wenn ich dieses Buch jemals veröffentlichen wollte. Aufgrund dieser Umstände mußte ich die Zitate begrenzen und darum enthält die Biographie weniger aus Plaths Arbeiten, als ich beabsichtigt hatte. Die Alternative dazu wäre gewesen, Vorschlägen zuzustimmen, die den Blickwinkel dieses Buches beträchtlich verändert hätten.«

In seiner Besprechung von *Bitter Fame* zitiert Alvarez diese Passage und streicht sie heraus als »typische« Erfahrung der nicht autorisierten Plath-Biographen. Er lobt die tapfere Linda Wagner-Martin, daß sie den Plath-Erben widerstanden und einen »leicht feministischen, aber ansonsten sorgsamen und unparteiischen Lebensbericht« (man beachte das »aber«) geschrieben und ein »bewunderndes und nachsichtiges« Portrait vorgelegt hat. Die unwürdige Anne Stevenson hingegen wird getadelt, weil sie dem Druck der bösen Schwester nachgegeben und ein Buch geschrieben hat, das in Alvarez Augen aus »über 350 Seiten der Herabsetzung« besteht. Über die ›Erinnerung‹ von Dido Merwin im Anhang schreibt Alvarez, sie sei das Ergebnis »einer unablässigen und ziemlich erstaunlichen Bosheit, und die Geschmacklosigkeit ist nicht, daß man das über jemanden geschrieben hat, der sich nicht mehr verteidigen kann, sondern es in einer Biographie veröffentlicht hat, die die Plath-Erben akzeptiert haben«. Wie schon in seiner eigenen ›Erinnerung‹ an Plath stellt Alvarez Ted Hughes erneut als unentschiedenen Charakter dar, über den er geschickterweise nichts Schlechtes sagen will, der aber wegen dieses unentschiedenen Verhaltens verdammt wird. Nachdem »Ted Hughes sich nachhaltig geweigert hat, sich in das Gerangel um die Biographien hineinziehen zu lassen«, schreibt Alvarez, blieb Plath, die schutzlose Tote, der Gnade der grausamen Olwyn ausgeliefert. Wieder einmal ist Hughes verschwunden, als Plath ihn dringend brauchte. Wieder einmal ist Alvarez eingesprungen, um die Rolle ihres Verteidigers zu übernehmen und (wie sich herausstellt) sich an Hughes zu rächen.

Was Alvarez delikaterweise nicht aussprach, aber zwischen den Zeilen durchblicken ließ, wurde von anderen *Bitter Fame*-Rezensenten rasch aufgegriffen und auf den Punkt gebracht. In einer der krassesten Post-Alvarez-Besprechungen vom 10. November 1989 im *Independent* schrieb Ronald Hayman: »Im Kern dieses unversöhnlichen Buches finden sich zwei Strategien. Eine besteht darin, die Schuld für das Scheitern der Ehe eindeutig Sylvia Plath zuzuschieben, indem man ihr nachsagt, sie sei so unmöglich gewesen, daß sie kein Mann auf Dauer ertragen konnte, während Ted Hughes der geduldige, warmherzige, unschuldige Charakter ist, der zögerte, die Treue zu brechen. Andererseits unterminiert man ihre poetische Leistung, indem man ihre Dichtung als negativ, krank und todesorientiert beschreibt und der seinen unvorteilhaft gegenüberstellt.« Hayman klagte:

> »Man erfährt außerdem sehr wenig über Assia Wevill, die Frau, deretwegen Ted Hughes Sylvia Plath verlassen hat. Man gewinnt den Eindruck, daß zwischen den Ehepartnern nur zwei relevante Gespräche stattgefunden haben, in denen Plath Hughes des Hauses verwiesen hat. Außerdem erfährt man von Assia, daß ihre Affaire mit ihm nie zustandegekommen wäre, wenn ›Sylvia sich anders verhalten hätte‹. Dies widerspricht dem Eindruck, den viele Menschen gewonnen hatten, die sie kannten, und übergeht den Bericht in einer veröffentlichten ›Erinnerung‹ von Professor Trevor Thomas, der in der Wohnung unter ihr wohnte und der letzte war, der sie lebend gesehen hat. Assia sei ein verruchtes, liederliches Weib, erklärte sie dem Professor, [das] ihr ihren Ehemann weggenommen habe.«

Hayman fährt fort:

> »Es besteht außerdem kein Grund, [Thomas] Schilderung seiner Begegnungen mit Hughes anzuzweifeln, der ihn beschuldigte, die Haustür verschlossen zu haben, ›damit niemand hineinkonnte, um meine Frau zu retten‹. Am Tag der Beerdigung fand in der Wohnung eine Party statt, mit Schallplattenmusik

> und Bongo-Trommeln. Später hat Assia, die [Thomas] als ›sehr schöne Frau‹ beschreibt, ihm erklärt, Hughes sei so verzweifelt gewesen, daß sie ›mit einigen Freunden beschlossen haben, eine Überraschungsparty zu organisieren, um ihn bei seiner Heimkehr aufzuheitern.‹«

»Phantasien, Gerüchte, Intrigen und makabrer Klatsch« präsentieren sich hier in höchst ungezwungener und häßlicher Gestalt. Es gibt in der Tat viele Gründe, Trevor Thomas Bericht anzuzweifeln, und als Ted Hughes vor einer Organisation mit dem Namen Press Council eine Richtigstellung einklagte (der *Independent* veröffentlichte eine Gegendarstellung samt Entschuldigung) und eine Einstweilige Verfügung gegen Trevor Thomas anstrengte, bekam er recht. (Thomas starb am 27. Mai 1993.) Aber die Verletzung war da – oder wieder aufgebrochen. Die Geschichte vom treulosen, herzlosen Hughes und seinem verruchten Weib blieb unerschütterlich. *Bitter Fame,* weit entfernt von seinem Ziel, Hughes altes Image zu korrigieren, hat die Vorstellungen der Öffentlichkeit nur gefestigt. Die verordnete Therapie hat den Patienten nur kränker gemacht. Die Ärzte (ohnehin schon uneinig, wie alle Ärzte bei hoffnungslosen Fällen) zogen sich irritiert zurück. Schwere Pathologien der Sorte Biographie und Journalismus verschmolzen und verbreiteten neue virulente Bakterien vom Typ ›böse Absicht‹. Selbst ein Mitglied der verdächtigen Journalistenbranche, begann ich die ersten Symptome der Infektion zu spüren: die altbekannten Regungen journalistischer Begierden.

Im Dezember 1989 schrieb ich über die Adresse seiner Schwester an Ted Hughes (was mir sein Verleger geraten hatte) und bat um ein Interview. Ich erklärte unter anderem, daß die biographische Situation im Falle Plath in meinen Augen allegorisch für ein Problem von Biographien im allgemeinen stehe. Zur Antwort erhielt ich einen langen Brief von Olwyn Hughes. Ich las ihn mit Verwunderung und Ehrfurcht. Wir alle bewegen uns in einem Dunstkreis durch die Welt, der für uns einzigartig ist und an dem wir so eindeutig zu erkennen sind wie an unserem Gesicht. Beim einen ist der Dunstkreis dichter als beim anderen, und wenige Menschen bewegen sich in einer Wolke, die so dicht ist, daß sie uns vor den Blicken anderer vollständig verbirgt – sie scheinen nichts anderes als ihr Dunstkreis zu sein. Olwyn Hughes ist so ein Mensch. Ihr Brief präsentierte mir eine Person, die so vorbelastet und so leidenschaftlich verletzt war, daß man sie unmöglich damit belästigen durfte, zu erklären, wovon sie redete. Sie stürzte sich kopfüber auf ihr Thema, »den Mythos der Sylvia Plath«, und es blieb mir überlassen, ob ich ihr folgen wollte oder nicht – ihr war es egal. Es war nicht ihre Aufgabe, mich zu überzeugen; ihre Aufgabe bestand darin, wieder einmal etwas niederzuschreiben, von dessen Wahrheit sie überzeugt war. Olwyn schrieb:

»Ihren Brief vom 3. Dezember habe ich erhalten – und ich dachte mir, daß die weiter unten aufgeführten Punkte für den von Ihnen geplanten Artikel nützlich sein könnten. Ich leite Ihren Brief an Ted weiter.

Ich weiß eigentlich nicht, wofür gerade die biographische Situation von Plath allegorisch stehen soll. Nach den Verwüstungen des Mythos wundere ich mich nicht mehr (wie ich es einst getan habe), über Dinge wie den ›Prozeß‹ der Pasternak Writers Union oder die Gründung irgendeiner Nazi-ähnlichen Gruppierung, die Existenzen als solches in ihre eigenen, offensichtlich verrückten Zusammenhänge stellt. Die Menschen sind abscheulich, dumm und verlogen. Sobald ein Festwagen vorbeirollt, schließen sie Augen und Ohren, schalten den Verstand ab und springen auf …

Der Mythos entstand aus einer Mixtur: Sylvias Darstellung der eigenen Person und der Situation und anderer Umstände nach der Trennung. Ihr paranoider Mechanismus (oder was immer es war), den sie über die Jahre bis ins Detail perfektioniert hatte, trieb sie. Gegen Ende waren ihre Bemerkungen über andere kaum mehr, als Lügen zu ihrer eigenen Rechtfertigung, mit denen sie für sich selbst ein Maximum an Mitgefühl und Anerkennung herauszulocken versuchte. DAZU die Einstellung ihrer Mutter. Sich des dünnen Eises bewußt, solange Sylvia lebte, hat sie es dennoch nie aufgegeben und auch nach ihrem Tod an einer Sache festgehalten: Sylvia nur von ihrer »besten Seite« zu sehen. Diese sentimentale Scheinheiligkeit, bei Müttern verzeihlich, wurde von Ted Hughes zwar nur stillschweigend, aber in hohem Maße unterstützt, da ihm Mrs. Plath außerordentlich leid tat wegen der Schläge, die sie nach der Veröffentlichung der *Glasglocke* und einiger Gedichte einstecken mußte. Wenn Mrs. Plath nach Sylvias Tod gesagt hätte, ›sie litt unter einer Geisteskrankheit, aber sie war ein wunderbarer Mensch, und ich habe sie geliebt‹, dann wäre der Mythos nie entstanden, da bin ich sicher. Unglücklicherweise schämte sich Mrs. Plath dieser Geisteskrankheit – beispielsweise wurde nie deutlich, wie krank Sylvia bei ihrem ersten Zusammenbruch wirklich war ...

Dann kamen die leuchtenden ›Erinnerungen‹ – von Al Alvarez, Elizabeth Compton (jetzt Sigmund) und besonders Clarissa Roche. Sie alle hatten gemeinsam, daß ihre Freundschaft mit Plath oberflächlich war. (Obwohl sie sich wirklich für Alvarez interessierte, haben sie sich nur ein halbes Dutzend Mal gesehen.) Da keiner von Plaths übrigen Freunden mit der Flut von Journalisten, zukünftigen Biographen usw. reden würde, blieb diesen dreien – den Damen insbesondere – das Feld überlassen, von Butschers Biographie angefangen bis Roche und Sigmund erklären sie sich inzwischen im Zusammenhang mit Plath immer als ihre guten Freundinnen.

Anne Stevensons Biographie ist zweifellos die erste, die diesen Namen verdient. Obwohl ziemlich ausgedünnt, hat Linda Wagner-Martins Arbeit sehr gewonnen, weil ich von ihr gefordert habe, daß sie den unglaubwürdigen Blödsinn früherer Fassungen beweisen solle. Da sie das Buch schließlich veröffentlicht hat, während ich noch auf die ›endgültige Fassung‹ wartete, haben sich zu den Schatten des alten Unsinns noch neue Brokken eingeschlichen ...

Seltsamerweise fehlt jede menschliche Regung für die Personen, die die Tragödie von Sylvias Tod aus erster Hand als Teil ihres Lebens miterlebt haben – Aurelia, Ted und die Kinder. Das hat meine Grundhaltung den Menschen gegenüber total verändert. Eine außerordentlich interessante Erfahrung, all das zu verfolgen, aber schließlich auch entsetzlich und unüberwindbar ...«

Länge und Vehemenz von Olwyn Hughes Brief haben mich einigermaßen überrascht, nicht aber die Tatsache, daß sie und nicht Hughes, mir geantwortet hat. Na klar, dachte ich. Im Laufe der Jahre, in denen Ted Hughes seinen erzählwütigen Verfolgern zu entkommen versucht hat, tat seine Schwester genau das Gegenteil. Als literarische Agentin der Werke Plaths, was sie von der Mitte der sechziger Jahre bis 1991 war, hat Olwyn mit jedem zu tun gehabt, der über Plath schreiben wollte, und sich als eine Art Sphinx oder Turandot präsentiert, vor der die diversen Bittsteller erscheinen müssen – und unweigerlich scheitern. Sie ist außerdem berühmt für ihre Briefe an Lektoren und für ihre Kommentare gegenüber Journalisten beim Erscheinen neuer Schriften über Plath und Hughes; auch hier mit der ihr eigenen Schärfe und Ausführlichkeit. Ihre beiden Rollen passen schlecht zusammen: Sphinxen und Turandots schreiben normalerweise nicht an Lektoren oder reden mit Journalisten. Sie verhindern, untersagen oder erschlagen; sie bieten sich nicht an. Nach dreieinhalb Jahren meiner Bekanntschaft mit Olwyn – Begegnungen, Telefonate und Briefe – kann ich nicht behaupten, daß ich sie besser kennengelernt habe als bei ihrem ersten Briefauftritt. Aber ich habe nie etwas von dem Egoismus, Narzismus und Ehrgeiz bemerkt, mit dem man normalerweise Menschen charakterisiert, die sich Journalisten stellen, weil sie glauben, sie könnten die Führung übernehmen und den Faden der Geschichte in die Hand bekommen. Olwyn scheint lediglich von dem Instinkt getrieben, den jüngeren Bruder zu beschützen und die Familienehre hochzuhalten, und dieses Ziel verfolgt sie mit rückhaltloser Selbstlosigkeit. Mit ihrer übersteigerten Aktivität erinnert sie an eine Wachtel, die sich mutig auf den Eindringling stürzt, um ihn von ihren Kücken abzulenken, während diese sich eilig in Sicherheit zu bringen suchen. Der Journalist gräbt seine Klauen in ihr Fleisch, dennoch rührt ihn die glühende Loyalität und Liebe der Frau – und er fragt sich unwillkürlich, was der Mann, dem sie sich opfert, wohl fühlt, während er die Szene aus seinem Unterschlupf beobachtet.

FÜNF

Neunzehnhunderteinundsiebzig schrieb Elizabeth Hardwick in der New York Review of Books über Plath, daß sie »die seltene Gabe besaß, zumindest in ihrem Werk, nie ›nett‹ zu sein«. Hardwick hob eine Eigenheit hervor, die die Leser von *Ariel* bei seiner ersten Veröffentlichung (1965 in England und 1966 in Amerika) gefangennahm und uns heute ebenso. Plaths »nicht nett sein« ist das Außergewöhnliche an den *Ariel* -Gedichten, das unterscheidet sie von den sogenannten bekennenden Dichtern der Fünfziger und Sechziger, der Ausdruck des »wahren Ichs«, den Hughes gepriesen hat. Ihr Status als feministische Heldin hat größtenteils damit zu tun. Die Frauen verehren sie für ihren Mut, unangenehm zu sein. »Jede Frau liebt einen Faschisten«, schrieb Plath in ihrem Gedicht »Papi« – gemeint ist der männliche Faschist. Aber die Frauen haben Plath für den Faschisten in ihr geliebt, für den »Stiefel im Gesicht«, den sie, obwohl sie von männlicher Unterdrückung spricht, boshaft an Leser beiden Geschlechts austeilt. Obwohl *Die Glasglocke* keineswegs so kunstvoll wie die späten Gedichte ist, ist ihr Ton dennoch erfrischend ›nicht-nett‹. (Wenn Plath weitergelebt hätte, wäre möglicherweise eine hervorragende Romanschriftstellerin aus ihr geworden; *Die Glasglocke* hätte vielleicht im Vergleich mit ihrer ausgereiften Prosa den gleichen Stellenwert eingenommen wie *The Colossus* im Vergleich mit ihrer ausgereiften Lyrik.) Der Roman ist eine Anklage an die Fünfziger in Amerika. Er zeichnet den Zusammenbruch und den Selbstmordversuch und die Wiederherstellung der Heldin Esther Greenwood auf und wird von Esther Greenwood erzählt; in ihrer Stimme liegt all die Verachtung der Stimme von *Ariel*, vielleicht sogar deren ergreifende Schönheit und Kompetenz. Er ist von einer oberflächlichen Infantilität, einer trügerischen Zugänglichkeit: Er liest sich wie ein Mädchenroman. Aber diesen Mädchenroman hat eine Frau geschrieben, die durch die Hölle gegangen und wieder herausgekommen ist und sich an ihren Peinigern rächen will. Dieses Buch ist voller Gift, Erbrochenem, Blut und elektrischer Stromstöße (es gibt eine beißende Verknüpfung zwischen der Exekution Rosenbergs auf dem elektrischen Stuhl und

Esthers erschreckend gewaltvoller Schocktherapie); es ist bevölkert von kriecherischen Männern und erbärmlichen alternden Frauen.

Die Glasglocke ist ein fiktiver Bericht von Plaths eigenem Zusammenbruch und Schocktherapie und Selbstmordversuch von 1953, und Plath wollte nicht, daß das Buch von den Vorbildern ihrer unliebsamen Charaktere – insbesondere ihrer Mutter – gelesen würde. Esthers Mutter ist mit einer geschickten Unnachsichtigkeit ausgestattet. »Meine Mutter achtete darauf, mir nie zu sagen, ich solle etwas tun«, wie Esther bissig beobachtet. »Sie erörterte die Dinge nur sanft mit mir, wie eine intelligente erwachsene Person mit einer anderen.« Ihre Gönner werden ebenfalls examiniert und des Forderns bezichtigt, unter anderem Olive Higgins Prouty, Autorin von *Stella Dallas* (sie finanzierte Plaths Erstsemester-Stipendium am Smith College, bezahlte den Klinikaufenthalt nach ihrem Selbstmordversuch und wurde eine lebenslange Freundin von Aurelia), Plaths College-Liebe, Dick Norton, und dessen Mutter. Plath veröffentlichte das Buch aus diesem Grund im Januar 1963 unter dem Pseudonym Victoria Lucas, nachdem zwei amerikanische Verlage es abgelehnt hatten. Es erschien in England zuerst unter diesem Namen und dann, nach ihrem Selbstmord, unter ihrem eigenen Namen. Als die *Glasglocke* schließlich 1971 in Amerika erschien, war Aurelia Plath außer sich. In einem Brief an den Verleger schrieb sie:

> »Fast alle Charaktere in *Die Glasglocke* repräsentieren – oft karikiert – jemanden, der Sylvia geliebt hat; alle diese Personen haben ihr in diesen qualvollen sechs Monaten nach ihrem Zusammenbruch großzügig Zeit, Gedanken, Zuneigung und, in einem Falle, Geld gespendet ... Da das Buch unkommentiert vorliegt, verkörpert es die gemeinste Undankbarkeit.«

Plaths Schatten hat diese Worte vermutlich mit einem amüsierten und ziemlich zufriedenen Lächeln gelesen. Mrs. Plath, die sich immer Zeit nimmt, ist von der Süßholz raspelnden Mrs. Greenwood kaum zu unterscheiden. Dennoch hat Mrs. Plath die Dinge damit nicht gut sein lassen. Um ihrer Behauptung Nachdruck zu verleihen, daß die nicht-nette Persönlichkeit von *Ariel* und *Die Glasglocke*

Plaths krankem »falschen Ich« entsprungen und daß ihr gesundes »wahres Ich« ein höfliches, »hilfsbereites« gutes Mädchen sei, holte sie 1975 bei Ted Hughes, Plaths Nachlaßverwalter, die Genehmigung ein, Plaths Briefe an sie aus den Jahren 1950 bis 1963 zu veröffentlichen. Sie wollte damit zeigen, daß Plath nicht die hassenswerte und aus Haß Undankbare, nicht der Wechselbalg aus *Ariel* und *Die Glasglocke* war, sondern eine liebevolle, gehorsame Tochter. Das zufriedene Lächeln des Schattens ist vermutlich blasser geworden, als die Briefe erschienen, in einem Band mit dem Titel *Briefe nach Hause.* »Mutter, wie konntest du das tun?« hätte jede Tochter auf einen solchen Akt des Verrats wie die Veröffentlichung dieser Briefe gequält ausgerufen – Briefe, nachlässig geschrieben, überschwenglich, ausweichend; Briefe, die man aus Gewohnheit schrieb, zwanghaft, manchmal mehr als einen pro Tag; Briefe, die man mit dem sicheren Wissen abschickte, daß sie nur für die unkritischen Augen einer Mutter bestimmt waren. Wenn ein »schurkischer Verleger« nach unserem Tod irgendwie an ein Versteck unserer privatesten und unbedachtesten Briefe gerät und sie veröffentlicht, ist das eine Sache; wenn einen aber die *eigene Mutter* im fleckigen Bademantel mit ungewaschenem Gesicht der Nachwelt ausliefert, ist das etwas anderes, genaugenommen jenseits des Erträglichen. Mrs. Plath ist scheinbar nie der Gedanke gekommen, daß sich ihre Tochter in *Ariel* und in *Die Glasglocke* der Welt so vorstellen wollte, wie sie auch gesehen werden wollte – sie schrieb und veröffentlichte so, weil sie so in Erinnerung bleiben wollte. Das Gesicht, das sie ihrer Mutter zeigte, war nicht für eine Veröffentlichung gedacht. Man kann der armen Frau ihre Einfältigkeit nicht zum Vorwurf machen. Wenn das eigene Kind Selbstmord begeht, sollte man den Eltern alles verzeihen, womit sie ihren Schmerz zu betäuben versuchen, auch (oder vielleicht gerade dann) wenn es sich um einen unbewußten Akt der Aggression handelt.

Die Veröffentlichung der *Briefe nach Hause* hatte jedoch nicht den von Mrs. Plath gewünschten Effekt. Statt zu zeigen, daß Sylvia nicht »so war«, zog der Leser zum ersten Mal die Möglichkeit in Betracht, daß sie wegen der gestörten Beziehung zu ihrer Mutter so war. Bis zu diesem Zeitpunkt hatte man angenommen, der Tod des

Vaters, Otto (ein Professor für Entomologie deutscher Herkunft, der starb, als sie gerade acht Jahre alt war), habe ihr Leben überschattet, er habe die Wunde verursacht, von der sie nie ganz geheilt wurde. Aber jetzt sah es so aus, als ob der Schlüssel zu Plaths Tragödie immer in der Mutter-Tochter-Beziehung begraben gewesen war. Was Plath mit der Indirektheit einer Künstlerin in Gedichten wie »Die beunruhigenden Musen« und »Medusa« oder auch in der *Glasglocke* als pathologisches Moment nur angedeutet hatte, trat in den *Briefen nach Hause* deutlich hervor. Plaths Doppeldeutigkeit in der letzten Zeile von »Medusa« – einem Gedicht in der Form einer wütenden Rede der Tochter an die Mutter – verursacht ein unangenehmes Frösteln: »Es ist nichts zwischen uns«. Die beklemmende Nähe zwischen Sylvia und ihrer Mutter (und die damit verbundene Entfremdung) wird in den *Briefen nach Hause* überall dokumentiert. Kritische Kommentare zu der unnatürlichen Verbundenheit von Mutter und Tochter (zu den bekanntesten Kommentatoren gehören Harriet Rosenstein und Lynda Bundzen) haben Mrs. Plath sicher nicht erfreut. Aber außer ihrer schmerzhaften Fehlkalkulation – ihrem offensichtlichen Scheitern, die Welt davon zu überzeugen, daß mit Sylvia und der Beziehung zwischen ihr und Sylvia alles in bester Ordnung war – hatte die Veröffentlichung der *Briefe nach Hause* noch einen Nebeneffekt von wesentlich größerer Tragweite. In die Welt entlassen wurde eine Flut von Informationen über Plath und die Menschen in ihrem Leben, in der Hauptsache Ted Hughes – eine Flutwelle, die man mit einer Ölpest vergleichen könnte, weil sie unter den Überlebenden der Plath Verwüstungen anrichtete, so daß diese Menschen noch heute schwarzen, öltriefenden Vögeln gleichen. Bis zur Veröffentlichung der *Briefe nach Hause* war die Plath-Legende kurz und eingegrenzt, ein knappes, straffes Bühnenstück auf einer kargen, sparsam ausgestatteten Bühne. Alvarez' kunstvolle ›Erinnerung‹ hatte den ängstlichen Ton geprägt und das Potential für die feministische Parabel skizziert. Jetzt hatte sich die Legende zu einem überlastigen Filmskript aufgebauscht, das in bis ins Detail realistischen Kulissen gedreht wurde: Kostüm zeitgenössisch, Ausstattung desgleichen mit Küchenutensilien, echte Mahlzeiten, an der Spitze der Besetzungsliste eine Plath à la Doris

Day (eine große Doris Day, die »schreibt«) und einem Lawrence Olivier-Heathcliff-Hughes. Indem Mrs. Plath die Briefe ihrer Tochter den Augen der Welt überließ, hat sie nicht nur die Privatsphäre der Schriftstellerin vergewaltigt, sondern Plath selbst der Welt übereignet, so daß sie wie ein Gegenstand vertraulich von einem zum anderen weitergereicht werden konnte. Jetzt durfte jeder sagen, daß er Plath »kannte« – und Ted Hughes natürlich auch. Hughes hatte sich das Recht auf Zustimmung zur endgültigen Fassung des Buches vorbehalten, man kritisierte seine Änderungen; man meinte, er habe zu viel gestrichen, es gäbe zu viele Auslassungen. Dabei ist an *Briefe nach Hause* weniger bemerkenswert, was ausgelassen wurde, sondern was stehengeblieben ist.

Plaths hysterisch-überschwengliche Briefe an ihre Mutter über Hughes, als sie sich in ihn verliebte, und die nur wenig ausgeglichenen aus den guten Jahren ihrer Ehe erlauben uns – trotz der Auslassungen – einen erstaunlich tiefen Blick auf in diesen Mann. Natürlich ist es die Plath-Version – Menschen, die Hughes aus dieser Zeit kannten, hielten ihre Version für den Ausdruck der ihr eigenen Übertreibung und Exzessivität –, aber wir können sie nicht einfach außer acht lassen. Mit dem Gespür der Schriftstellerin, die sie werden wollte, zeichnete sie Hughes Charakter für ihre Mutter in wenigen stilsicheren und kräftigen Strichen. Er taucht zum ersten Mal in einem Brief vom März 1956 auf:

> »Habe übrigens letzte Woche einen sehr begabten Ex-Cambridger Dichter bei der wilden *St. Botolph's Review*-Party getroffen; sehe ihn vielleicht nie wieder (er arbeitet für J. Arthur Rank in London), habe aber kurz danach über ihn mein bestes Gedicht geschrieben – der einzige Mann bisher, der so stark ist, daß wir einander ebenbürtig wären – so ist das Leben.«

Am 17. April schreibt sie:

> »Das Niederschmetterndste ist, daß ich mich in den letzten zwei Monaten fürchterlich verliebt habe; das kann ja nur mit großen Schmerzen enden. Ich habe den stärksten Mann auf der Welt

getroffen, er ist Ex-Cambridger, ein großartiger Dichter, dessen Werk ich schon verehrte, bevor ich ihn traf, ein breiter, ungeschlachter, robuster Adam, halb Franzose, halb Ire, mit einer Stimme wie der Donner Gottes – ein Sänger, Geschichtenerzähler, Löwe und Weltenbummler, ein ruheloser Vagabund.«

19. April:

»Ich muß Dir jetzt etwas erzählen, was über die Maßen wunderbar und kolossal und angsteinjagend ist, und bitte Dich, darüber nachzudenken und mir Deine Gedanken mitzuteilen. Es geht um diesen Mann, diesen Dichter, diesen Ted Hughes. So etwas habe ich noch nie erlebt. Zum ersten Mal in meinem Leben kann ich ohne jede Einschränkung Gebrauch machen von *all* meinem Wissen und Lachen und Starksein und Schreiben, von allem, und Du solltest ihn sehen, ihn hören!

Gesund ist er und riesig groß ... und je mehr Gedichte er schreibt, desto mehr Gedichte schreibt er. Er weiß alles über die Lebensgewohnheiten der Tiere und nimmt mich mit zu den Kühen und Bläßhühnern. Ich schreibe Gedichte, die besser und stärker sind als alles, was ich zuvor gemacht habe.«

29. April:

»Ted ist unglaublich, Mutter ... trägt tagaus, tagein denselben schwarzen Pullover und dieselbe Kordjacke, die Taschen vollgestopft mit Gedichten, frischen Forellen und Horoskopen ... Gestern stolzierte er zur Tür herein und brachte ein Paket mit kleinen rosa Shrimps und vier frischen Forellen mit. Ich bereitete einen Shrimp Newburg-Nektar mit einer Essenz aus Butter, Sahne, Sherry und Käse; servierte ihn auf Reis zu den Forellen. Es dauerte drei Stunden, bis wir die ganzen winzigen Shrimps ausgepult hatten, und Ted lag nach dem Essen ächzend vor Begeisterung vor dem Kamin wie ein riesiger Goliath.

Sein Humor ist das Salz der Erde.«

3. Mai:

»Ich habe das Gefühl, daß mein ganzes Leben, meine Qual und meine Arbeit nur auf dies eine abgezielt haben. Das Blut, das ich vergossen, die Worte, die ich geschrieben, die Menschen, die ich geliebt habe, sie sind ins Werk gesetzt worden, um mich bereit zu machen für die Liebe.

Ted hat viele männliche, tief einschlagende Gedichte geschrieben.«

Plath und Hughes heirateten am 16. Juni 1956, und Plath schrieb weiterhin an Mrs. Plath über den »robusten, gütigen, großartigen Mann, ohne jeden falschen Stolz oder Hang zum heutigen mittelmäßigen, strategischen Beamten«, der »einen großartigen Verstand hat, fern von Haarspalterei und diplomatischer Schläue«. Als Hughes einen Lehrauftrag an einer Knabenschule annahm, schrieb Plath über ihren robusten Adam: »Sie haben auch allen Grund, ihn zu bewundern; verglichen mit den weichlichen Lehrern ist er eine so enorm starke, faszinierende Persönlichkeit.« Und fünf Jahre später, als Plath wegen einer Blinddarmoperation im Krankenhaus lag und Hughes »riesige Sandwiches mit blutigen Steaks« mitbrachte, schrieb Plath: »Er ist ein absoluter Engel. Ihn in den Besuchsstunden hereinkommen zu sehen, zweimal so groß wie all die kleinen, untersetzten Leute, mit seinem schönen, gütigen, lächelnden Gesicht, das ist der schönste Anblick der Welt für mich.«

Auch in Plaths Tagebüchern erscheint Hughes als übergroßer Adonis/arischer Supermann, obwohl die Stimme der Tagebuchschreiberin nicht die gleiche ist, oft schärfer und düsterer als die der Briefschreiberin. Am 26. Februar 1956 hat Plath einen inzwischen berühmten Bericht ihrer ersten Begegnung mit Hughes auf der *St. Botolph Review*-Party niedergeschrieben, den sie wehmütig an ihre Mutter schickte (»werde ihn wahrscheinlich nie wiedersehen«). Im Tagebuch erzählt Plath vom Trinken und zu laut Reden und Tanzen und betrunken werden. Dann:

> »Dieser große, dunkle, tolle Junge, der einzige, der groß genug für mich war, der sich bei den Frauen herumgedrückt hatte und nach dessen Namen ich mich sofort erkundigte, als ich den Raum betrat, ohne daß mir jemand eine Antwort gegeben hätte, kam herüber, sah mir durchdringend in die Augen, und es war Ted Hughes.«

Hughes verschwindet mit Sylvia in einem Hinterzimmer und

> »peng, fiel die Tür ins Schloß, und er schüttete Brandy in ein Glas, und ich schüttete ihn dorthin, wo mein Mund zuletzt gewesen war ...
>
> Und ich stampfte, und er stampfte, und dann küßte er mich peng, knall auf den Mund ... Und als er mich auf den Hals küßte, biß ich ihm lange und fest in die Wange, und als er das Zimmer verließ, lief ihm Blut über das Gesicht. [Auslassung.] Und ich schrie innerlich, dachte: Oh, mich berstend, kämpfend dir hinzugeben«.

Ich habe die Passage so zitiert, wie sie in den *Journals* erschienen ist. Ein längerer Text – in dem Hughes ihr beim Küssen auch das Haarband herunterreißt und ihre silbernen Ohrringe einsteckt – wurde später an anderer Stelle zitiert, er wird als Beweis für Hughes eigennützige, repressive Bearbeitungsweise hochgehalten. Aber auch in dieser zensierten Version ist die Passage außerordentlich intim, und man kann sich nur wundern, daß Hughes zugestimmt hat, sie auch nur teilweise zu veröffentlichen. Und wenn er auf die Wahrung seiner Privatsphäre so viel Wert legte, warum hat er die Veröffentlichung der *Briefe nach Hause* und der *Journals* überhaupt abgesegnet?

Ein unveröffentlichter Brief, den Hughes sieben Jahre nach Sylvia Plaths Tod an Mrs. Plath geschrieben hat, birgt eine mögliche Antwort. Der Brief liegt im Plath-Archiv in der Lilly Library, der Bibliothek der University of Indiana in Bloomington – in einem umfangreichen Magazin mit Briefen von und an Plath, dazu die Familienkorrespondenz nach ihrem Tod. (Mrs. Plath hat diese Sammlung im Jahre 1977 an die Lilly Library verkauft.) In diesem Brief vom 24.

März 1970 erzählt Hughes Mrs. Plath von einem Haus an der Nordküste Devons, das er kaufen möchte – »einem unglaublich schönen Anwesen« –, wofür ihm jedoch das Geld fehlt. Ein anderes Haus, das er kürzlich in Yorkshire erworben hat, möchte er nicht verkaufen (»eine erstklassige Investition«), und Court Green ebensowenig, das Haus in Devon, wohin er nach Plaths Tod mit den Kindern zurückgekehrt ist (und heute mit seiner zweiten Frau Carol lebt). »Deshalb«, erklärt er Mrs. Plath, »versuche ich, all meine übrigen Vermögenswerte zu Geld zu machen. Und dazu gehört *Die Glasglocke.«* Er fragt Mrs. Plath, was sie »inzwischen von einer US-Publikation halten würde«, und fügt hinzu, daß sich das Buch in ein paar Jahren »kaum noch verkaufen« würde, wenn es zu einer reinen »Kuriosität für Studenten« geworden sei. Mrs. Plath hat das Buch natürlich gehaßt und äußerte in einem Brief an Hughes heftigen Protest: Sie will nicht, daß *Die Glasglocke* in Amerika veröffentlicht wird. Aber, »wie unter intelligenten, erwachsenen Menschen«, verweist sie am Ende des Briefes auf Hughes. »Nachdem du die Rechte hast, mußt auch du entscheiden«, erklärt sie mit wenig überzeugender Sittsamkeit. Also erschien *Die Glasglocke* 1971 in Amerika. Mrs. Plath hat es überstanden und bald darauf ihre Karten auf den Tisch gelegt: Sie bat Hughes um Zustimmung, Plaths Briefe an sie zu veröffentlichen. Hughes konnte ihr die Bitte kaum abschlagen.

Es gibt eine unangenehme, aber notwendige Bedingung, die sich jeder auferlegen muß, der über Plath schreibt: Man muß sein Herz für Ted Hughes verschließen. Auf die eine oder andere Art, aus diesem oder jenem Grunde muß man sich als Schreiber von Mitgefühl und Sympathie für Ted Hughes verabschieden, von dem Gefühl, daß der Mann ein Opfer und Märtyrer ist, und jedem Impuls widerstehen, das Feld zu räumen, um Hughes Qualen nicht noch zu vergrößern. Einige Schreiber haben tatsächlich unvollständige Manuskripte hinterlassen. In einem Brief an Linda Wagner-Martins Lektor, Andrew Motion, äußert sich Hughes über diese gescheiterten Aspiranten in einer Art bitterem Triumph:

> »[Wagner-Martin] ist so unsensibel, daß sie offensichtlich von den üblichen Folgen dieses speziellen Unternehmens verschont

geblieben ist – i.e. Nervenzusammenbrüche, Neurosen, häusliche Katastrophen –, die uns in der Vergangenheit davor bewahrt haben, daß diverse Karikaturen dieser Art zu Ende geführt wurden.«

Hughes' Brief an Mrs. Plath über die Möglichkeit, *Die Glasglocke* zu Geld zu machen, hat mir zum ersten Mal erlaubt, Hughes mit der erforderlichen Kälte zu sehen: Er hatte für sein Recht auf Privatsphäre offensichtlich einen materiellen Besitz eingetauscht. Denn hätte er *Die Glasglocke* nicht entgegen Mrs. Plaths Wünschen veröffentlicht, hätte sie sicherlich keine Notwendigkeit gesehen, *Briefe nach Hause* zu veröffentlichen, und Hughes hätte im Gegenzug vielleicht keine Notwendigkeit gesehen, mit einer Korrektur ihrer Korrektur zu reagieren, indem er die *Journals* veröffentlichte.

In einem Leserbrief an *The New York Review of Books* zu einer Rezension von drei Büchern über Plath, der am 30. September 1976 abgedruckt wurde, beklagt sich Olwyn Hughes, daß der Rezensent, Karl Miller, »die Familie von Sylvia Plath behandelt, als ob sie Charaktere aus irgendeinem Roman wären«. Sie schreibt außerdem, daß »es einem beinahe so vorkommt, als ob die Tatsache, daß Sylvia, die in einigen ihrer Werke aus poetischen Gründen mit den Menschen, die ihr nahestanden, grausam umgeht, Journalisten dazu ermutigt, das gleiche zu tun«. Natürlich fühlen sie sich ermutigt. Das Recht auf Grausamkeit gehört zu den unbestrittenen Privilegien des Journalismus, und wenn lebende Personen wie Charaktere in schlechten Romanen dargestellt werden, entspricht das einer über weite Strekken akzeptierten Konvention. Mit Mrs. Plath, Ted Hughes und Olwyn Hughes fand und findet der Journalismus drei außerordentlich verführerische Opfer für Sadismus und Herabsetzung.

Als *Bitter Fame* erschien und die Einsätze im Spiel erhöhte, entschied ich mich, mit einzusteigen. Wie all die anderen Spieler in der Runde fand ich die Atmosphäre beunruhigend und bedrückend. Gespielt wird in einem düsteren, dunstigen Raum, wo man kaum die Hand vor Augen sehen kann; Fehler schleichen sich zwangsläufig ein. Die Luft ist schlecht und seit vielen Jahren nicht erneuert worden. Die Fenster sind verschmiert und fest verschlossen. Die

Hand des alten Dieners zittert, während er verwässerte Drinks serviert. Durch eine Türöffnung sieht man einen offenen Sarg, umringt von brennenden Kerzen. Eine kleine, alte Frau sitzt auf einem Stuhl mit gerader Lehne und liest in einem Stenographie-Lehrbuch. Ein sehr großer, schwarz gekleideter Mann mit ergrautem Haar tritt durch die Tür, er muß den Kopf einziehen, bleibt stehen und sieht den Spielern zu. Plötzlich öffnet sich die Tür zur Straße, eine große Frau stürzt herein. Sie flüstert dem großen Mann etwas ins Ohr; er zuckt mit den Schultern und kehrt in das Zimmer mit dem Sarg zurück. Sie sieht ihm nach, dann gibt sie dem Tisch einen tückischen kleinen Schubs, so daß die Drinks überschwappen und die Karten verrutschen, und geht, die Tür schlägt zu. Ich sehe in meine Karten und nenne meinen Einsatz.

SECHS

Am 11. Februar 1991 saß ich mit Olwyn Hughes beim Lunch in einem fast leeren indischen Restaurant im Londoner Stadtteil Camden Town. Ganz London kam mir gedämpft und ausgestorben vor. Der Golfkrieg hatte vor wenigen Wochen begonnen; man fürchtete terroristische Anschläge, und der Tourismus war zum Erliegen gekommen – mein Hotel stand zu zwei Dritteln leer. Das Wetter verstärkte die gedämpfte Atmosphäre der Stadt. Schnee lag in der Luft, und das Wasser begann zu gefrieren, worauf die Nation nicht vorbereitet war. Eine Kältewelle hatte England erreicht, wie die in dem Jahr von Plaths Tod, die Alvarez unvergeßlich in seiner ›Erinnerung‹ wiedergegeben hat:

> »Kurz vor Weihnachten fiel Schnee, er ließ nicht nach, es schneite immer weiter. Um Neujahr kam das ganze Land zum Stillstand. Die Züge froren auf den Schienen fest, die stehengelassenen Lastwagen auf den Straßen. Die durch Millionen und Abermillionen kläglicher, nutzloser Heizöfchen überbeanspruchten Elektrizitätswerke fielen immer wieder aus. Die

Öfchen waren sinnlos, denn die Elektriker streikten meist. Wasserleitungen füllten sich mit festem Eis; um ein Bad nehmen zu können, mußte man einen Angriffsplan auf die wenigen Freunde aushecken, die in Häusern mit Zentralheizung wohnten. Als die Wochen sich hinzogen, benahmen sie sich trotz aller äußeren Liebenswürdigkeit immer weniger freundlich. Das Geschirrspülen wurde zu einer schwierigen Unternehmung. Die Geräusche des Wassers in überalterten Röhren tönten lieblicher als der Klang von Mandolinen. Im Verhältnis zu anderen Handwerkern waren Klempner so teuer wie geräucherter Lachs und noch schwerer aufzutreiben. Das Gas versagte, die Sonntagsbraten blieben roh. Das Licht versagte, Kerzen gab es nicht. Die Nerven versagten, Ehen gingen in die Brüche. Am Ende versagte das Herz. Es schien, als würde die Kälte niemals enden.«

Jetzt, achtundzwanzig Jahre später, hielten die Engländer noch immer beharrlich an ihrer Vorstellung fest, daß sie in ihrem grünen und schönen Land nur so selten von harter Winterkälte heimgesucht werden, daß es sich nicht lohnt, Vorkehrungen zu treffen, und so war ich in der Lage, aus erster Hand nachzuempfinden, wie frustriert und in die Enge getrieben Plath sich im Winter ihres Selbstmordes gefühlt haben muß. Ich hatte stundenlang im ungeheizten Zug gesessen – der an einer Vorortstation nicht weiterkam, weil die Türen zugefroren waren –, und hatte meine Mitreisenden betrachtet, die brav und ausdruckslos sitzenblieben, in ihr Schicksal ergeben, in einer Art Verzückung über unbeklagte Unbequemlichkeit. Ich war durch die mit trügerisch gefrorenem Schnee bedeckte Stadt gelaufen und hatte mich an Plaths »humorvollen« Essay »Schneeangriff« erinnert, den sie kurz vor ihrem Tod schrieb. Unter dem oberflächlich amüsiert-distanzierten Ton bricht ihre amerikanische Ungeduld mit der englischen Passivität und der damit verbundenen tugendhaften Überheblichkeit immer wieder hervor.

»Sylvia starb in diesem Monat«, sagte ich im indischen Restaurant zu Olwyn. »An welchem Tag war das?«

»Es war zufällig genau heute«, sagte sie. »Das ist mir gestern aufgefallen, als ich das Datum auf einen Brief an Sie schrieb. Wie seltsam.«

»Das Haus in der Fitzroy Road, in dem sie starb, liegt doch ganz in der Nähe, nicht wahr?« fragte ich. »Würden Sie nach dem Essen mit mir dort vorbeigehen?«

»Meine Liebe, ich glaube nicht, daß ich das tun möchte«, antwortete Olwyn. Sie zündete sich eine Zigarette an, und als ich sie durch den Rauch hindurch ansah, fiel mir ein Eintrag vom 21. November 1956 aus den *Briefen nach Hause* ein, der Plaths ersten Eindruck von ihrer neuen Schwägerin wiedergibt:

> »Am Wochenende war Olwyn, die Schwester von Ted, hier. Sie hat Zwischenstation gemacht auf ihrer Reise von zu Hause nach Paris, wo sie arbeitet. Sie ist 28 und beängstigend schön mit ihren bernsteingoldenen Haaren und Augen. Ich habe für uns ein großartiges Essen gemacht, es gab Roastbeef, Rotwein und Erdbeeren mit Sahne. Irgendwie erinnert sie mich an einen Wechselbalg, der niemals alt wird. Sie ist aber ziemlich egoistisch und gibt das Geld mit vollen Händen für extravagante Kleider und Zigaretten aus, obwohl sie Ted immer noch 50 Pfund schuldet. Trotzdem mag ich sie.«

Plaths Eindruck von Olwyn als einer Feengestalt, die niemals altert, war eine brillante Vorhersage. Obwohl man Olwyn heute »ihr Alter ansieht« – sie gehört nicht zu diesen erstaunlich jung aussehenden älteren Frauen, von denen die Welt voll ist –, sieht sie trotzdem nicht wie eine Frau in den Sechzigern aus. Sie hat etwas Schulmädchenhaftes an sich, einen Hauch von Kühnheit und Widerspruchsgeist, eine Spur von Boheme. Ihr Haar ist noch immer bernsteinfarben, sie trägt es schulterlang; ihr Gesicht ist anziehend und gepflegt. Gleichzeitig hat sie etwas Strenges und Beeindruckendes an sich. Wie Hughes (und Plath) ist auch sie grobknochig und groß, und wie sie so mit ihrem Mantel über den Schultern zusammengekauert in dem indischen Restaurant saß, erinnerte sie mich an Dürers sinnbildliche Darstellung der Melancholie. Im persönlichen Gespräch wie in ihren Briefen ist es Olwyn vollkommen egal, was ihr Gegenüber von den Schandtaten derer, die über Plath geschrieben haben und noch schreiben werden, weiß oder nicht weiß. Sie läßt einfach nur ihren Ärger ab und die Verachtung für Personen, mit denen sie sich als Agentin des Plath-Nachlasses auseinandersetzen mußte. Sie erinnert an eine Schul- oder Gefängnisvorsteherin: Studenten oder Insassen kommen und gehen, sie bleibt. Eine aufsässige Anfängerklasse war im Anmarsch. Ronald Hayman und Paul Alexander sollten in Kürze ihre provozierenden unautorisierten Biographien veröffentlichen, außerdem arbeitete Jaqueline Rose an einer literarischen Studie, die die Ausgaben von *The Journals* und die *Briefe nach Hause* auf impertinente Weise attackieren sollte. Olwyn hatte die Vergehen ihrer ehemaligen Schüler jedoch keineswegs vergessen, auch die der kürzlich verabschiedeten Anne Stevenson nicht. Ich hatte den wunden Punkt kaum berührt und sogleich ihren Spott entzündet. Wenige Monate zuvor hatte ich einen ersten Eindruck ihres Spotts bekommen, und ich sollte ihm im Laufe unserer Bekanntschaft noch häufiger begegnen. »Nennen wir die Dinge beim Namen. Anne war ein Fehler«, hatte sie bei unserer ersten Begegnung gesagt. »Ich bedauere, daß ich niemanden gesucht habe, der aufgeweckter ist, wie zum Beispiel Hilary Spurling. Sylvia war eine Intellektuelle – Anne ist es nicht. Ich mußte sie an die Hand nehmen. Sie hat ein Jahr meines Lebens verschenkt.« Und (in einem späteren Vortrag): »Anne ist keine schlechte Lyrikerin. Sie ist eine mittelmäßige Literatin. Sie hat ein paar gute Sachen gemacht; ein oder zwei Kapitel sind ganz nett. Sie ist eine engagierte mittelmäßige Schriftstellerin. Aber ihr fehlt der lebhafte, hungrige Verstand. Das war mir nicht bewußt. Ihr sauberes Benehmen, die netten Tweedkostüme und die Tatsache, daß sie unterrichtet hat, haben mich geblendet. Sie hat Sylvias Persönlichkeit nie erfaßt. Ihr Bild stimmt nicht. Sie hat sie sich immer als emotionales, süßes Mädchen vorgestellt. Was sie nicht war.« Jetzt, im indischen Restaurant, kehrte Olwyn wieder zum Thema zurück. »Anne hat die interessanten Dinge weggelassen und die langweiligen aufgenommen«, sagte sie. »Allem mußte sie ihren Stempel aufdrücken. Sie ist immer wieder auf ihren albernen kleinen Anmerkungen herumgeritten. Mich hat dieser Unsinn zur Verzweiflung gebracht. Ich wollte die Fakten klarstellen. Ich wußte nicht, daß sie all ihre nebensächlichen Ideen zu Sylvia Plath aufschreiben wollte. Eine Biographie ist kein Gedicht und kein Roman, sondern ein Dokument.«

»Warum haben Sie nicht Ihr eigenes Buch geschrieben?«

»Ich bin keine Schriftstellerin. Und da ich Teds Schwester bin, hätte man mir nicht geglaubt.«

»*Bitter Fame* hat man auch nicht geglaubt«, entgegnete ich. »Wenn Sie einen offenen Bericht als Schwester geschrieben hätten, hätte man ihn auch so angenommen. Die Leute hätten gewußt, woran sie sind. So sind sie mißtrauisch. Sie haben das Gefühl, daß man ihnen etwas vorenthält und sie hintergehen will.«

»Stimmt, die Leute können es nicht ertragen, wenn sie das Gefühl haben, daß etwas da ist, was sie nicht sehen. Ich habe ein Manuskript von einer schrecklichen Frau geschickt bekommen, sie heißt Jaqueline Rose. Noch ein Angriff auf Ted. Sie baut ihre Theorie auf Teds Streichungen in Sylvias Tagebuch auf. Die Leute denken immer, daß Ted über allem wacht. Ted ist so ein harmloser Mensch. Ein sehr netter Kerl. Ich habe zwanzig Seiten Anmerkungen zu Roses Buch geschrieben. Ich werde Sie Ihnen zuschicken. Kennen Sie diese Frau?«

»Ich bin in ein paar Tagen mit ihr verabredet.« Ich hatte von Jaqueline Roses Projekt gehört – es ist inzwischen unter dem Titel *The Haunting of Sylvia Plath* erschienen – und mich einige Monate vorher am Telefon mit ihr über das Buch unterhalten und über die Möglichkeit, sie zu treffen, wenn ich in England war. Es war ein kurzes Gespräch gewesen. Rose hatte mir erzählt, daß sie ihr Manuskript beim Verlag *Virago* abgegeben habe und nun darauf warte, wie sich die »Situation« zwischen *Virago* und den Plath-Erben entwickeln werde. Wenn alles gutginge – wenn die Schwierigkeiten ausgebügelt seien und das Buch ohne weitere Zwischenfälle in Druck ginge – gäbe es nichts, worüber sie mit einer Journalistin reden könne. Wenn es nicht gutginge, gäbe es eine Menge zu reden. Offensichtlich war es nicht gutgegangen: Ich war mit Rose verabredet.

Der Kellner begann, den Tisch abzuräumen, und Olwyn griff in ihre Handtasche, um ein Blatt herauszunehmen, das sie mir gab. Es war der Brief an mich, dessen Datierung vom Vortag sie erwähnt hatte; sie hatte beschlossen, ihn mir lieber auszuhändigen, statt ihn zu schicken. In der Hauptsache bestand er aus drei Passagen, die Angehörige dreier berühmter toter Schriftsteller – Virginia Woolf, John Middleton Murray und Sylvia Plath – geschrieben hatten, um Ärger und Bitterkeit gegenüber Biographen und/oder Kritikern zum Ausdruck zu bringen. Die Angehörigen waren: Quentin Bell, der an Olwyn schrieb, Katherine Middleton Murray (J. M.'s Tochter) schrieb an den Independent und Ted Hughes an Jaqueline Rose. Am meisten interessierte mich die Passage von Ted Hughes. Sie lautete:

»Kritiker nehmen für sich das Recht in Anspruch, über Tote zu schreiben, was ihnen einfällt. Das ist absolute Macht, und die damit verbundene Korruption äußert sich sehr oft im Verkümmern moralischer Vorstellungskraft. Sie gehen zu den Lebenden über, weil ihnen der Unterschied zwischen den Lebenden und den Toten nicht mehr bewußt ist. Sie weiten ihr Recht, zu sagen, was sie wollen, auf die Lebenden aus, sie fallen über deren Psyche her und erfinden sie neu, ganz wie es ihnen gefällt. Sie stellen sich vor Schulklassen und präsentieren diese Performance als beispielhaft zivilisiertes Unternehmen – diese offensichtliche Unsensibilität für andere menschliche Wesen. Schüler erkennen die leichte Macht und sind fasziniert, sie beginnen, ihre Lehrer zu übertreffen. Denn wenn ein Mensch in diesem Punkt korrupt wird, wird er ganz allgemein korrupt.«

»Ein bemerkenswerter Text«, sagte ich und steckte den Brief in meine Handtasche. Dann – auch ich gehörte nun zu dem Haufen armer Teufel, die um Krumen vom Tisch bettelten – fügte ich hinzu: »Darf ich das zitieren?«.

»Ich werde Ted fragen«, wich Olwyn aus.

Sie zündete sich noch eine Zigarette an, und ich wagte mich an eine Frage, deren Antwort ich bereits zu kennen glaubte. »Was hatten Sie für eine Beziehung zu Sylvia?«

Sie zögerte einen Moment und sagte dann: »Es gab keine Vertraulichkeiten zwischen uns. Sie war von Ted sehr eingenommen; sie interessierte sich nicht für mich.«

»Hatten Sie das Gefühl, daß sie sich zwischen Sie und Ihren Bruder gedrängt hat?«

»Das ist Unsinn«, sagte Olwyn. »Das ist kultischer Unsinn. Ich war in dieser Zeit mit meinem eigenen Leben vollauf beschäftigt.«

Wenn man davon ausgeht, daß all unsere Beziehungen zu gleichen Teilen auf Imagination und Realität aufbauen, dann haben die Umstände dafür gesorgt, daß Olwyns Beziehung zu Plath stärker von innen kommt als üblich. Da Olwyn in den sechs Jahren der Plath-Hughes-Ehe (von denen sie zwei Jahre in Amerika und vier Jahre in England verbrachten) in Paris gelebt und gearbeitet hat, sind Olwyn und Plath, soweit man weiß, nur fünf oder sechs Mal zusammengekommen. Man könnte sagen, daß Olwyns »wahre« Beziehung zu Plath erst nach ihrem Tod begonnen hat, als Olwyn ihren Job in Paris aufgab, um zu Hughes nach Court Green zu ziehen und sich mit ihm um die mutterlosen Kinder zu kümmern. Zu Lebzeiten war Plath für Olwyn offensichtlich nur als die Frau ihres Bruders interessant gewesen – falls sie überhaupt an sie gedacht hat –, und es wäre ihr lieber gewesen, wenn ihr Bruder sie nicht geheiratet hätte. Diese Lesart von Olwyns Gedanken stützt sich auf drei Szenen, wie sie in Bitter Fame geschildert werden. Jede einzelne handelt von einem unangenehmen Ereignis zwischen den Schwägerinnen, und jede einzelne hat Olwyn nur deshalb an Anne Stevenson weitererzählt, um die Mängel in Plaths Charakter zu illustrieren. In allen Fällen ist der Leser sich dessen bewußt, daß er nur eine Seite der Auseinandersetzung kennt, und ist, wie in Dido Merwins ›Erinnerung‹, verblüfft, mit welcher Unschuld der Erzähler an die eigene Überzeugungskraft glaubt. Einem anderen Übles nachzusagen ist ein äußerst kompliziertes und delikates rhetorisches Unterfangen; zu überzeugen, dem Leser einen Eindruck von der Schlechtigkeit der Person X zu vermitteln, erfordert großes Geschick. Es reicht nicht, wie Olwyn und Dido Merwin einfach damit herauszuplatzen, wie schlecht X ist. Damit ruft man im Leser nur Mitgefühl für X hervor.

Die unangenehmste aller unangenehmen Szenen, die in *Bitter Fame* erzählt wird, hat sich in Yorkshire bei Ted und Olwyns Eltern zugetragen, in den Weihnachtsferien des Jahres 1960:

»Soweit Olwyn sich erinnern kann (schreibt Anne Stevenson), begann alles mit einer Bemerkung, die sie machte, nachdem Sylvia sich sehr ›abfällig‹ über das Verhalten von jemandem geäußert hatte, den Sylvia kannte, Olwyn aber nicht. Olwyn sagte: ›Du bist wirklich schrecklich kritisch‹, womit sie sich über ein ungeschriebenes Gesetz hinwegsetzte, denn Sylvia kritisierte man einfach nicht. Die Reaktion folgte auf dem Fuß. Sylvia durchbohrte Olwyn mit einem halb entsetzten, halb zornigen Blick, zog Ted in das Zimmer und flüsterte ihm Olwyns Bemerkung zu. Olwyn verlor die Geduld und fragte Sylvia, warum sie sich nicht einfach normaler verhalte, warum sie so unhöflich sei, warum sie oft so wenig Rücksicht auf andere nehme. Sylvia erwiderte nichts auf diese rhetorischen Fragen, sondern starrte Olwyn nur böse an. Olwyn bedauerte augenblicklich, überhaupt etwas gesagt zu haben. Sie weiß noch, daß sie dachte: ›Warum *sagt* sie denn nichts?‹

Olwyn beendete die Auseinandersetzung, indem sie Frieda über die seidigen Haare strich (das kleine Kind saß die ganze Zeit auf Olwyns Schoß) und sagte: ›Aber wir sollten über diesem süßen Köpfchen nicht so miteinander reden.‹ Sylvia nahm die Kleine ohne eine Antwort hoch, ging nach oben und erschien nicht mehr. Als Olwyn sich später schlafen legte, bereute sie ihre Worte. Es war noch nicht hell, als sie aufwachte und hörte, daß ihr Bruder und seine Familie die Abreise vorbereiteten.«

Man bemerkt, daß Olwyn über Plaths *Schweigen* aufgebracht ist. Wir erinnern uns an Hughes' Assoziation der Authentizität – »das wahre Ich« – im Stummsein. Aber hier wird Stummsein (wie bei Lear und Cordelia) als Aggression empfunden. Olwyn greift Plath verbal an, aber Olwyns Worte sind nur Worte; Plaths (medusenhafte) Sprachlosigkeit dagegen ist die tödlich strafende Waffe. In einem

Brief, den Olwyn mir vor anderthalb Jahren schrieb, kam sie auf den Vorfall zurück, wobei sie den bedrohlichen Charakter von Plaths Schweigen hervorhob:

> »Ich denke, es war ein verzweifelter Vorwurf. Sie sagte kein einziges Wort, starrte mich nur sprachlos an. In meinem ganzen Leben ist es mir nie wieder passiert, daß der andere Beteiligte bei einem Krach kein Wort zu seiner Verteidigung zu sagen hatte. Rückblickend finde ich es ziemlich rücksichtslos von ihr, im Morgengrauen des nächsten Tages abzureisen. Sie hat mir die Möglichkeit genommen, mich mit ihr ›auszusöhnen‹, was ich vorhatte, und mich damit ins Unrecht gesetzt.«

Unter der Oberfläche von Olwyns Schilderung der Yorkshire-Konfrontation, bemüht, eine alte Rechnung zu begleichen, liegen tiefe Verletzungen, und dies ist mit Sicherheit eine, von der sich die Überlebenden von Selbstmördern nie erholen. Plath ist, wie wir wissen, »im Morgengrauen gegangen«, an einem anderen Tag, im Jahre 1963. Der Selbstmörder »geht«, und die Überlebenden bleiben für immer im Unrecht. Sie sind wie Verdammte, die nichts mehr ändern können, ohne Aussicht auf Gnade. In Olwyns Ausspruch »Warum *sagt* sie nichts?« liegt die ganze Qual und Wut derer, die man ohne ein Wort im Flammenmeer zurückgelassen hat.

Natürlich hat Plath »etwas gesagt«. Am 1. Januar schrieb sie ihrer Mutter über den Vorfall, sie zitierte all die unerfreulichen Dinge, die Olwyn über sie gesagt hat, und fügte ein paar unerfreuliche eigene Beobachtungen über die Beziehung zwischen Olwyn und Ted hinzu, wobei sie ihnen unverschämterweise ein inzestuöses Verhältnis unterstellt. Der Brief wird in *Bitter Fame* erwähnt (Sylvia gebraucht »für sie typische extreme Worte, um den heftigen Groll auf ihre Schwägerin loszuwerden«), aber nicht zitiert. Anne Stevenson hatte ihn zitieren wollen – einige Passagen tauchen in einer früheren Fassung des Buches auf –, aber Olwyn konnte es nicht ertragen, daß so über sie gesprochen wurde, und bestand darauf, daß die Passagen herausgenommen werden. In einem Brief an Anne vom Dezember

1987 wirft sie ihr vor, aus ihrer Abneigung entstehe der Wunsch, sie »mit Plaths Worten zu verleumden«. Stevenson fand, das Zitat spreche für sich selbst – es sei so anmaßend und unbeherrscht, daß es für Olwyn nur Mitgefühl kreieren könne, so wie Dido Merwins übertriebene Anprangerung der Plath nur Mitgefühl für das Opfer kreierte. Olwyn sah das nicht so. Plath hatte sich Zeit ihres Lebens geweigert, sich mit Olwyn auseinanderzusetzen, und jetzt, nach ihrem Tod, vergrößerte sie das Unrecht, indem sie hinter ihrem Rükken über sie redete. Olwyn fand das verständlicherweise unerträglich.

Olwyns Erinnerung an diese und zwei weitere unangenehme Szenen liest sich wie das Trauma einer kindlichen Herabsetzung. In allen drei Szenen tritt Plath als schweigende, mächtige, unheimliche Antagonistin auf, deren Aggression Olwyn fassungslos und verblüfft gegenübersteht. In einer seiner Fachschriften spricht Freud davon, wie die Geheimnisse des Analysepatienten ohne sein Wissen aus allen Poren treten. Der umsichtig schweigende Hughes hat seine Geheimnisse besser versteckt als seine Schwester. Niemand kann seine eigenen Worte gegen ihn verwenden. Aber jeder kann über seine Motive spekulieren – und tut es auch. »Sie bemerken den Unterschied zwischen den Lebenden und den Toten nicht mehr«, klagt er über Biographen und Kritiker, die über ihn und seine Familie schreiben, wenn sie über Plath schreiben. »Sie weiten das Recht, zu sagen, was sie wollen, auf die Lebenden aus.« In Milan Kunderas Roman *Unsterblichkeit* gibt es eine Passage über das Mitgefühl mit den Toten. Unter der Erde befinden sie sich »noch tiefer unten als die Alten«, schreibt er. »Den Alten werden vorerst noch alle Menschenrechte zuerkannt. Die Toten verlieren sie von der ersten Sekunde ihres Ablebens an. Kein Gesetz schützt einen Toten vor Verleumdung, sein Privatleben hört auf, privat zu sein; nicht einmal mehr die Briefe, die ihm seine Geliebte geschrieben, nicht einmal mehr das Poesiealbum, das ihm seine Mutter vermacht hat, nichts, nichts mehr gehört ihm, gar nichts.« Hughes wehrt sich dagegen, so behandelt zu werden, als sei er tot. In der Auseinandersetzung zwischen den Hughes' und der feindlich gesinnten Öffentlichkeit gilt es zu klären, ob die Hughes' tot sind oder nicht. Einkünfte aus dem literarischen Nachlaß der toten Dichterin haben ihren Anspruch gefährdet, zu den Lebenden gezählt zu werden. Sie haben von den Granatäpfeln gegessen und sind der Unterwelt verhaftet.

Plaths Fürsprecher haben mit boshafter Befriedigung zugesehen, wie die Familie Hughes vergeblich ihr Recht verteidigt, zu den Lebenden gezählt zu werden. Nachdem Hughes die seltsamen Aufgaben eines Hofpoeten akzeptiert hat, sind seine Aussichten, als lebender Mensch betrachtet zu werden, weiter gesunken. Ein Hofpoet ist kein normaler Sterblicher mehr. Er ist in den Tempel der bekränzten Toten eingetreten. Außerdem ist er in den stinkenden Sumpf hinabgestiegen, aus dem sensationslüsterne Journalisten ihre reißerischen Geschichten über Berühmtheiten holen. »GEHEIMNISSE AUS DEM LEBEN DES HOFPOETEN – ›TED KANN SICH NICHT EWIG VERSTECKEN‹«, so lautete die Schlagzeile eines besonders niederen Exemplars seiner Gattung in der *Mail* vom 1. Februar 1987. Doch gibt es ein Paradoxon, das im Kampf zwischen den Plath-Verfechtern und der Hughes-Familie verborgen liegt. Ihre Verfechter, die Olwyn »die Bewegten« nennt, weil viele zu den Feministinnen gehören, haben in diesem Kampf aber weniger mit der Frauenbewegung als vielmehr einer Art Totenbewegung zu tun. Sie streiten für die Rechte, die Plath durch ihren Tod verloren hat. Sie wollen Hughes die Macht über ihren literarischen Nachlaß entreißen, die ihm zugefallen ist, weil sie kein Testament hinterlassen hat. Indem sie das tun, indem sie Plath den Status einer Lebenden zurückgeben, findet ein schlichter Austausch statt: Sie verurteilen die Hughes-Familie und Mrs. Plath dazu, Plaths Platz zwischen den entrechteten Toten einzunehmen.

SIEBEN

Olwyn und ich verließen das dunkle, warme Restaurant und traten auf die bitterkalte Straße. Olwyn begann mir zu erklären, wie ich zu Plaths Haus in der Fitzroy Road kommen würde, und als sie erfuhr, daß ich keinen Stadtplan bei mir hatte, sagte sie: »Also gut, ich werde Sie begleiten. Sie finden das nie.«

Der Weg kam uns lang vor, wir mußten uns mühselig durch den gefrorenen Schnee kämpfen. »Ein seltsames Gefühl, an Sylvias Todestag zu ihrem Haus zu gehen«, sagte Olwyn. Wir erreichten das gepflegte Viertel um Primrose Hill und überquerten einen Platz, zu dem Olwyn erklärte, dies sei Chalcot Square, wo Plath und Hughes zwischen Februar 1960 und Sommer 1961 gelebt hatten. Sie deutete auf ein hübsches, vierstöckiges Reihenhaus, wo sie in einem winzigen Apartment im dritten Stock gewohnt hatten. Dido Merwin hatte ihnen das Apartment besorgt; sie und Merwin wohnten in der Nähe und wurden zu hilfreichen – vielleicht *zu* hilfreichen – älteren Freunden von Hughes und Plath. In ihrer ›Erinnerung‹ schreibt Dido über William, daß er für Ted seine »literarischen Verbindungen spielen ließ und ihn mit allen Leuten bekannt machte«. Sie selbst bemühte sich, »für die hochschwangere Sylvia den richtigen Arzt« zu finden. Sie berichtet weiter über Plaths Undankbarkeit, ihrer »bündigen und unerwarteten Zurückweisung« von Didos Vorschlag, Möbel und Utensilien für die Wohnung bei umliegenden Trödlern zu kaufen. Es war, schreibt Dido, »wie eine Warnung, die unter ihren Augenbrauen hervorblitzte: Anscheinend verlief nicht alles so angenehm glatt, wie ich angenommen hatte. Aber was, zum Teufel, ging es uns an, wenn die Hughes' meinten, mit einem piekfeinen Kocher, einem Kühlschrank und einem Bett angeben zu müssen? Jedenfalls machte das für ein Flohmarkthändlerpaar wie Bill und mich wenig Sinn. Wir hätten es natürlich verstanden, wenn wir etwas von der drängenden Unsicherheit geahnt hätten, in der die Wurzel für Sylvias Bedürfnis nach aufheiterndem Spielzeug lag.« Der amerikanische Leser kann über diesen Puritanismus nur staunen, der das Bedürfnis nach einem anständigen Bett und einem neuen Herd für dekadent und pathologisch erklärt.

Die Passage gewährt uns wieder einen Blick auf Plaths Fremdheit in England. Interessanterweise war dies nie ein Thema für Plath. Gelegentlich erlaubte sie sich ein paar Bemerkungen zu ihrer Mutter oder zu amerikanischen Freunden über die Unsauberkeit und Trostlosigkeit englischer Küchen und Bäder, ansonsten schien sie sich anstandslos mit den Unbequemlichkeiten ihres Adoptivlandes abzufinden. Nach ihrer Trennung von Hughes gab es nichts, was sie in England gehalten hätte, trotzdem dachte sie nie daran, nach Amerika zurückzukehren. Im rauhen England hatte Plath vor dem »mütterlichen Atem der Vorstädte«, wie sie in der *Glasglocke* schrieb, im Amerika Eisenhowers Zuflucht gefunden. Hier konnte sich ihr Zynismus entfalten und aus den früheren Verstrickungen in gehorsamen Manierismen befreien. Mit dem Auftauchen des »wahren Ichs« der Schriftstellerin legte Plath zusammen mit den anderen »falschen« auch ihre amerikanische Identität ab. *Die Glasglocke* und *Ariel* hat sie nicht in ihrem Geburtsland Massachusetts geschrieben – und hätte es auch nicht gekonnt. Die erbarmungslose Stimme der *Ariel*-Dichterin war eine Stimme, die sich ihres amerikanischen Akzents entledigt hatte.

Als Plath im Herbst 1955 mit einem Fulbright-Stipendium in Cambridge ankam, war der Akzent noch deutlich vorhanden. Jane Baltzell Kopp, eine amerikanische Kommilitonin, die selbst lernen mußte, wie man in der Öffentlichkeit auftritt, ohne all die kleinen Unarten der Herkunft vorzuführen, erinnert sich an Plaths auffallenden »Amerikanismus«. Besonders verachtenswert fand sie Sylvias Auftritt auf der düsteren Bahnstation, wo sie mit ihrem »kompletten Set« weiß-goldener Samsonite Koffer stand und »große Verwunderung, Unglauben und Spott unter den Briten« hervorrief. Kopps ›Erinnerung‹ ist in *Sylvia Plath, The Woman and The Work* erschienen, einer Anthologie, die Edward Butscher herausgegeben und 1977 veröffentlicht hat. Auch Dorothea Krook, Plaths Lieblingslehrerin in Cambridge, von der ein weiterer, zartfühlend wohlgesonnener Beitrag stammt, hebt Plaths exotische Wirkung hervor, weil sie »immer nett und frisch aussah, hübsch und mädchenhaft gekleidet, auf eine Art, daß man das Mädchen und nicht die Kleider ansah. Das Haar trug sie zwar schulterlang, aber stets frisch gebürstet und frisiert, mit einem breiten Band ordentlich zurückgehalten ... hauptsächlich ist mir von ihrer Erscheinung diese reizende amerikanische Frische und Sauberkeit in Erinnerung geblieben ...« Auf den Fotos in den verschiedenen Biographien und in den *Briefen nach Hause* sieht man Plath so, wie Krook sie beschrieben hat. Mit ihrem glänzenden blonden Haar und dem weichen, rundlichen Gesicht erinnert sie an die Seifen- und Deodorant-Reklamen der Vierziger und Fünfziger, die nie ohne die Worte »anmutig« und »frisch« auskamen. Dem Bild steht Alvarez' Beschreibung von Plath bei ihrer letzten Begegnung an Heiligabend 1962 gegenüber, zwei Monate vor ihrem Tod. Plath ist nicht mehr blond (die frühere Farbe war künstlich gewesen), und auch nicht mehr verdächtig sauber. Alvarez schreibt:

> »Ihr Haar, das sie gewöhnlich in einem straffen, lehrerinnenhaften Knoten trug, hing lose, wie ein Zelt bis zu ihrer Taille herab und verlieh ihrem bleichen Gesicht und ihrer hageren Gestalt das merkwürdig trostlose, in sich versunkene Aussehen einer von den Riten ihrer Religion erschöpften Priesterin. Als sie durch die Hausdiele und die Treppe zu ihrem Apartment hinauf vor mir herging – sie bewohnte die beiden oberen Stockwerke –, roch ihr Haar streng und intensiv wie das eines Tieres.«

In zwei Bandaufnahmen von Plaths Gedichtlesungen, die sie gemacht hat – die eine 1958 in Massachusetts und die andere Ende 1962 in London für den BBC –, findet sich ein weiterer Hinweis auf ihre Verwandlung. Auf der Bandaufnahme aus Massachusetts liest sie mit einer jungen, etwas deklamierenden Stimme und Boston-Akzent. Die Lesung ist angenehm, ein wenig gelangweilt. Die BBC-Aufnahme ist außergewöhnlich; sie erschüttert jeden Zuhörer. Elizabeth Hardwick hat dieses seltene Dokument eindeutig beschrieben:

> »Ich konnte mit Lesungen von Gedichten nie etwas anfangen, es sei denn, man erkläre mein Interesse für die Kleidung, den Bart, die Mädchen, für die gute oder schlechte Verfassung des Dichters als Verständnis. Aber Sylvia Plaths Lesung hat mich beeindruckt. Sie war anders als alles, was ich mir hätte vorstellen können. Nichts erinnerte an das bescheidene, zurückhaltende, heitere Worcester in Massachusetts der Elizabeth Bishop, nichts an das zurückhaltende, schlichte Pennsylvania der Marianne Moore. Statt dessen las sie diese bitteren Gedichte – ›Papi‹, ›Madame Lazarus‹, ›Der Bewerber‹, ›39,5 Fieber‹ –

›wunderschön‹, trug sie mit voller Stimme vor, rund, in perfekter Diktion, mit fesselnden Kadenzen, ganz klar und schnell, gemessen und ohne Hast. Das flache, zurückhaltende Massachusetts war verschwunden. ›Ich habe es wieder gekonnt!‹ Ihre perfekte Klarheit macht verlegen. Wie Timon beim Bankett scheint sie zu stehen und zu schreien: ›Deckt auf und leckt, ihr Hunde!‹«

Und doch, wenn wir an Plaths Tod denken, im Morgengrauen im gleichgültigen London, rückt das heimatliche Massachusetts wieder in unser Blickfeld. Die Vorstellung vom Sterben weit weg von zu Hause hat ihr eigenes Pathos; sie birgt den Gedanken, daß der fremde Ort den Tod mit herbeigeführt hat, vielleicht sogar die Ursache ist. Fremdheit quält, sie ist gefährlich. Wenn sie nur zu Hause geblieben wäre und nicht von dem Wasser getrunken hätte, nicht mit dem alten Bus über den Paß gefahren wäre, nicht in das schreckliche Café eingekehrt wäre. Wieder ist es Alvarez ›Erinnerung‹, die die »wenn nicht«-Sätze in die Geschichte von Plaths Selbstmord einführt. Plaths erster Selbstmordversuch im Jahre 1953 hat tatsächlich zu Hause stattgefunden, in einem Versteck unter dem Haus ihrer Mutter, und sie hat ihn überlebt. Weit weg von zu Hause ist sie gestorben. Alvarez war davon überzeugt, daß Plath nicht vorgehabt hatte zu sterben, daß ihr Tod »sich fahrlässig, irrtümlich und zu früh ereignete« und »ein Hilfeschrei [war], der unseligerweise verhallte«. Eine tödliche Verkettung von Umständen – bei denen die erbitterte Kälte, die gefrorenen Wasserleitungen, das ausgefallene Telephon, die Viruserkrankung von Plath und den Kindern eine Art tückische Hintergrundmusik spielten – riß sie aus einer Welt, die sie nicht hatte verlassen wollen. Sie hat sie im Elend verlassen. Wie Alvarez sie von ihrer letzten Begegnung erinnert, so stellt er sie sich auch am Abend ihres Todes vor: ein bemitleidenswertes, reduziertes Wesen.

Bitter Fame verschärft den Kontrast zwischen der großen, mächtigen Panzerfrau aus *Ariel*, die »Männer wie Luft« ißt und »einen Faschisten liebt«, und dem kleinen kaputten amerikanischen Mädchen, das in ihrer kalt-weißen, karg möblierten Wohnung Brot und

Milch an die Betten der Kinder stellt, dann die Gashähne aufdreht und ihren Kopf in den Ofen auf ein zusammengefaltetes Tuch legt. Das zusammengefaltete Tuch ist ein neues Detail, außerdem ein Brief ihres Arztes, John Horder, der über Plaths schreckliche seelische Verfassung in den Wochen vor ihrem Tod schreibt; dazu kommt die Aussage von Jillian Becker, einer neuen englischen Freundin, die Plath und die Kinder an ihrem letzten Wochenende bei sich aufgenommen hatte und sie davon abhalten wollte, in die Fitzroy Road zurückzukehren. Paradoxerweise hat die Lebendigkeit, mit der *Bitter Fame* Pathos und Horror von Plaths Tod heraufbeschworen hat, den Tumult verstärkt, den die Publikation des Buches hervorrief – die Geschichte von der posthum durch die feindselige Schwägerin mißhandelten Plath, die schon zu Lebzeiten von einem treulosen Ehemann mißhandelt worden war. »Da ist sie noch immer, eine verletzliche, liebenswerte Person, in Gefahr, erdrückt zu werden«, schrieb Ronald Hayman, einer der beharrlichsten Peiniger der Hughes', am 19. April 1989 im *Independent*. So grotesk diese Beschreibung der Autorin von *Ariel* und *Die Glasglocke* auch sein mag, gibt sie doch eine weit verbreitete Vorstellung von Plath wieder; sie drückt das Bedürfnis der Öffentlichkeit aus, Plath als Opfer zu sehen, den Wunsch, eine Jamessche Struktur von amerikanischer Unschuld gegen englische Korruptheit (Plath sozusagen als Isabel Archer und Hughes und Olwyn als Gilbert Osmond und Madame Merle) im Kampf zwischen dem lebendigen toten Mädchen und den geisterhaften englischen Verwandten.

Während ich das Wort »geisterhaft« niederschreibe, fühle ich mich dem Kern des Mysteriums näher, warum die öffentliche Meinung sich so eindeutig für Plath und gegen die Hughes' entschieden hat – warum die Toten statt der Lebenden auserwählt wurden. Wir entscheiden uns für die Toten, weil wir uns ihnen verbunden fühlen, wir identifizieren uns mit ihnen. Ihre Hilflosigkeit, Passivität, Verletzbarkeit ist unsere eigene. Wir alle sehnen uns nach dem Zustand der Erschöpfung, der Harmlosigkeit, wo wir alle notwendigerweise liebenswert und verletzbar werden. Es kostet uns viel Kraft, uns zu erheben, um zu agieren, zu kämpfen, uns auseinanderzusetzen, uns gegen den Wind Gehör zu verschaffen, Blumen auf unserem Weg zu zertreten. Uns wie *lebende Menschen* zu benehmen. Der Wettstreit zwischen Plath und Hughes beschwört den Kampf zwischen zwei Prinzipien herauf, die in der menschlichen Existenz verborgen liegen. In seinem Gedicht »Schaf« schreibt Hughes von einem Lamm, das unerklärlicherweise kurz nach der Geburt starb:

Es war nicht so
Daß es nicht hätte gedeihen können, es hatte von Geburt an
Alles, außer dem Willen –
Aber der kann brechen, so wie ein Glied.
Tod hat es mehr interessiert.
Leben konnte seine Aufmerksamkeit nicht wecken

Das Leben bekommt natürlich nie die volle Aufmerksamkeit. Der Tod bleibt immer interessant, zieht uns an, stößt uns ab. Wie der Schlaf für unseren Körper notwendig ist, scheint die Depression für unseren psychischen Haushalt notwendig zu sein. Auf geheimnisvolle Weise nährt Thanatos den Eros und bekämpft ihn gleichzeitig. Die beiden Prinzipien arbeiten im Verborgenen zusammen; obwohl Eros in den meisten Menschen dominiert, wird Thanatos niemals vollständig besiegt. Trotzdem – und das ist das Paradoxe am Selbstmord – sich selbst das Leben zu *nehmen* ist ein aktiveres, entschiedeneres, »erotischeres« Verhalten, als wenn einem das Leben wegen unvermeidlicher Sterblichkeit *genommen* wird. Selbstmord berührt beide Seiten in uns, die, die den Tod haßt und jene, die den Tod liebt: An irgendeinem Punkt werden wir möglicherweise Selbstmord in gleichem Maße beneiden, wie wir ihn bedauern. Immer wieder ist die Frage aufgetaucht, ob Plaths Lyrik die Aufmerksamkeit der Welt ebenso auf sich gezogen hätte, wenn sie sich nicht getötet hätte. Ich würde denen zustimmen, die nein dazu sagen. Die todessehnsüchtigen Gedichte bewegen und erregen uns, weil wir wissen, was geschehen ist. Alvarez bemerkte, daß die letzten Gedichte sich lesen, als ob sie posthum geschrieben wären, aber das tun sie nur, weil der Tod tatsächlich stattgefunden hat. »When I am talking about the weather/I know what I am talking about«, schrieb Kurt

Schwitters in einem Dada-Gedicht (das ich in seiner vollen Länge zitiert habe). Wenn Plath über den Todeswunsch redet, weiß sie, wovon sie redet. 1966 schrieb Anne Sexton, die sich sechs Jahre nach Plath das Leben genommen hat, ein Gedicht mit dem Titel »Wanting to Die«, in dem folgende erschreckend vielsagenden Zeilen vorkommen:

Aber Selbstmorde haben eine eigene Sprache
Wie Zimmerleute fragen sie nur nach dem Werkzeug
Sie fragen nie, warum bauen.

Plath ruft am Anfang von »Madame Lazarus« triumphierend aus: »Ich habe es wieder gekonnt.« Weiter unten im Gedicht schreibt sie:

Sterben
Ist eine Kunst, wie alles.
Ich kann es besonders schön.

Ich kann es so, daß es die Hölle ist, es zu sehn.
Ich kann es so, daß man wirklich fühlt, es ist echt.
Sie können, glaube ich, sagen, ich bin berufen zu diesem Ziele.

Wir teilen ihre Hochstimmung. Wir wissen, wir haben eine Meisterin ihres Fachs vor uns.

ACHT

Olwyn und ich erreichten schließlich das Haus in der Fitzroy Road, wo Plath sich getötet hat. Ich erkannte es sofort – obligatorisch findet man in jeder Plath-Biographie ein Foto der ovalen, blauen Keramiktafel mit der Inschrift: »Hier lebte William Butler Yeats, 1865–1939, irischer Dichter und Schriftsteller«, ein zwangsläufig wiederkehrendes (und seltsam bedeutungsloses) Detail. Nr. 23 gehörte zu einer Reihe dreistöckiger Backsteinhäuser mit weißem Stuck um die Fenster, im Erdgeschoß und im ersten Stock. Plath hatte den ersten und zweiten Stock gemietet und dort knappe zwei Monate allein mit den beiden Kindern gelebt. »Sylvia hatte Ted Ende September aufgefordert, aus Court Green auszuziehen. Anfang Oktober holte er seine Sachen und kehrte nach London zurück«, schreibt Stevenson lakonisch in *Bitter Fame*, und zwei Monate später zog Plath mit den Kindern nach London. Diese Trennungsperiode der Plath-Hughes-Ehe ist der radioaktive Kern im biographischen Unternehmen Plath. Hier sitzt das kostbare Erz, das die Biographen den Hughes zu entreißen suchen. Nachdem die Tagebücher aus dieser Zeit, die Hughes vernichtet oder verloren hat, sich außerhalb ihrer Reichweite befinden, bleiben die wahnsinnigen Briefe, die Plath in ihrem Kummer, ihrer Eifersucht und ihrem Zorn über Hughes' Treulosigkeit an ihre Mutter und an Freunde geschrieben hat. Außerdem gibt es das Zeugnis von Elizabeth Sigmund und Clarissa Roche, die in der Zeit von Plaths medusischem Konflikt ihre Vertrauten waren. Sie haben sich als Verfechterinnen von Plath gegen den herzlosen Hughes hervorgetan. Beide verfaßten eine ›Erinnerung‹ und haben die unerbittliche Feindschaft der Hughes' auf sich gezogen, weil sie dankbare Biographen und Journalisten mit sensationslüsternen Geschichten fütterten. Sigmund, die in North Devon lebte und Plath häufiger gesehen hat als Roche, hat ein berühmtes Szenario beigesteuert:

> »Dann tauchte Sylvia plötzlich am späten Abend mit Nick in der Tragetasche auf. Ihre Veränderung war alarmierend. Immer wieder sagte sie: ›Meine Milch ist versiegt. Ich kann Nick nicht mehr stillen. Meine Milch ist weg.‹
>
> Schließlich erzählte sie mir, daß Ted sich in eine andere Frau verliebt hätte, daß sie Assia kannte und sich vor ihr fürchtete. Sie weinte und weinte und klammerte sich an meinen Händen fest und sagte: ›Hilf mir!‹
>
> Was sollte ich tun? Ich habe mich in meinem Leben nie so unzulänglich gefühlt. Sie klagte: ›Ted belügt mich, er belügt mich andauernd, er ist so ein *erbärmlicher* Mann geworden.‹ Aber am meisten hat mich beängstigt, als sie sagte: ›Wenn man

jemandem sein ganzes Herz schenkt, und er will es nicht, kann man es nicht zurücknehmen. Es ist für immer verloren.‹«

Es war Alvarez, der Sigmund veranlaßt hat, eine ›Erinnerung‹ zu schreiben, um sie in *The New Review* zu veröffentlichen, die zu diesem Zeitpunkt von Alvarez' Freund Ian Hamilton herausgegeben wurde. Später erschien sie (in einer leicht veränderten Fassung) in Butschers Anthologie. Roche (deren ›Erinnerung‹ ebenfalls in Butschers Buch erschienen ist) berichtet von einer ähnlich verzweifelten Plath bei einem Besuch in Court Green im Oktober 1962: »Der leidenschaftliche, kräftige und sensible Heathcliff hatte sich verwandelt und erschien [Plath] wie ein massiger, grober und ungehobelter Bauer, der sie weder vor sich selbst noch vor den Konsequenzen eines Frauenlebens, in das sie sich gestürzt hatte, schützen konnte. Sie verfluchte und verspottete ihn und nannte ihn einen Verräter.«

Diese Reminiszenzen entsprechen ohne Zweifel der Wahrheit. Wie wir aus ihren wahnsinnigen Briefen wissen, hat Plath in dieser Zeit alles mögliche über Hughes gesagt. Wie wir alle aus unseren eigenen Berührungen mit sexueller Eifersucht wissen, gehört der Wahnsinn zu den Hauptsymptomen dieser Krankheit. Aber nur wenige von uns haben im Verlauf der Krankheit einen kreativen Schub erlebt, der uns zu Leistungen beflügelt, die alles bisherige übersteigen, Leistungen, die wie von selbst entstehen. In knappen zwei Monaten im Herbst 1962, als Hughes Devon verlassen hatte, durchlebte Plath, die weder schlafen noch essen konnte, echte und eingebildete Fieberschübe aus Eifersucht und jämmerlichem Selbstmitleid, in denen der größte Teil der *Ariel*-Gedichte entstand. Sie nahm Schlaftabletten, und wenn deren Wirkung am Morgen gegen fünf Uhr nachließ, stand sie auf und schrieb, bis die Kinder aufwachten. In einem Brief an ihre Freundin, die Dichterin Ruth Fainlight (der mit der obligatorischen Beschimpfung von Hughes beginnt), schrieb Plath: »Als ich häuslich gesehen noch glücklich war, saß mir ein Kloß im Hals. Jetzt ist mein häusliches Leben ein Chaos, bis ich ein Kindermädchen finde, das im Haus wohnt. Ich lebe wie eine Spartanerin, schreibe trotz hohen Fiebers und produziere freie

Sachen, die jahrelang in mir verschlossen waren. Ich staune und bin sehr glücklich. Ich habe mir immer gesagt, daß ich zu den Leuten gehöre, die nur mit einem ruhigen Herzen schreiben können, aber das ist nicht so, die Muse lebt jetzt hier mit mir, seit Ted fort ist.« Ihrer Mutter schrieb Plath (in einem Brief, in dem sie außerdem schrieb: »Ich hasse und verachte ihn so sehr, daß ich es kaum sagen kann.«): »Ich bin eine geniale Schriftstellerin. Ich habe es in mir. Ich schreibe jetzt die besten Gedichte meines Lebens; sie werden mir einen Namen machen.« Gegen Ende Oktober begann Plath nach einer Wohnung in London zu suchen – das war die Phase ihrer Freundschaft mit Alvarez –, und am 7. November schrieb sie ekstatisch an ihre Mutter:

> »Ich schreibe aus London, so glücklich, daß ich kaum Worte finde. Ich *glaube,* ich habe eine Wohnung gefunden ... Durch einen absoluten *Glücksfall* ging ich durch *die* Straße (sie führt auf Primrose Hill zu) und an *dem* Haus vorbei, wo ich schon immer wohnen wollte. In dem Haus waren Handwerker, und auf einem Schild stand »Wohnungen zu vermieten«; ich flog die Treppen hoch. *Genau* das Richtige (unmöbliert), zwei Etagen, drei Schlafräume oben, Wohnzimmer, Küche und Bad unten *und* ein Balkon mit Pflanzen! Stürzte zu der Agentur – Hunderte von Leuten vor mir, dachte ich, wie immer. Es sieht so aus, als hätte ich eine *Chance!* Und denke Dir, es ist das Haus von *W. B. Yeats* – mit einer blauen Gedenktafel über der Tür, auf der steht, daß er da gelebt hat! Noch dazu in dem Bezirk, wo meine früheren Ärzte wohnen, und in der Straße, [in der] ich mir gern ein Haus *kaufen* würde, wenn ich jemals einen Bombenerfolg mit einem Roman habe.«

Vor diesem Haus standen Olwyn und ich jetzt. Es sah wohlhabender und gepflegter aus, als ich erwartet hatte. Nach Alvarez' ›Erinnerung‹ war ich auf ein heruntergekommenes und trostloses Haus vorbereitet gewesen. Wenn man Orte aufsucht, wo etwas Schreckliches passiert ist, findet man im allgemeinen keine Spuren mehr davon; der Besucher ist betroffen, weil er nichts von dem

»sieht«, weswegen er gekommen ist. Claude Lanzmann beginnt seinen Film Shoah mit einem Bild von einer wunderschönen grünen Landschaft. Man sieht, wie er mit einem Überlebenden des Chelmno-Todeslagers durch das ehemalige Lager schlendert, wo sich heute eine idyllische Wiese an einem Bach befindet. In ganz normalem Ton befragt er seinen Begleiter, der in ebenso normalem Ton von Schrecken erzählt, die jenseits des Vorstellbaren liegen. Der Film spielt mit der Spannung zwischen Zeit und Geschichte. Die Zeit heilt alle Wunden, besänftigt, reinigt, löscht aus; Geschichte hält die Wunden offen, nagt daran, macht das Fleisch roh und blutig. In seinem Film verweist Lanzmann wieder und wieder auf diesen Punkt. In Tel Aviv befragt er einen Friseur, der Treblinka überlebt hat. Der Friseur schneidet einem Kunden die Haare. Eine alltägliche Arbeitssituation. Lanzmann bedrängt den Friseur immer wieder, mehr Details über das Lager zu berichten, bis der Friseur schließlich in Tränen ausbricht und nicht mehr kann. »Sprechen Sie weiter«, fordert Lanzmann energisch. »Sie müssen.« Resolut greift der Friseur zu seiner Schere, vollführt das erstaunliche Kunststück, wie man die Vergangenheit vergißt (indem man Haare schneidet, die Verbindung zu Treblinka zerschneidet) und sich gleichzeitig daran erinnert (Lanzmanns Forderung nachkommt, das Unsagbare auszusprechen).

Bildhafte Literatur entsteht unter dem Druck einer Befragung wie bei Lanzmann. Dichter, Schriftsteller und Dramatiker überwinden heftige Widerstände und legen Dinge frei, die wir anderen sicher in unseren Herzen verschließen. Ted Hughes schreibt in seinem Vorwort zu *Johnny Panic and the Bible of Dreams* über den »seltsamen Konflikt zwischen dem, was man von ihr erwartete, und dem, was ihr letztendlich abverlangt wurde.« Was man von ihr erwartete, waren die vornehmen Errungenschaften einer gehorsamen Studentin mit besten Noten in den fünfziger Jahren; abverlangt wurde die extreme Lyrik aus *Ariel.* In »Papi« schreibt Plath:

»Ich dachte, jeder Deutsche seist du,
Und die Sprache obszön,

Ein ratterndes Knattern, ein Zug,
Der mich forttrug, als wär ich ein Jud.
Ein Jud nach Dachau, Auschwitz, Belsen.
Ich fing zu reden an wie ein Jud.
Ich denke, ich bin vielleicht ein Jud.«

Die Rezeption von »Papi« ist unterschiedlich. Es gibt Kritiker, die ihr vorwerfen, den Holocaust für private Zwecke zu mißbrauchen. »Was ihr Vater ihr auch angetan haben mag, man kann es nicht mit dem gleichsetzen, was die Deutschen den Juden angetan haben«, schrieb Leon Wieseltier in *The New York Review of Books* (1976), »die Metapher ist unangemessen ... Vertrautheit mit dem höllischen Subjekt muß man sich verdienen, man kann sie nicht voraussetzen.« Irving Howe schrieb in einem seiner späten Bücher *The Critical Point* (1973): »Wenn die verwirrten Gefühle über den eigenen Vater absichtlich mit dem historischen Schicksal der europäischen Juden verglichen werden, ist das ungeheuerlich, absolut unangemessen, und traurig, wenn der Vergleich spontan zustande kommt.« Seamus Heany schrieb in »Die Herrschaft der Sprache« (1989): »Ein Gedicht wie ›Papi‹ mag zwar anerkannt werden als eine brillante *tour de force*, und seine Gewalttätigkeit und Rachsucht mögen im Lichte der elterlichen und ehelichen Verhältnisse der Dichterin verstanden oder entschuldigt werden; es bleibt dennoch so sehr verheddert in biographischen Umständen und wütet so selbstnachgiebig in der Geschichte der Sorgen anderer Leute umher, daß es ganz einfach gegenüber unserer Sympathie seine Rechte überstrapaziert.« Andererseits verehrt George Steiner Plath wegen ihres »Aktes der Identifikation, der totalen Verbundenheit mit diesen Gefolterten und Massakrierten.« Steiner schrieb in seinem Essay »Dying is an Art« (1965), daß sie »eine von wenigen jungen zeitgenössischen Dichtern, Schriftstellern und Dramatikern [ist], die, selbst in den tatsächlichen Holocaust überhaupt nicht verwickelt, alles getan haben, um dem allgemeinen Bedürfnis, die Todeslager zu vergessen, entgegenzuwirken«. Er bezeichnete »Papi« als »eines von wenigen mir bekannten Gedichten, die mit ihrer Sprache dem vergangenen Schrecken nahekommen«. Und doch, nachdem er so etwas gesagt hat, nachdem er »Papi« als »Guernica« der Modernen Dichtung bezeichnet hat, ist Steiner noch immer beunruhigt. Etwas macht ihm Sorgen. »Sind diese finalen Gedichte wirklich gerechtfertigt?« fragt er. Und dann, in einer Kehrtwendung – auf die Howe sich stürzt, denn sie »macht seinen früheren Vergleich mit ›Guernica‹ zunichte« –, fragt er: »Was bezweckt jemand, der, selbst nicht involviert, lange nach dem Ereignis einen raffinierten Diebstahl begeht, wenn er den Widerhall und die Atmosphäre Auschwitz' heraufbeschwört und ein ungeheures Ausmaß besetzter Emotionen für sein eigenes privates Muster benutzt?« Drei Jahre später schrieb Steiner über »Papi« in der *Cambridge Review* und sinnierte noch immer über der Frage: »Mit welchem außerirdischen Recht zerrt Plath – sie war ein wohlgenährtes und blühendes Kind in Amerika, als die Züge wirklich gerollt sind – die Reste lebendiger Schrecken aus der Asche und den Kinderschuhen? ... Hat von uns irgend jemand das Recht, seine persönlichen Katastrophen, auch wenn sie noch so rauh waren, in Auschwitz anzusiedeln?«

Steiners Ambivalenz, sein »ja, aber«-Urteil zu »Papi«, ist eine typische Haltung gegenüber Plaths Werk und ihrer Person. Wir verehren sie (wer das nicht tut, verachtet oder negiert sie), aber dann weichen wir aus. Wir nehmen einen Teil unserer Verehrung zurück. Wie Steiner sind auch wir nicht sicher, woran wir mit ihr sind. »Warum *sagt* sie denn nichts?« hat Olwyn gefragt. Ihr Leben wie auch ihr Werk ist erfüllt mit bedrohlichem Schweigen. Es ist schön und gnadenlos und sehr kalt. Es ist surrealistisch, eine surrealistische Drohung und Weigerung, sich selbst zu erklären. Wir stehen vor den *Ariel*-Gedichten wie Olwyn vor Sylvia mit dem versteinerten Gesicht stand. Wir fühlen uns gedemütigt und getadelt, wie die »kleinen untersetzten Leute«, die Plath im Krankenhaus gesehen hat, oder die Pflanzenfresser, über die Plath in ihrem Gedicht »Mystic« schreibt, »die mit der kleinen Hoffnung sind gelassen«. Zu behaupten, daß Plath ihr Recht auf unser Mitgefühl überzogen hat, ist nicht korrekt. Plath bittet nie um unser Mitgefühl; dazu würde sie sich nicht herablassen. An der Stimme des »wahren Ichs« fallen die hohen Töne der Verachtung auf – und die tiefe Melancholie. Die »Gefolterten und Massakrierten« sind ihren Gedanken niemals fern. (Es wird berichtet, sie habe zu dem schottischen Dichter George MacBeth gesagt: »Wie ich sehe, haben Sie auch ein Konzentrationslager im Kopf.«) Zu behaupten, Plath habe sich das Recht nicht verdient, die Namen Dachau, Auschwitz, Belsen heraufzubeschwören, ist ziemlich daneben. Wir sind es, die angeklagt werden, die unzulänglich sind, die sich nicht darauf einlassen, sich das Unvorstellbare vorzustellen, Plaths Code der Greueltaten zu knacken.

In *Die Glasglocke* vermittelt uns Plath, wie es ist, wenn man wahnsinnig wird. In den *Ariel*-Gedichten gibt sie uns etwas, was man als Abfallprodukte ihres Wahnsinns bezeichnen könnte. Die Verbindung, die die Kunst zwischen individuellem und kollektivem Leiden zieht, taucht in Plaths Kunst in einer Form auf, die nicht jeden Leser überzeugt. Howe beispielsweise weitet seine Kritik an »Papi« auf alle *Ariel*-Gedichte aus. »Was für eine Erleuchtung – moralisch, psychologisch, sozial – kann durch eine [extreme Situation] oder einem allgemeinen menschlichen Zustand hervorgerufen werden, wenn eine Schriftstellerin in ihrem Elend so tief verwurzelt ist?« fragt er. Und doch, was man Plath abverlangte, war so weit entfernt von dem, was man von dem exaltierten Mädchen mit den Samsonite-Koffern erwartete, daß wir alle der Einmaligkeit ihrer Leistung zustimmen müssen. Wie aus dem »pummeligen und blühenden Mädchen in Amerika« die schmale, blasse Frau in Europa wurde, die Gedichte wie »Madame Lazarus«, »Papi« und »Rand« schrieb, bleibt ein Rätsel der Literaturgeschichte. – Es liegt in der aufgeregten Dringlichkeit begründet, mit der das biographische Unternehmen Plath betrieben wird, und an dem Einfluß, den die Plath-Legende noch immer auf unsere Phantasien ausübt.

TEIL ZWEI

EINS

Ein Schnellzug trug mich nach Durham im Norden Englands, wo Anne Stevenson lebte. Ich hatte Anne schon einmal getroffen, ein Jahr nach der Publikation von *Bitter Fame*, und das Treffen hatte mich deprimiert. Ich hatte zwei Stunden mit ihr im University Women's Club in London verbracht, wo sie übernachtete – sie war nach London gekommen, um ein Seminar abzuhalten –, und obwohl der ausgeglichene Charakter, den ich mir so viele Jahre vorgestellt hatte, von Zeit zu Zeit durchschimmerte, blieb er doch größtenteils hinter einer bedrängten, bestürzten Frau verborgen, die ihren Groll ausschüttete. Die öffentlichen Angriffe auf Anne hatten nicht nachgelassen. Sie wurde immer noch an den Pranger gestellt – und lebte nach wie vor in dem Irrglauben, sie könnte die Presse davon überzeugen, daß ihre Strafe ungerecht sei. Sie hatte den Journalisten – von denen ich lediglich die letzte einer langen Reihe war – von dem unerträglichen Druck erzählt, den Olwyn Hughes auf sie ausgeübt hatte, während sie an der Biographie schrieb, daß man ihr die Pistole auf die Brust gesetzt habe, daß man sie gezwungen habe, ein Buch zu schreiben und zu veröffentlichen, das nicht ihres sei. Aber die Presse hatte Annes Klagen über Olwyn lediglich dazu benutzt, um die jeweilige Geschichte auszuschmücken; alles andere wäre gegen den journalistischen Grundsatz gewesen, der da lautet, man erzählt eine Story *und bleibt dabei*. Die Macht der Geschichten im Journalismus (die man bezeichnenderweise »Stories« nennt) rührt wie in der Mythologie und der Sagenwelt aus der unverrückbaren Verteilung von Sympathien und Antipathien. Aschenbrödel muß gut bleiben und die Stiefschwestern böse. »Zweite Stiefschwester letztendlich doch nicht so böse« ist keine gute Story. Anne

Stevenson mußte im Skandal um *Bitter Fame* böse bleiben. Ihr Kampf mit Olwyn mußte wie ein Ganovengefecht schulterzuckend abgetan werden – ein geschmackloses Spektakel und sonst nichts.

Anne machte auf mich einen niedergeschlagenen und zermürbten Eindruck, und ihre Unterwürfigkeit hatte für mich etwas typisch Englisches. Diese Lobby des University Women's Club, wo wir an einem kleinen wackligen Tisch saßen, verstärkte mein Gefühl, daß England an Annes Abstieg beteiligt war. Der Raum verbreitete eine verdrießliche und drückende Atmosphäre; die verblichenen, beigefarbenen Tapeten und die durchgesessenen braunen Sessel schienen grundlos kläglich. Anne, die mit ihrem Regenmantel über dem Arm aus dem Aufzug trat, sah in ihren praktischen braunen Stiefeletten mit der Nickelbrille irgendwie züchtig und ernsthaft aus, auch sie wirkte unnötig düster. Mit neunundfünfzig war sie immer noch eine schöne Frau, und sobald sie ihre Brille abnahm, war ihr Gesicht wie verwandelt. Sie hatte ungewöhnliche Augen: sehr blau, mit schweren Lidern wie Virginia Woolf. Außerdem gab es Momente, wo der Schwall ihrer Verteidigungsrede abflaute und ein Anflug von Ironie die drückende, angespannte Atmosphäre des Interviews erhellte. Nachdem sie mir erzählt hatte, wie ungeheuer verletzend und ungerecht sie eine besonders unangenehme Kritik ihres neuen Gedichtbandes *The Other House* im *T.L.S.* fand – die Kritik warf ihr Eifersucht auf Sylvia Plath vor, und das verletzte sie mehr als alle schlechten Kritiken von *Bitter Fame* –, lächelte Anne und sagte: »Aber es hat noch niemanden umgebracht, wenn er von Zeit zu Zeit sehr gekränkt wird. Man hat mich schließlich nicht gefoltert und mir die Nägel ausgerissen.« Sie fügte hinzu: »Aber es macht mich sehr empfindlich und sehr verletzlich«, und diese Empfindlichkeit und Verletzbarkeit dominierte über ihren Diskurs, verlieh ihm einen schwachen und wenig überzeugenden Charakter.

Sie brauchte mich allerdings auch nicht zu überzeugen. Ich war bereits auf ihrer Seite. Ich würde mit meiner Geschichte eine Korrektur anbieten – nicht, weil ich sie als literarische Künstlerin idealisierte, sondern weil ich Ähnliches erfahren hatte wie sie. Auch ich hatte kurze Zeit zuvor ein unbeliebtes Buch geschrieben, und auch mich hatte die Presse angegriffen. Ich war dabei gewesen – auf der hilflosen Seite als Journalisten-Subjekt. Meine journalistische »Objektivität« hatte darunter gelitten. Ich verabredete mit Anne, daß wir uns wiedertreffen würden, und war ziemlich sicher, daß weitere Gespräche ihre alte, privilegierte Position in meiner Vorstellung wiederherstellen würden. Aber ich bewahrte den schlechten Eindruck, den sie bei unserer ersten Begegnung hinterlassen hatte. Ich hatte das Gefühl, daß hier etwas vorlag, was Licht auf ein biographisches Problem werfen würde – das Problem, wie man über Personen schreiben soll, an deren Perzeption durch ihre Zeitgenossen nichts mehr geändert werden kann. Man entdeckt, daß sie in bestimmten unnatürlichen und unangenehmen Haltungen erstarrt sind, wie die Gestalten in Lebenden Bildern oder Leute mit offenem Mund auf Schnappschüssen. Als Journalistin arbeitete ich mit lebenden Subjekten und war im Vorteil gegenüber Biographen, die sich mit Toten befassen: Ich konnte mich wieder an Anne wenden (und wieder und wieder und wieder, falls nötig), um mein Portrait von ihr zu vervollständigen. Ich konnte sie bitten, sich zu bewegen, den Arm herunterzunehmen, den Mund zu schließen. Ich konnte ihr die Fragen tatsächlich stellen, die der Biograph seinem Subjekt so gern stellen würde. In diesem Fall ist sich das Subjekt der Journalistin des Vorteils bewußt, daß sie nicht tot ist, und froh über die Möglichkeit weiterer Sitzungen.

In den folgenden Monaten tauchten wiederholt ausweichende Äußerungen in der Korrespondenz sowohl mit Anne als auch mit Olwyn auf: »Das habe ich damals gesagt, aber heute würde ich es nicht mehr sagen. Legen Sie mich nicht darauf fest, zitieren Sie das nicht, das ist nicht die ganze Wahrheit über mich.« Nach unserem Treffen im University Women's Club hatte ich einen Brief von Anne erhalten, dessen Einführungssatz alle kommenden Briefe von ihr (und Olwyn) wie ein Leitmotiv begleitete: »Nach dem Gespräch von gestern abend«, schrieb Anne, »möchte ich einiges klarstellen über Dinge, die ich gesagt oder dementiert habe. Da das Leben ein fortschreitender Prozeß ist, widersprechen sich die meisten Menschen, und ich ganz bestimmt, abhängig von Zeit und Stimmung. Meine Ansichten über die ›Wahrheit‹ in zwischenmenschlichen Beziehungen lassen sich möglicherweise nur literarisch – in Lyrik oder

Prosa – ausdrücken.« Im Gegenzug erreichte mich ein Brief von Olwyn, in dem sie zurücknahm, was sie im indischen Restaurant zu mir gesagt hatte: »Ich habe mich, wenn man so sagen kann, vielleicht etwas zu offen über dies oder jenes, was mir gerade durch den Kopf ging, geäußert – wodurch ein falscher Eindruck in vielerlei Hinsicht entstehen kann –, und alles, was man sagt, scheinen die Kultisten sofort aufzugreifen und zu deformieren. Was ich vor Jahren in Eile geschrieben habe, wurde aus dem Zusammenhang gerissen und mißverstanden (zweifellos hatte ich mich ziemlich unpräzise ausgedrückt), dann verwendet und zitiert, als ob es sich um meine grundsätzliche Meinung zu verschiedenen Dingen handelte.«

Meine grundsätzliche Meinung. Am Ende von Borges' Erzählung *Das Aleph* geht der Erzähler in den Keller eines Hauses, wo ihm die ganze Welt begegnet; er sieht auf einmal alle Dinge aus allen möglichen Winkeln: »Ich sah Tiger, Dampfkolben, Bisons, Sturzfluten und Heereszüge, sah alle Ameisen, die es auf der Erde gibt ... spürte mein dunkles Blut kreisen. Die Blockade des Schreibers entsteht aus dem wahnsinnigen Ehrgeiz, den Keller zu betreten; der gewandte Erzähler begnügt sich damit, in der engen Dachstube der überschaubaren Eindrücke zu verweilen, auszusprechen, was ihm ›durch den Kopf geht‹, zu akzeptieren, daß es nicht die ganze Wahrheit ist – und nicht sein kann –, zu riskieren, daß man ihn mißversteht. Auch ich habe Tage damit verbracht, ergebnislos vor der Tür des verbotenen Kellers herumzulungern. Ich habe meine überarbeitete Erzählung betrachtet und fand sie verführerisch. Ich fand jede andere Erzählung verführerisch. Wie kann man alle Ameisen der Welt sehen, wenn man die Scheuklappen der Erzählung trägt? Im Zug nach Durham hatte mich die (Philosophen-)Seuche jedenfalls noch nicht befallen, fasziniert und bewundernd las ich das Skript eines Seminars, das Anne im vergangenen Oktober in Toronto gehalten hatte. Unter dem Titel »Wie *Bitter Fame* entstand« waren die unfertigen Streifzüge des Interviews im University Women's Club in einer schlüssigen und lebendigen Erzählung zusammengefaßt. Hier war die Stimme stark und klar, der Ton sicher.

Das Seminar beginnt mit einer Erörterung von Parallelen, die Anne zwischen sich selbst und Plath erkennt. »Plath und ich waren innerhalb von wenigen Monaten geboren, im Herbst und Winter 1932/33«, schreibt sie. »Wir haben beide amerikanische Eltern deutscher Abstammung, allerdings war ihre Herkunft im Gegensatz zu meiner unverfälscht teutonisch. Unsere Väter waren beide Universitätsprofessoren. Als Kinder haben wir die gleichen öffentlichen Grundschulen besucht, und als Teenager haben wir im gleichen Jahr (1950) unseren Abschluß an amerikanischen, ›College-orientierten‹ Mittelklasse-High Schools gemacht.« Anne fährt fort:

»Wir teilten die gleichen ideologischen und sozialen Voraussetzungen. Wir waren beide in einer behüteten akademischen Umgebung aufgewachsen, wo Erfolg in der Schule, gefolgt von einer Ausbildung am liberal-künstlerisch orientierten College uns eine Zukunft zwischen persönlichem Glück und sozialer Nützlichkeit zu garantieren schien. Unsere anteilnehmenden Mütter bestärkten uns in dem Glauben, ›etwas Besonderes‹ zu sein. Am College (ich begann im gleichen Jahr an der University of Michigan, als Sylvia bei Smith aufgenommen wurde) gingen wir davon aus, daß uns das Leben mit einer immerwährenden glücklichen Ehe und unkomplizierten Kindern ausstatten würde, und wir waren wild entschlossen, das Beste aus unseren Talenten zu machen. Ich kämpfe noch immer mit dem selbstbezogenen, typisch amerikanischen Ehrgeiz meiner Jugend, »großartig« zu sein ... Das führt mich zu einem Aspekt von Sylvia, den ich erkannt zu haben glaubte, als ich zum ersten Mal ihre *Briefe nach Hause* las. Was Sylvia und ich in den Fünfzigern unausgesprochen gemeinsam hatten, war, natürlich, die Heirat mit einem Engländer und Versetzung, naiv wie wir waren, vom freigeistigen, blühenden Amerika ins klassengetriebene, vom Krieg ausgelaugte England. Als ich begann, mich mit Plath zu beschäftigen, ging ich, wie viele andere, davon aus, daß ihre Probleme aus den Schwierigkeiten bei dieser Anpassung herrührten – speziell, weil sie eine Frau war. Mir wurde klar, daß meine eigene Erstarrung und Misere in England größtenteils aus dem allgemein als »Kulturschock« bezeichneten Phänomen herrührte. Selbst in den Fünfzigern waren amerikanische Frauen ihren britischen Gegenspielern Meilen voraus, was ihre Erwartungen für und von sich selbst betraf … Ich nahm an, daß Sylvia Plath in ihrem Glauben, sie sei in der britischen Gesellschaft zuhause, ihre eigene defensive Naivität, speziell unter britischen Intellektuellen, unterschätzt hatte.«

Im Anschluß an diesen Prolog gesteht Anne ihre eigene defensive Naivität und erklärt, wie sie der Spinne ins Netz ging, woraus sie sich noch immer zu befreien versucht. Es hatte ganz still und leise angefangen, wie das immer so ist. Im Jahre 1985 hatte Anne einen Auftrag angenommen, eine Studie (von ca. 100 Seiten) über Plath für die Penguin-Reihe *Lives of Modern Women* zu schreiben. Bis zum Herbst 1986 hatte sie ein Rohmanuskript fertig und beschloß, die ersten und letzten Kapitel mit der Bitte um Kommentierung an Ted Hughes zu schicken. Sie kannte Hughes oberflächlich aus den englischen Dichterkreisen. Hughes befand sich aber im Ausland, und seine Frau Carol rief Anne an und schlug vor, die Kapitel an Olwyn zu schicken. Anne folgte ihrem Rat und hatte bald Olwyn selbst am Telefon. »Sie sagte, daß ich in meinen Kapiteln von ziemlich falschen Voraussetzungen ausginge, aber mein kühler, knapper Stil habe ihr gefallen, und ob ich nicht irgendwann kommende Woche vorbeikommen wolle, dann könne man zusammen Essen gehen und über das Buch reden.«

Beim Essen im französischen Restaurant in Camden Town grollte Olwyn wie üblich über den Plath-Mythos und die »Bewegten« und die »Kultisten«, unter denen Ted so schrecklich leiden mußte, nahm aber Anne schmeichelhafterweise von ihrem Portrait der Plath-Biographen als Brut boshafter Inkompetenz aus. Beim Abschied überreichte sie Anne einen Stapel Briefe über Plath, die Dido Merwin an Linda Wagner-Martin geschrieben hatte. Wagner-Martin hatte während ihrer Arbeit an der Biographie von Zeit zu Zeit Kapitel zur Kommentierung an ihre Quellen geschickt. Nachdem Dido die Kapitel gelesen hatte, die aufgrund ihrer Briefe entstanden waren, zog sie ihre Genehmigung zurück, die Briefe zu verwenden. »Sie haben Ihre Gründe, wenn Sie den wichtigen Fakt nicht anerkennen wollen, daß Sylvias Tendenz zu *strafen* pathologisch war und Ted grundsätzlich verzieh«, schrieb sie Wagner-Martin. »Ich habe meine Gründe, wenn ich mit einem Buch, das dies zu vertuschen versucht, nichts zu tun haben will.« »Olwyn meinte, ich solle die Briefe lesen; sie würden mir eine Sylvia Plath zeigen, die mit dem ungerecht behandelten Märtyrer des Mythos nur wenig gemein habe«, schreibt Anne und fährt fort:

> »Ich gestehe, als ich die Briefe von Mrs. Merwin las, brach ich in schallendes Gelächter aus. Sie waren bissig, geistreich, mit dem unmißverständlichen Ton gehässiger, verächtlicher, raffinierter englischer Überheblichkeit, mit französischen Einwürfen und pointierten literarischen Anspielungen ausgeschmückt und belegten in vielem, was ich bereits vermutet hatte, nämlich die Verwirrung, die Sylvia bei den englischen Literaten provozierte. An dem Punkt, wo ich mich in England in mich selbst zurückgezogen hatte, war Sylvia aus sich herausgetreten, um zu kämpfen. Dido Merwins Briefe – ein scharfer Vorgeschmack auf das, was in ihrer ›Erinnerung‹ folgen sollte – beschuldigten Sylvia aller schlechter Charaktereigenschaften: Unhöflichkeit, Selbstsucht, Unsensibilität, soziale Blindheit, aber am schlimmsten sei ihre Eifersucht. Die Briefe waren natürlich eine unschätzbare Quelle anti-kultischer Informationen, obwohl ich dachte, daß sie Didos Charakter mindestens ebenso erhellten wie Sylvias.«

Bei einem zweiten Treffen mit Anne, ein paar Wochen später, spann Olwyn die ersten Fäden ihres Netzes. Sie schlug Anne vor, ihre hundertseitige Studie von der Penguin-Reihe zurückzuziehen und zu einem Buch auszuweiten, für das sie, Olwyn, Verträge mit amerikanischen und englischen Verlagen abschließen würde. (Olwyn betrieb eine kleine literarische Agentur neben ihrer Beschäftigung als Cerberus des Plath-Nachlasses.) Sie bot Anne ihre Agentendienste an und versprach ihr hohe Vorauszahlungen. Zudem würde sie Ted Hughes' Freunden, die aus Loyalitätsgründen annähernd fünfundzwanzig Jahre geschwiegen hatten, signalisieren, daß sie ihr Wissen der neuen, vertrauenswürdigen Biographin gefahrlos anvertrauen könnten. In der Zwischenzeit war Hughes nach England zurückgekehrt und hatte Anne einen langen Brief über die beiden Kapitel geschrieben, die Anne ihm geschickt hatte. An Wagner-Martin hatte er wenige Monate zuvor nach der Lektüre ihres Manuskriptes eine fünfzehnseitige Liste lakonischer und verächtlicher Bemerkungen geschickt (»Seite 201, Zeile 4: ›zusammen schlafen‹ streichen; Seite 200, Zeile 6: ›und riß ... Backe‹ streichen; Seite 273, Zeile 27–28: Allein die Erwähnung dieser belanglosen Details ist lächerlich; streichen«). Sein siebenseitiger Brief an Anne war freundlich, respektvoll und (wenn man seine grundsätzliche Zurückhaltung bedenkt) bemerkenswert freizügig mit Details über sein Leben mit Plath. Wie sich herausstellte, war dieser Brief der erste und letzte von Hughes an Anne in der Zeit, als sie *Bitter Fame* schrieb. Zu diesem Zeitpunkt war dies ein gewaltiger Ansporn; nachdem Schwester und Bruder gemeinsam sie mit ihrer Aufmerksamkeit umgarnten, war es schier unmöglich, dem Angebot der Schwester zu widerstehen.

Anne ging ins Netz. Bis Ende November hatte Olwyn auf die ihr eigene schnelle und effiziente Art Verträge mit Houghton Mifflin in Amerika und mit Viking in England abgeschlossen, die die versprochenen beträchtlichen Vorauszahlungen erbrachten ($ 40.000 von Houghton Mifflin und $ 15.000 von Viking). Sie listete die versprochenen Freunde auf; ihre Hilfsbereitschaft und Kompetenz schien grenzenlos. Sie stellte Anne ihre umfangreiche Plath-Bibliothek zur Verfügung. Sie interviewte Zeitzeugen. Sie steuerte ihre eigenen Erinnerungen bei. Sie schrieb Interpretationen von Plaths Gedichten. Sie las Annes Entwürfe und bot ihre Kritik an. Sie fungierte als Abgesandte zu Ted. Anne teilte bereits Olwyns Auffassung, daß Plath zwar eine brillante Dichterin, aber eine schwierige und unliebsame Person gewesen sei. Sie und Olwyn trafen sich regelmäßig bei Olwyn (zu diesem Zeitpunkt lebte Anne in London mit ihrem späteren Ehemann Peter Lucas zusammen) und redeten über Plath mit der genießerischen Boshaftigkeit, die man sich guten, gleichgesinnten Freunden gegenüber erlaubt. Höchstwahrscheinlich war es eher ihr Anflug von Abneigung gegen Plath als ihr »knapper, kühler Stil«, der anfangs Olwyns Interesse geweckt und sie glauben gemacht hatte, letztendlich die richtige Biographin gefunden zu haben – die Biographin, die das fehlerhafte Bild von Plath zeichnen würde, mit dem man dem idealisierten Portrait der Bewegten entgegentreten konnte. Olwyn überschüttete Anne mit Geschichten über Plaths abstoßendes Benehmen, und Anne hörte zu, widerspruchslos, wenn nicht gar ohne jede Skepsis. Dann, Anfang Sommer 1987, mit einem Entwurf der erweiterten Biographie in Händen, flog Anne nach Boston, um Peter Davison, den Lektor des Buches bei Houghton Mifflin, zu treffen und das Manuskript mit ihm Kapitel für Kapitel durchzuarbeiten. Davison akzeptierte die ersten Kapitel, aber er hatte den Eindruck, daß die letzten beiden etwas dünn und unvollständig seien – Anne stimmte ihm zu. »Da mir weiteres Material von Ted Hughes fehlte«, schreibt sie in ihrem Toronto-Papier, »beschloß ich, nach Indiana zu fliegen und eine Woche lang das Archiv der Lilly Library durchzuforsten.«

In der Lilly Library machte Anne eine Entdeckung. »Ich entdeckte Sylvia Plath in ihren unzensierten Briefen und in den Briefen, die ihre Freunde und Geliebten an sie geschrieben hatten ... Diese Briefe, diese atmenden Schriftstücke, machten sie für mich lebendig, was die Zeitzeugen und deren Erinnerungen nicht geschafft hatten.« Anne fährt fort:

> »Vielleicht reagierte ich auf das mangelnde Selbstbewußtsein des Materials, nichts war zurechtgestutzt, um es Biographen zu übereignen, alles vermittelte die zufällige, noch nicht fiktionalisierte, noch-stattfindende Gegenwart ... In Indiana hatte ich das Gefühl, Sylvia Plath schließlich doch noch begegnet zu sein; daß ich sie lieber mochte, weil ich sie kannte. Ich setzte mich wieder an ihr Tagebuch und las es noch einmal mit anderen Augen ... Ich begann zu verstehen, warum sie diese extremistischen kompromißlose Dichterin werden mußte. Der Weg der Mitte kam für sie nicht in Frage ... Abend für Abend tauchte ich benommen aus der klimatisierten Bibliothek in die drükkend feuchten, triefenden Nächte Indianas. (Die schwere klebrige Umklammerung der Sommernächte im Mittelwesten hatte ich vergessen.) Ich lebte Sylvias Leben statt meines eigenen,

und zum ersten Mal erfuhr ich die gleiche Identifikation mit meinem Subjekt, die die meisten Biographen bereits zu Anfang ihrer Recherche fühlen müssen. Mit Bedauern wurde mir bewußt, daß ich Sylvia immer bewundert, aber nie gemocht hatte. Schon bevor ich mit Olwyn zu arbeiten begonnen hatte, war ich vor dem zurückgeschreckt, was mir wie rüde Selbstversunkenheit und aggressiver Ehrgeiz erschien. Jetzt glaubte ich, langsam die ganze Person zu sehen. Ich beschloß, nach London zurückzukehren und *Bitter Fame* noch einmal auseinanderzunehmen. Diesmal war ich sicher, selbst eine kritische Biographie zusammenstellen zu können.«

Wieder in London setzte sich Anne an ihre neu konzipierte Biographie. Sie verfolgte ihren eigenen Kurs und brauchte keinen dienstbaren Geist mehr. Sie wußte, was sie tat, und arbeitete allein. Sie pfiff Olwyn zurück. Olwyn weigerte sich natürlich. In den folgenden zwei Jahren waren Olwyn und Anne im tödlichen, ungleichen Kampf um das Buch gefangen. Annes Versuch, es zurückzufordern – Autorin ihres eigenen Buches zu sein –, blieb erfolglos; sie hatte die Kontrolle über den Inhalt verloren, als sie sich mit Olwyn auf den Teufelspakt einließ. Olwyn lockerte ihren eisernen Griff nicht. Immer war Anne gezwungen nachzugeben, Kompromisse einzugehen. Was sie verwenden wollte, wurde ihr verweigert, was sie nicht verwenden wollte, mußte sie aufnehmen. Olwyn ließ nicht zu, daß Anne ihr Angebot eines feindseligen Zeugnisses zurückzog. Annes schwache Versuche einer Gratwanderung, ihre Versuche, sich ihr zu widersetzen, weckten in Olwyn lediglich Verachtung und Zorn. Bis 1988 hatte die Lage sich so weit zugespitzt, daß die »Kollaborateure« nicht mehr miteinander sprachen. Dann, als das Buch kurz davor war, den gleichen Weg aller anderen Biographien zu gehen, trat Peter Davison auf den Plan, und sein Angebot, als letzte Instanz zu entscheiden, was abgedruckt wurde, akzeptierten beide Frauen. 1989 lag schließlich ein Text vor – bei dem Anne nicht sicher war, ob sie ihn unter ihrem Namen veröffentlicht haben wollte: »Ich hatte ernsthafte Bedenken, ob ich dieses Buch als mein alleiniges Werk oder eher als eine Gemeinschaftsproduktion von Olwyn und mir bezeichnet haben wollte.« Davison versicherte ihr, das Buch sei »im Grunde meines« (was auf den größten Teil des Textes auch zutraf), und überredete sie, es als ihr eigenes erscheinen zu lassen. Sie stimmte zu, schrieb aber eine Vorbemerkung der Autorin, um den Leser von Olwyns Präsenz im Text in Kenntnis zu setzen. Als Olwyn die Vorbemerkung las (»zugegebenermaßen ein unterschwelliges Dementi meinerseits«, schreibt Anne, »dessen Ambivalenz sie sofort erfaßte«), lehnte sie sie ab: »Mit der Drohung, augenblicklich ihre Zustimmung zurückzuziehen, aus Plaths Werken, veröffentlichten wie unveröffentlichten, zu zitieren, ersetzte sie sie in der letzten Minute durch die gegenwärtige Vorbemerkung, die den Leser glauben macht, das Buch sei veröffentlicht, nachdem man Olwyns Revisionen und Verbesserungen dankbar eingefügt hatte.«

ZWEI

Der Schnellzug nach Durham war ein kraftvoller Express und, im Gegensatz zu den schwächlichen Zügen, mit denen ich früher steckengeblieben war (und wenige Tage später steckenbleiben würde), erreichte er sein Ziel durch die schneebedeckte Landschaft ohne Zwischenfälle. Aber die Fahrt dauerte fast vier Stunden, so daß mir Zeit blieb, andere Schriften von Anne auch mehrmals zu lesen, um mich auf mein Interview bei ihr zu Hause vorzubereiten. Darunter war ein blauer Luftpostbrief, den ich Ende Januar von ihr erhalten hatte, wenige Tage nach einem Telefonat:

> » … Wir haben nie über die Opfer gesprochen. Ich bin davon überzeugt, daß Sylvias Selbstmord eine verheerende Wirkung auf jeden hatte, der mit ihr zu tun hatte – ihre Biographen eingeschlossen … wir alle litten unter einem Trauma gemeinsamer Schuld. Bei meiner Auseinandersetzung mit Sylvia geht es hauptsächlich um einen moralischen, philosophischen Aspekt: Ich finde, keine Kunst, kein ›großes Gedicht‹, rechtfertigt so großes Leid. Schließlich gibt es genug Leid in der Welt, man

muß es nicht zum Zweck eines inneren Psychodramas kreieren. Ich glaube, daß Sylvia, ihre freudianische und wohlmeinende Therapeutin Ruth Beuscher mag sie darin bestärkt haben, ihr eigenes Psychodrama (ich ziehe dieses Wort dem Begriff ›Mythologie‹ vor) so berauschend und als Quelle ihrer Gedichte so inspirierend fand, daß sie jede Perspektive verloren hat. Der Gedanke, daß ›Perspektive‹ irgendeinen Stellenwert in der großen Kunst hat, war den späten Romantikern natürlich ein Greuel. Aber der Glaube an eine Kunst dieser Art, an ein sogenanntes ›Risiko‹ in der Kunst und das existentielle Dilemma des Künstlers (gib mir einen Genius oder gib mir den Tod) ist für mich gleichzusetzen mit dem Glauben fundamentalistisch religiöser Fanatiker. Letztendlich führt das (via Nietzsche, Weininger und andere Deutsch-Österreicher des untergehenden Habsburger Reiches) zum Aufstieg Hitlers oder der Bath-Diktatoren (Saddam ist nur einer unter vielen), die die gesamte Gesellschaftsstruktur mit unerträglicher Absolutheit bedrohen. Ich stimme Alvarez, Plath, Ted Hughes nicht zu, wenn sie (vielleicht) darum kämpfen, daß das Streben nach Absolutheit etwas mit dem Streben nach der Wahrheit zu tun hat. Es liegt in der Natur von Wahrheit, vielgestaltig und widersprüchlich wie sie ist und für den Lauf der Geschichte mit verantwortlich, daß sie sich mit Sprache nicht erfassen läßt. Der einzig wahre Weg zur Wahrheit führt über Zweifel und Toleranz. Unglücklicherweise kann philosophische Skepsis auch zum Manierismus führen; und ein Führer, der zweifelt, ist im allgemeinen ein schlechter Führer.

Noch eine Sache. Ich habe zwar nie an Selbstmord gedacht, aber ich war in den siebziger Jahren Alkoholikerin, vorsätzlich und bewußt, weil ich mich schwach und elend fühlte. Außerhalb der Familie habe ich mich nie öffentlich dazu bekannt; aber ich glaube, Sie sollten wissen, daß ich nicht nur eine nette, bourgeoise Hausfrau und Mutter bin. Ich habe meine Kinder 1971 in Oxford (nein, in Glasgow) zurückgelassen, unter der Obhut ihres Vaters und der Großeltern, um mit einem Dichter zusammenzuleben, in einer Art verzweifelter Suche nach meinem

›wahren Ich‹. Ich weiß nicht, ob die Zeit dafür verantwortlich war (die infektiöse Anti-Kultur) oder meine eigene puritanische New-England-Erziehung. Auf jeden Fall habe ich etwa zehn Jahre »in der Wildnis« gelebt – in dieser Zeit habe ich natürlich *Correspondences* geschrieben. Aber – und das ist der Punkt – *mit gemischten Gefühlen*. Inzwischen versuche ich, soweit das möglich ist, diese traumatischen Jahre zu vergessen. Aber ich weiß aus erster Hand, worunter Sylvia gelitten hat, und Ted desgleichen ... ich kann nicht glauben, daß ein Biograph, der den immerwährenden Wahnsinn der Zeit Sylvias nicht verstehen kann, ihre Verzweiflung jemals erfassen wird. Alvarez kann es natürlich; aber er *bewundert* ihren Extremismus, ihr Selbstmitleid, ihren Narzißmus, den ich, nach langer Erfahrung, verachte.«

Annes Offenheit hat mich zwar zunächst überrascht, aber nicht ihre Enthüllung. *Correspondences*, obwohl das Gedicht nicht richtig autobiographisch ist, hatte mich darauf vorbereitet. Eigentlich hätte es mich verwundert, wenn Anne eine nette bourgeoise Mutter und Hausfrau *gewesen wäre* und sich den Schmerz und das Chaos nur ausgedacht hätte, worüber sie in ihrem Gedicht schrieb. In einem anderen Dokument, das ich im Zug bei mir hatte, einer autobiographischen Skizze, die 1989 in einer Reihe mit dem Titel »Contemporary Authors« veröffentlicht worden war, hatte Anne die Fakten ihres Lebens niedergelegt – Eltern, Geschwister, Ehemänner, Geliebte, Kinder und Umzüge von einem Ort zum anderen (in aller Regel Universitätsstädte) auf beiden Seiten des Atlantiks. Auch hier entstand der Eindruck eines unkonventionellen, unsteten Lebens. Aber es war kein brillantes Schriftstück – ein Essay mit dem Titel »Writing as a Woman«, der in einer feministischen Anthologie (*Women Writing and Writing About Women*; 1979) erschienen ist –, das mir Anne deutlich vor Augen führte und mir verständlich machte, wie sie, eine gestandene und erfolgreiche Frau, in die Position hilfloser Unterwürfigkeit hinabgezogen werden konnte, die ihre Begegnung mit Olwyn Hughes kennzeichnet.

Bei meinem Treffen mit Anne im University Women's Club hatte ich sie gefragt, ob es in ihrem Leben noch andere Beziehungen wie die zu Olwyn gegeben habe. Anne hatte nachdrücklich den Kopf geschüttelt und gesagt: »Nein, eine Beziehung wie die zu Olwyn hatte ich noch nie. Ein Mensch wie Olwyn ist mir in meinem ganzen Leben noch nicht begegnet.« Aber jetzt wurde mir klar, daß Anne vielleicht nicht genau genug hingesehen hat. Sie hatte außerdem gesagt: »Ich habe ein Bild von Olwyn und mir, bei dem ich zufrieden an meinem Schreibtisch sitze und Olwyn mir über die Schulter guckt. Immer wenn ihr nicht gefällt, was ich schreibe, schiebt sie mich vom Stuhl und nimmt die Feder selbst in die Hand.« In »Writing as a Woman« betrachtet Anne sich selbst und ihre fünfundzwanzig Jahre währenden Bemühungen – die nur zeitweise erfolgreich waren –, auf ihrem Schreibtischstuhl sitzenzubleiben und sich nicht von irgendeiner Olwyn-ähnlichen Macht beiseiteschieben zu lassen. Die erste dieser Mächte, sagt sie, ist der Druck dessen, »was man allgemein ›weiblich‹ nennt – Sex, Ehe, Kinder und eine gesellschaftlich akzeptierte Position als Ehefrau«. Anne schreibt, daß sie nicht bereit gewesen sei, ihr Leben als Frau für ein Leben als Schriftstellerin zu opfern, wie es Jane Austen, Emily Brontë, Stevie Smith und Marianne Moore neben anderen Schriftsteller-Jungfern getan hatten. »Im zwanzigsten Jahrhundert, in dem die Gesellschaft so viel zuläßt, müßte es möglich sein, eine ausgefüllte Frau und unabhängige Schriftstellerin ohne Schuldgefühle zu sein … Wenn ich auf meine eigenen Erfahrungen zurückblicke, fällt mir allerdings auf, daß ich es *geradeso* geschafft habe, zu überleben.« Sie spricht vom traditionellen Gegensatz zwischen Häuslichkeit und Kreativität: »Gedichte schreiben ist kein gewöhnlicher Job; man kann sie nicht erzwingen oder gut machen zwischen häuslichen Pflichten – ich jedenfalls nicht. Die Effektivität, mit der man Dinge von der Einkaufsliste abhakt, wäscht, putzt, stopft und so weiter, zerstört die leicht gelangweilte Melancholie, die meine Imagination nährt.« Aber wenige Seiten später negiert Anne diese Theorie, warum sie in den unglücklichen fünf Jahren ihrer ersten Ehe (mit Robin Hitchcock, einem wohlmeinenden, aber ziemlich verständnislosen jungen Geschäftsmann und Vater ihrer Tochter Caroline) nicht schreiben konnte. Sie erkennt, daß sie unbewußt dem Vorbild ihrer Mutter gefolgt war, die ebenfalls Schriftstellerin sein wollte, wovon sie die Schuldgefühle gegenüber ihrer Familie abgehalten haben. »Ich fing an zu erkennen, daß Schuldgefühle auch eine *Entschuldigung* sein können. Wenn ich wirklich hätte schreiben wollen, hätte ich es auch getan. Meine Mutter auch ... Zeit gibt es immer. Egal wieviel Hausarbeit und Kinderhüten, nichts kann einen abhalten, wenn man wirklich schreiben will. Sylvia Plath hat ihre großartigen letzten Gedichte in den frühen Morgenstunden geschrieben, bevor ihre Kinder aufwachten.«

Anfang der Siebziger, inzwischen war sie von Robin geschieden, mit Mark Elvin, einem Wissenschaftler, verheiratet und Mutter von zwei weiteren Kindern, begann Anne an *Correspondences* zu arbeiten. Ihr Wunsch zu schreiben und ihre Kraftanstrengung waren so groß, daß daraus die wohl wichtigste Arbeit ihrer Dichterkarriere hervorging. Durch Briefe, die von den Mitgliedern einer einzigen Familie stammen und sich über mehrere Generationen erstrecken, erzählt sie in Form eines buchlangen Gedichtes die Geschichte: Sie erzählen vom eisernen Griff der puritanischen Ethik Amerikas im 18. und 19. Jahrhundert, wie er sich allmählich in der Mitte des 20. Jahrhunderts lockert und in den Sechzigern auflöst. Die Briefe sprechen aus, was diese Ethik dem Leben abverlangte, das sie regierte – dem Leben der Männer ebenso wie dem der Frauen, wobei die Frauen unterdrückter wirken. Sehnsüchte können nie ausgelebt werden, sind aber immer an der Schwelle des Bewußtseins aller Korrespondenten und verleihen dem Gedicht sein Pathos.

Während das Buch sich der Gegenwart nähert, treten drei Frauen in den Vordergrund: Maura, die Schriftstellerin sein möchte, aber ihr Leben als Hausfrau und Mutter auslebt; ihre Tochter Ruth, die Gedichte schrieb und ihren Geliebten opferte, um Hausfrau und Mutter zu bleiben; und Ruths Tochter Kay, der die Gegenkultur der Sechziger schließlich ermöglicht, dort mit Konventionen zu brechen, wo andere sich nicht getraut haben. Aber es stellt sich heraus, daß der Preis für Kays Emanzipation genauso hoch oder vielleicht höher war, als ein Leben unter der puritanischen Ordnung. Kay wird Alkoholikerin und erleidet einen Nervenzusammenbruch, bis sie schließlich eine Art Frieden als exilamerikanische Dichterin in England findet. In »Writing as a Woman« weist Anne nachdrücklich darauf hin, daß »Kay zwar eine Version meiner selbst« ist, das Gedicht aber nicht autobiographisch. »Mein ganzes Leiden in meiner ersten Ehe, alles, was ich über mein Kind, meinen Mann, meine Mutter gefühlt habe, kommen darin zusammen ... dennoch ist Kay nicht ich ... ich bin nie in einem Museum zusammengebrochen und habe nie in Westchester gelebt oder war mit einem berühmten Psychiater verheiratet. Kays Gefühle, ihre Mischung aus Liebe und Haß für ihr Kind, ihr *Gefühl* des Gefangenseins im eigenen Haus, ihr Wunsch zu fliegen, ihre Flucht in den Alkohol oder in ein Leben in einer anonymen Stadt – diese Gefühle *waren* meine.«

Das Werk ist hervorragend, die Stimmen der Briefschreiber sind pointiert, variiert, echt. Es hat poetischen Einfallsreichtum, Sicherheit und Vertrauen, eine mutige Nervosität geleitet den Leser wie durch einen Roman. Wie hat Anne das geschafft? Wie ist ihr das Meisterstück gelungen, aus dem Muster ihrer Mutter auszubrechen und die Ansprüche der Häuslichkeit mit denen der Selbstverwirklichung zu vereinbaren?

Sie hat es nicht geschafft. Wie sie in ihrem Brief an mich und in ihrer autobiographischen Skizze schrieb, mußte sie ihren zweiten Ehemann und ihre Kinder verlassen, um mit einem Dichter – Philip Hobsbawn – davonzulaufen und *Correspondences* zu verwirklichen. Wie Plath, wie so viele Schriftstellerinnen, mußte sie sich aus dem Tageslicht in den Untergrund begeben, um ihre Stimme zu finden. Schreiben ist natürlich für jedermann, männlich oder weiblich, ein gefährliches Unterfangen, aber Schriftstellerinnen müssen anscheinend härtere Maßstäbe anlegen, schwierigere psychische Vereinbarungen als Männer treffen, um ihre Vorstellungen in die Tat umzusetzen. Plaths eigenes Leben als Schriftstellerin, wie wir es aus ihren Tagebüchern und Briefen kennen, aus den Zeugnissen von Hughes und den Schriften selbst, war bis zur letzten Phase ein schmerzhafter Kampf, immer wieder bis aufs Blut mit dem Kopf gegen die Wand rennen. Sie fing sehr früh an zu schreiben und wurde sehr früh veröffentlicht. (Im *Christian Science Monitor* wurde ein Gedicht abgedruckt, eine Erzählung in *Seventeen*, als sie selbst siebzehn war.)

Ihr Wille zu schreiben war groß (vom Ehrgeiz der verinnerlichten und der realen Mutter genährt), und ihre Fähigkeit, mit Ablehnung umzugehen, offensichtlich grenzenlos: Sie erhielt fünfundvierzig Absagen von *Seventeen*, bis die erste Erzählung schließlich angenommen wurde. Aber von ihren Werken – Lyrik oder Prosa, veröffentlicht oder unveröffentlicht – hat sie selbst am wenigsten gehalten. In seiner Einführung zu *Johnny Panic and the Bible of Dreams* erklärt uns Ted Hughes, daß sie »ihre Erzählungen ... immer in einer verbissen kämpfenden Stimmung schrieb«. Die Einführung – eine weitere Variante des wahres Ich/falsches Ich-Themas – dokumentiert die schmerzhafte Geschichte von Plaths demütigender Niederlage gegen das Genre, das sie als Mittel künstlerischer und professioneller Autonomie gewählt hatte:

> »Ihr Ehrgeiz, Erzählungen zu schreiben, war die sichtbarste Last ihres Lebens. Wer mit Erfolg Erzählungen schrieb, hatte in ihren Augen alle Vorteile eines Spitzenjobs. Sie wollte das Geld und die Unabhängigkeit, die damit verbunden sein kann. Sie wollte die professionelle Anerkennung einer Großverdienerin, einer Meisterin ihres Fachs, einer ernsthaften Forscherin der realen Welt ... ›Für mich‹, schrieb sie, ›ist Lyrik die Flucht vor der wahren Aufgabe, Prosa zu schreiben.‹«

Aber ihre Erzählungen blieben erfolglos (ihr Ziel, im *New Yorker* und im *Ladies Home Journal* zu veröffentlichen, hat sie nie erreicht), und in Hughes Augen hatte sie sich total falsch eingeschätzt. Ihre wahre Berufung, wie ihr wahres Ich, lagen woanders. In seinem Essay zitiert Hughes Plaths selbstkritische Bemerkungen aus ihrem Tagebuch: »Las die Erzählungen aus Spanien noch einmal. Sie sind so langweilig. Wer will sowas lesen?« und: »Meine Schatten-Geschichte liest sich reichlich dünn, reichlich blaß« und: »Angewidert von der siebzehnseitigen Geschichte, die ich gerade geschrieben habe: ein steifes, künstliches Ding ... nichts von den tiefen emotionalen Untertönen, die ich durchgemacht oder entwickelt habe. Als ob sich kleine hygienische Falltüren vor der in mir kochenden und vom tiefen Grund aufschwellenden Erfahrung verschließen würden.

Hübsche, künstliche Statuen errichten. Ich kann einfach nicht aus mir heraustreten.«

Hughes argumentiert: »Erst als sie ihre Bemühungen aufgab, aus sich herauszugehen, und schließlich akzeptierte, daß ihre schmerzhafte Subjektivität ihr eigentliches Thema war und das Eintauchen in sich selbst die einzig richtige Richtung und poetische Strategien ihr Stilmittel waren, befand sie sich plötzlich im vollen Besitz ihres Genius – mit allen besonderen Kunstfertigkeiten, die sich, wie aus einer biologischen Notwendigkeit, entwickelt hatten, um mit diesen einzigartigen inneren Bedingungen umzugehen.« Diese Theorie über Plaths Kunst ist zwar hübsch formuliert, aber unbefriedigend. Sie formuliert neu, was wir bereits wissen – daß Plaths *Ariel*-Gedichte erfolgreich waren und die Kurzgeschichten nicht –, und sie verfälscht den Charakter dessen, was die *Ariel*-Gedichte hervorgebracht hat, daß nämlich Plath »aus sich herausgetreten« ist. Wäre ihr dies nicht gelungen, würden wir die Gedichte nicht lesen; sie wären nichts anderes, als die unartikulierten Schreie einer zornigen Frau. Was die Erzählungen in gewisser Weise sind. Eine von ihnen, mit dem Titel »Das Wunschkästchen«, 1956 geschrieben, beleuchtet das Problem der Erzählungen auf besonders eindrucksvolle Weise. Von allen Erzählungen gehört sie zu den schwächsten und künstlichsten, aber sie erwacht auf fesselnde Weise zum Leben, wenn man sie wie eine codierte Nachricht liest – was sie sein möchte – über das Dilemma, in dem sich Plath als Schriftstellerin fühlte. Obwohl Hughes in seiner Einführung »Das Wunschkästchen« nicht erwähnt, gibt es eine allgemeine Äußerung, die wir bei unserer Lesart der Erzählungen nicht außer acht lassen dürfen: »Die Themen, die sie interessant genug fand, um eine Auseinandersetzung anzuregen, basieren alle auf Episoden aus ihrem Leben; sie sind alle autobiographisch.«

»Das Wunschkästchen« – möglicherweise eine der »langweiligen« Erzählungen, die sie in Spanien schrieb, wo Hughes und Plath ihre Flitterwochen verbrachten – beginnt mit einer Szene am Frühstückstisch zwischen einem Paar mit den Namen Harold und Agnes: Agnes »brütete schweigend über ihrem Kaffee und kämpfte gegen die merkwürdige Eifersucht, die in ihr wie dunkler, bösartiger Krebs seit ihrer Hochzeitsnacht vor drei Monaten gewachsen war, als sie zum ersten Mal in Harolds Träume Einblick bekommen hatte«. Harolds Träume sind unerträglich phantasievoll und interessant und üppig, im Gegensatz zu Agnes Träumen, die (wenn sie überhaupt träumt) prosaisch, öde und fragmentarisch sind. Wenn Harold Agnes achtlos mit seinen wunderbaren Träumen überschüttet, fühlt sie sich immer unzulänglicher, sie wird neidisch und kommt sich übergangen vor. Eines Tages gesteht sie Harold ihre Traumblockade. Er reagiert mitfühlend – in seiner überlegenen Art – und schlägt ihr eine Gedankenübung vor, um ihre Phantasie anzuregen, wobei sie ihre Augen schließen und sich einen Gegenstand vorstellen soll. Aber die Übung gelingt nicht – sie verstärkt nur ihr Gefühl von Unzulänglichkeit –, und im Lauf der Zeit fühlt sie sich immer elender, sie fängt an zu trinken und fernzusehen, und schließlich, in Mutlosigkeit versunken, schluckt sie fünfzig Schlaftabletten. Die Erzählung endet grotesk, als Harold von der Arbeit nach Hause kommt und sie in ihrem smaragdgrünen Taft-Abendkleid tot auf dem Wohnzimmersofa findet.

Die Ähnlichkeit zwischen Agnes Geringschätzung ihrer Träume und Plaths Geringschätzung ihrer Erzählungen ist unverkennbar. Aber ein äußerst verdächtiges Merkmal des »Wunschkästchens« – sein emotionales Muster – ist die Feindseligkeit und der Neid der Ehefrau. Bis sie von den außergewöhnlichen Träumen ihres Mannes erfuhr, hatten ihre eigenen prosaischen Träume sie nicht gestört. Erst nachdem Harold ihr eröffnete, wie »prunkvoll königlich-barock« seine nächtlichen Produktionen ausfallen, kommen Agnes die eigenen so erbärmlich und gewollt vor. Die Prämisse der Erzählung – daß das Gefühl der Unzulänglichkeit einer Frau angesichts der Überlegenheit des Mannes ihr Leben vergiften und letztendlich zerstören kann – ist ebenso weit hergeholt und jenseits von nachvollziehbarer Erfahrung wie Freuds These vom Penisneid. Und ebenso wahr. (Freud ging es in seiner These natürlich nicht um den anatomischen Unterschied, sondern um das, was der Unterschied suggeriert; eine *Beschreibung* der Phalluszentriertheit, keine Empfehlung.) Die schreckliche Mischung aus Selbstverachtung und Verachtung und Neid, die Plath in »Das Wunschkästchen« beschreibt, ist ein zentrales Anliegen, möglicherweise *das* zentrale Anliegen der zeitgenössischen Feministinnen. 1956 gab es jedoch keine feministische Bewegung oder feministische Theorie, und die Beziehung zwischen Mann und Frau befand sich im Nadir eines hilflos übertragenen Mißverständnisses. Daß sich Plaths Kämpfe beim Schreiben mit ihrer Eifersucht und dem Groll gegen Männer vermischt haben könnten, überrascht kaum. Viele Frauen, die in den Fünfzigern und Sechzigern zu schreiben versucht haben – Frauen wie Plath und Anne Stevenson und ich –, spielten eine Art Harold-und-Agnes-Spiel mit den Männern, mit denen sie zu tun hatten. Schreiben und Männer vermischte sich total. Irgendwie waren die Männer daran schuld, wenn das Schreiben nicht richtig lief, ebenso wie Harold daran schuld war, daß Agnes' Träume nicht richtig liefen.

Der überhebliche, widerwärtige Harold (er ist gelernter Buchhalter »mit ausgesprochen literarischen Interessen«) hat mit dem großherzigen Adam aus den Briefen nach Hause nichts mehr gemein. (Wenn überhaupt erinnert Harold an den überheblichen, widerwärtigen Buddy Willard aus *Die Glasglocke*.) Im November 1956 schrieb Plath an Aurelia: »Wir verbringen so herrliche Stunden miteinander ... Wir lesen, diskutieren über Gedichte, die wir entdeckt haben, reden, analysieren – wir faszinieren einander ständig. Es ist himmlisch, einen Menschen wie Ted zu haben, der so gut, so aufrecht, so klug ist – und mich dauernd zum Studieren, Denken, Zeichnen und Schreiben anregt. Er ist besser als jeder Lehrer, füllt sogar irgendwie das riesengroße Loch aus, das ich, die ich keinen Vater hatte, immer gespürt habe. Jeden Tag erkenne ich aufs neue, wie wunderbar er ist, und liebe ihn mehr und mehr.« Und trotzdem ist Ted-als-Harold offensichtlich auch da. Das Zeugnis der Erzählung vermittelt uns einen starken Eindruck von der Anarchie des Geistes, wenn man es mit dem Zeugnis der *Briefe nach Hause* parallel liest: In unserem Unterbewußtsein gelingt es uns mühelos, eine Person zu lieben und ihr Talent gleichzeitig zu hassen. Nur in unserem bewußten Leben meinen wir, daß wir nur auf eine Seite setzen können, uns entscheiden müssen, nachgeben oder bekämpfen, bleiben oder gehen. Plath war nicht weniger zerrissen als wir anderen auch, sie hat lediglich ein komplettes Zeugnis ihrer Ambivalenzen hinterlassen – weshalb es so verführerisch und beunruhigend ist, sich mit ihrem Leben zu beschäftigen, und weshalb sich die Überlebenden in einer derart schrecklichen Zwangslage befinden. Dennoch bleibt uns ein gemeinsamer Nenner der beiden Hughes-Versionen nicht verborgen: Er ist ein guter, aufrechter, kluger Lehrer, oder ein dummer, überheblicher, widerwärtiger; in beiden Fällen ist er der *Lehrer* und sie die Schülerin; sie sieht zu ihm auf und sucht seine Hilfe, um das »riesengroße Loch« ihrer Unzulänglichkeit zu füllen.

Im Zug, als ich die Schriften von Plaths Biographin las über ihren eigenen Kampf, eine Literatin zu werden, und über ihre vielen unvermeidlich problematischen Beziehungen zu Männern nachdachte, denen sie mehr Verantwortung für die Werke aus ihrem Künstlerinnen-Schicksal übertragen hat, als sie bewältigen konnten, erkannte ich allmählich ein Muster, zu dem die verfahrene Geschichte von *Bitter Fame* passen konnte. In ihrer autobiographischen Skizze schreibt Anne über eine Phase (1973–75), wo sie, nach Beendigung von *Correspondences*, »endlich den Mut aufbrachte, allein weiterzumachen«. Sie verließ den Dichter, dessentwegen sie Mann und Kinder verlassen hatte, und verbrachte »zwei fruchtbare, unabhängige Jahre« als 'writer-in-residence' an der Universität von Dundee. Aber als die Plath-Biographie sie dann zehn Jahre später mit einem neuen literarischen Projekt voller Unsicherheiten konfrontierte, driftete sie erneut in die Abhängigkeit, in eine Art Ehe aus literarischen Vernunftgründen, nach altbekanntem Muster. Daß das neue Elternteil ihres zukünftigen Nachkommens eine Frau war, machte keinen Unterschied: dem Unterbewußtsein ist das Geschlecht gleichgültig. Aber die Tatsache, daß diese Frau die Frau war, die sie war und ein besonderes Interesse an dem Nachkommen hatte, fiel nur allzusehr ins Gewicht. Ihre vorherigen »Kollaborateure« waren bereit gewesen zu gehen und ihr die Verantwortung für das Werk zu überlassen; Olwyn kämpfte mit Klauen und Zähnen um die Kontrolle. Wie leidenschaftlich sie sich für *Bitter Fame* engagiert hatte, wurde mir beim Lesen von Anne's Toronto-Skript deutlich und noch offensichtlicher, als ich die Briefe Olwyns an Anne im Gefecht um die Autorenschaft des Buches las. Was mir nun aber immer bewußter wurde, war das Gefühl, über den Schlüssel gestolpert zu sein, der das Geheimnis lüften konnte, warum Anne so bereitwillig in Olwyns Netz gegangen war: Vielleicht war sie mit dem Weben eines eigenen Netzes zu beschäftigt, um zu bemerken, wohin sie ging.

DREI

Am 9. März 1956 – dreizehn Tage nach ihrer bedeutsamen ersten Begegnung mit Ted Hughes auf der Party der *St. Botolph's Review* und drei Monate vor ihrer Heirat mit ihm – schrieb Plath an Aurelia:

> »Oh, Mutter, wenn Du nur wüßtest, wie ich eine Seele forme! ... Ich kämpfe, kämpfe, und schaffe ein Selbst, unter großen Schmerzen oft, wie bei einer Geburt, aber es ist richtig, daß es so weh tut, und ich werde geläutert in den Feuern von Schmerz und Liebe. Du weißt, daß ich Richard unvorstellbar geliebt habe; in dieser Welt ist mir keine Seele begegnet, die so wild und heilig war wie die seine.«

Richard? Wer ist dieser Mann? Ein Ausrutscher mit dem Füller? Nein, es ist Richard Sassoon, über den Plath weiter schreibt:

> »All meine Bedenken bezüglich seiner Gesundheit, seines gebrechlichen Körpers, seiner mangelnden ›athletischen‹ Gestalt, die ich besitze und bewundere, alles verblaßt vor der Stimme seiner Seele, die zu mir spricht in einer Sprache, um die die Götter ihn beneiden würden.«

Am Tag nachdem sie Hughes gebissen hat, beschrieb Plath ihn in ihrem Tagebuch als »den einzigen Mann in meinem Leben, der über Richard triumphieren könnte«, aber Hughes ging nach London zurück, ohne einen Versuch, Plath noch einmal zu treffen, und Sassoon blieb noch einen Monat lang Plaths nicht unübertroffene

Liebe. Wie Anne treffend in *Bitter Fame* feststellt, fühlte Sylvia »sich zwar heftig zu Ted hingezogen, aber das ganze Erlebnis war zu traumähnlich gewesen, um Hoffnungen daran knüpfen zu können. Außerdem sehnte sie sich immer noch nach Richard Sassoon«. Von allen Männern in Plaths Biographie ist Richard Sassoon am schwersten zu fassen und in vieler Hinsicht der verführerischste. Die Sehnsucht nach ihm ist von Plath auf die Gemeinde ihrer Biographen übergegangen. Keinem ist es gelungen, ihn aufzuspüren; er ist spurlos verschwunden. Nicht nur sein Aufenthaltsort, seine ganze Post-Plath-Geschichte ist unbekannt. Während Hughes der Plath-Legende ins Netz gegangen und von ihr gefangengenommen wurde, ist Sassoon wie ein Zugvogel weggeflogen.

Am 19. April 1954 ist er in die Geschichte eingetreten, in einem Brief von Plath an Aurelia: »Habe Richard Sassoon kennengelernt (sein Vater ist ein Cousin von Siegfried Sassoon) – einen schmächtigen Burschen aus Paris, der britischer Staatsbürger ist und ein phantastischer Gesprächspartner.« Plath war nach ihrem Zusammenbruch im vergangenen Sommer und Herbst an das Smith College zurückgekehrt, Sassoon war in Yale. Am 4. Mai schrieb Plath wieder über Sassoon an ihre Mutter, wobei sie die Ambivalenz ausdrückte, die ihr Bild von ihm während seines zweijährigen Aufenthaltes in ihrem Leben kennzeichnen sollte. »Hatte hier einen erfreulichen Samstag mit Sassoon – ganz toll –, noch eine Flasche herrlichen Bordeaux und ein Picknick mit Huhnsandwiches auf einer lieblichen grünen Wiese. Seltsamen und zauberhaften Abend in einem Bauernhaus verbracht, als ich auf Sassoon und den Abschleppwagen wartete, der sein Auto aus dem Morast eines ausgefahrenen Feldweges holen sollte.« Der Mann hat ein Händchen für Bordeaux und Hühnersandwiches, kann aber sein Auto nicht aus dem Acker manövrieren. Eine Zimmergenossin von Plath, Nancy Hunt Steiner, zitiert in ihrer ›Erinnerung‹ *A closer look at Ariel* eine erstaunlich grausame Bemerkung Plaths über Sassoons Körpergröße: »Wenn er mich in den Armen hält, fühle ich mich wie Mutter Erde, und ein kleiner brauner Käfer krabbelt über mich.« Steiner selbst beschreibt Sassoon als »düsteren, brütenden, leidenschaftlichen gallischen Typen mit der gleichen Brillanz und Phantasie [wie

Plath]«, den Plath mit »den Qualitäten eines byronesken Helden [ausstattete]: geheimnisumwittert und von einer beinahe unheimlichen Melancholie, die sie faszinierte«. Steiner löst den Widerspruch zwischen Plaths Bildern von Sassoon als byroneskem Helden und krabbelndem Insekt, indem sie sie Plaths »Kreativität« zuschreibt.

Zufälligerweise fand Plath Sassoon zwar »dünn, nervös, klein, launisch und kränklich« (Plaths Beschreibung in ihrem Tagebuch), aber nicht abstoßend, wie andere Liebhaber, über die sie schrieb. Im Gegenteil, ihre Gefühle für ihn, wie sie in ihren Schriften erscheinen, sind rührend zärtlich. Seine fehlende physische Attraktivität betrachtet sie eher mit Bedauern als mit Groll. Falls Plath sich tatsächlich zu ihrer offensichtlich boshaften Bemerkung gegenüber Steiner hat hinreißen lassen (Zitate, an die sich Zeitzeugen nach vielen Jahren erinnern, sollte man immer mit einer gewissen Skepsis betrachten), taucht er dennoch überall in ihren Schriften als sympathische und attraktive Persönlichkeit auf. Als ich die ernsthaften, wohlerzogenen Liebesbriefe las, die Plath im Winter 1955–56 an ihn geschrieben hat, und Kopien von ihrem Tagebuch machte, fühlte ich mich in meine eigene Jugend zurückversetzt und erinnerte mich an den Sassoon, in den ich verliebt war und dem ich so viele glühende, hochtrabende Briefe schrieb. Anne Stevenson erzählte mir, daß es auch in ihrem Leben einen Sassoon gegeben habe. Dieser Typ schien in den Fünfzigern Eisenhowers mit besonderer Kraft aus dem Boden zu schießen – es war so etwas wie eine Gemeinschaftsproduktion beider Geschlechter, eine Kollaboration zwischen lesewütigen Außenseitern, die sich ihre gegenseitigen Sehnsüchte nach Romantik erfüllten. Die Jungs erfanden sich selbst aus literarischem Stoff (grübelnd, gallisch, byronesk etc.), und die Mädchen »lasen« sie wie Romane.

Plaths Tagebücher über ihr letztes Jahr am Smith College haben wir nicht – entweder hat sie keins geschrieben, oder sie hat es nicht aufgehoben –, und erst aus dem Herbst 1955, als sie in Cambridge ist und Sassoon an der Sorbonne studiert, erreichen uns ihre Gefühle in ihrer ganzen Fülle für »diesen Jungen in Frankreich«, wie sie ihn den zu jungen männlichen Erstsemestern gegenüber nannte, um deren Aufmerksamkeiten abzuwehren. Sassoon seinerseits wehrte

Plath ab. Wir wissen nicht warum – wir haben aus dieser Phase keine Briefe von ihm –, aber man hat den Eindruck, als ob die emotionalen Hindernisse, die er zwischen sich und ihr aufbaute (in ihren Briefen wie in ihrem Tagebuch spielt sie auf Sassoons »verbissene, kalte und beinahe platonische Skrupellosigkeit« an, mit der er ihr und auch einer Schweizer Geliebten begegnet), ihre Leidenschaft nur, oder unvermeidlich, anstachelten. »Heute nachmittag erhielt ich einen Brief von meinem Richard, der alles über den Haufen wirft, bis auf einen plötzlichen Blick in mein Innerstes, wo ich fand, was ich gefürchtet und mit aller Macht abgewehrt habe: Ich liebe den verdammten Kerl mit allem, was ich je besessen habe, und das ist verdammt viel«, schrieb sie in ihrem Tagebuch. »Schlimmer, ich kann nicht aufhören ... Ich liebe ihn bis zur Hölle und zurück und bis zum Himmel und zurück, das habe ich, das tue ich, das will ich. Irgendwie hat dieser Brief schließlich all die quälenden Zweifel zerstreut: Du bist so groß wie er, du wiegst mehr als er; du bist körperlich stärker und gesünder als er; du bist besser trainert.« Über Hughes schrieb Plath nie, ohne auf seine herkulische Größe hinzuweisen, Sassoon durfte nicht ohne sein Leitmotiv in Erscheinung treten, Proustsche (oder Ralph Touchettische) Zerbrechlichkeit. An Sassoon schrieb sie: »Ich liebe Dich von ganzem Herzen und Seele und Körper; in Deiner Schwäche und in Deiner Stärke; und für mich ist die Liebe zu einem Mann, obwohl er schwach ist, etwas, was ich in meinem Leben noch nie gekonnt habe.« Dann (der Brief ist sehr lang) schweift sie ab in eine ungewöhnliche Vision ihrer Bestimmung als Frau:

> »Ich spüre, daß ich wirklich nie mehr mit einem anderen Mann zusammenleben kann; das bedeutet, daß ich (da ich keine Nonne werden kann) mein Leben dem Single-Dasein weihen muß. Wenn ich nun eine Karriere als Anwältin oder Journalistin anstreben würde, wäre das in Ordnung. Aber das tue ich nicht. Ich habe eine Neigung zu Kindern, dem Bett und tollen Freunden und einem großartigen, anregenden Zuhause, wo Genies nach einem köstlichen Essen in der Küche Gin trinken, ihre Romane vorlesen und berichten, warum die Börse so ist, wie sie

sein wird … nun ja, das ist es jedenfalls, was ich für einen Mann zu tun bestimmt bin; außerdem will ich ihm dieses ungeheure Reservoir von Vertrauen und Liebe schaffen, in dem er täglich schwimmen kann, und ihm Kinder schenken, viele Kinder, mit großen Schmerzen und großem Stolz. Und am meisten habe ich Dich dafür gehaßt, in meiner Unvernunft, daß Du mich zu einer Frau gemacht hast, die das will, und mich zu Deiner Frau allein gemacht hast, und mir dann die sehr reale und schrecklich plötzliche Möglichkeit vor Augen geführt hast, mein Leben als keusche Lehrerin verbringen zu müssen, die sublimieren wird, indem sie die Kinder anderer Mütter beeinflußt. Mehr als alles auf der Welt will ich Dir einen Sohn gebären, und ich wandere umher, erfüllt von der Finsternis meiner Flamme, wie Phädra, von welcher asketischen *pudeur*, welcher *fierté* verboten?«

In den Weihnachtsferien des Jahres 1955 reiste Plath mit Sassoon nach Südfrankreich (zu diesem Zeitpunkt begann er offensichtlich, sich von ihr zurückzuziehen), und in den Ferien im Frühjahr reiste sie nach Paris, um sich in seine Arme zu werfen. (»Ich spüre, daß ich ihn einfach nur irgendwann frühmorgens in seiner Wohnung aufsuchen muß, dastehen, stark und gefaßt, und Hallo sagen«, schreibt sie drei Wochen vor der Reise in ihr Tagebuch. Sie schreibt weiter: »Oh, ja, ich glaube immer noch, daß ich stark bin: Vielleicht schläft er mit seiner Geliebten, hat angeordnet, daß man mich nicht vorläßt, oder ist nicht da, oder schlimmer, weigert sich, mich zu sehen … «) Er ist nicht da. In ihrer Tagebucheintragung vom 26. März beschreibt Plath ihre Ankunft am Palmsonntag vor Sassoons Haus, Rue Duvivier Nr. 4, nachdem »ich meine Eröffnungsrede vorbereitet hatte«. Eine »dunkle und mißtrauische« Concierge berichtet ihr, Sassoon sei nicht zu Hause und würde erst nach Ostern zurückkehren. »Ich war bereit gewesen, ein oder zwei Tage allein durchzustehen, aber diese Nachricht traf mich bis ins Mark«, schreibt Plath und fährt fort:

»Ich setzte mich in ihr Wohnzimmer und schrieb einen zusammenhanglosen Brief, während meine heißen, salzigen Tränen auf das Papier tropften, ihr schwarzer Pudel mir immer wieder die Pfote gab und das Radio plärrte: ›Lache, auch wenn das Herz dir bricht.‹ Ich schrieb und schrieb und glaubte, er werde durch ein Wunder vielleicht durch die Tür kommen. Aber er hatte keine Adresse, keine Nachricht hinterlassen und mein Brief, in dem ich ihn bat, zurückzukommen, würde vergilbt und ungelesen liegenbleiben. Ich staunte über meine Lage. Noch nie hatte mich ein Mann verlassen, und ich weinte ihm nach ...«.

Hier endet die veröffentlichte Tagebucheintragung. Die unveröffentlichte Originaleintragung im Smith-Archiv geht weiter:

»Trocknete Tränen, streichelte Pudel und fragte nach einem Restaurant; schlenderte durch die Obststände am Champs du Mars zwischen Blumen und Scharen mit Palmwedeln (nicht wie unsere, sondern ganz grüne kleine Zweige mit Blättern) und fand eine große Brasserie ... Bestellte ein Assiette anglaise und Kaffee (der schwarz war und streng schmeckte) und las Antigone von Anouilh, den wunderbaren Teil mit dem Chor über die Tragödie. Allmählich, erstaunlicherweise, überkam mich eine Ruhe. Ein Gefühl, daß auch ich das Recht hätte, in Ruhe zu essen, mich umzusehen, umherzuschlendern und in Paris in der Sonne zu sitzen wie alle anderen; sogar mehr als die anderen. Ich fühlte mich ausgesprochen glücklich, als ich mir noch eine Tasse Kaffee mit Sahne bestellte, und sie schmeckte viel besser.«

Als die Tagebücher 1982 erschienen, wurden sie nicht geprüft. Wie *Bitter Fame* erschienen auch sie in zerzaustem Zustand, weshalb die Rezensenten Verdacht schöpften. Hughes' Eröffnung in seinem Vorwort, daß er das letzte Tagebuch zerstört habe, war der erste falsche Unterton; den zweiten brachte das Vorwort der Herausgeberin, Frances McCullough, mit Bemerkungen über Streichungen, die sie vorgenommen hatte. McCullough schrieb:

»Weil es noch sehr früh ist – im Hinblick auf das Alter der Überlebenden Plaths –, um ein solches Dokument freizugeben,

> hat man insbesondere auf die Personen Rücksicht genommen, die als Beteiligte an diesem Drama weiterleben müssen. Relativ viele häßliche Stellen fehlen – Plath hatte eine sehr scharfe Zunge und wußte sie bei fast jedem zu gebrauchen, auch bei Menschen, die sie sehr gern mochte ... insofern fehlen die besonders vernichtenden Kommentare – sie sind mit ›[Auslassung]‹ gekennzeichnet, um sie von gewöhnlichen Streichungen zu unterscheiden – außerdem gibt es noch ein paar andere Streichungen von Intimitäten, die Plaths ziemlich ausgeprägte Erotik herabsetzen.«

McCulloughs Anmerkung führte zu einem unglücklichen Ergebnis. Indem sie die Aufmerksamkeit auf etwas lenkte, was nicht da war, wurde das Vorhandene entwertet. Inzwischen herrscht der Glaube, die veröffentlichten Tagebücher seien eine Art zensierte und »zusammengestrichene« Version dessen, was Plath geschrieben hat, von Hughes verbrochen, um sich zu schützen. Aber in Wahrheit zeichnen die *Journals* ein bemerkenswert intimes Portrait von Hughes, mit einer, wenn überhaupt, eher zudringlichen Tendenz; wie bei den Briefen nach Hause sind die zugelassenen Passagen über die »Personen, die mit ihrem Leben als Beteiligte an diesem Drama fertig werden müssen«, wesentlich beeindruckender als die Auslassungen. In den Passagen, die Hughes betreffen, ist erschütternd wenig gestrichen worden: Peinliche Lobreden über seine »ungeheure Potenz« oder hier und da die Beschwerde einer Ehefrau über den Zustand seiner Fingernägel sind entfernt worden. Auch Mrs. Plath hatte Gelegenheit, die »häßlichen Bemerkungen« zu beseitigen, und auch hier ist mehr stehengeblieben, als man erwarten könnte. Die »normalen Streichungen« – die den größten Teil ausmachen – hat McCullough vorgenommen, bei dem harmlosen Versuch, aus einer Masse von Schriften ungleicher Qualität ein lesbares Buch zu machen. Durch ihre Streichungen sollte die Erzählung an Plaths Lebensweg entlangführen. Bei dieser Aufgabe wurde sie von Plath selbst unterstützt, denn Plath schrieb über sich selbst und die Menschen, mit denen sie zu tun hatte, als ob sie Figuren eines Romans seien. Die *Journals* lesen sich wie ein in Rage geschriebener Entwurf eines *Bildungsromans* (dtsch. i. O.; Anm. d. Ü.), in den die Schreiberin alles einfließen läßt, in der Gewissheit, daß später noch Zeit zur Revision, Streichung und Umstellung ist. Plath schreibt über Menschen mit dem präzisen Blick einer Romanschriftstellerin, und daher rührt die aufdringlich intime Atmosphäre der *Journals*. Wir »kennen« Hughes und Sassoon und Dick Norton und Aurelia und Plath selbst so gut, wie wir die Figuren in einem Roman »kennen«, und das bedeutet, intimer und gründlicher als irgend jemand anderen, außer unseren allerengsten Freunden. Da die Annas und Wronskis und Holden Caulfields und Humbert Humberts nur auf den Seiten eines Romans existieren, stört uns unser Voyeurismus nicht und nicht die peinliche Fülle persönlicher Informationen, die wir über sie erhalten. Bei Figuren wie Hughes und Sassoon und Norton und Aurelia, deren Gegenspieler wirklich existieren, verlieren wir unsere bequeme Allwissenheit: wir haben das Gefühl, wir sollten nicht hinsehen – wir spüren die gleiche Erregung, wenn wir unserem Therapeuten auf der Straße begegnen. Der Therapeut »gehört nicht hierher« – er sollte in seinem Untersuchungszimmer bleiben –, auch die Figuren in Plaths Tagebüchern wirken irgendwie deplaziert. Die Figur eines Ted Hughes bereitet uns die meisten Probleme, da sein Gegenspieler im wirklichen Leben so berühmt ist – er begegnet uns immer wieder in Briefen an Zeitungen, in seinen Werken, in publizierten Rezensionen seiner Werke, in seinen Aktivitäten als Verwalter von Plaths literarischem Nachlaß. Bei Sassoon liegen die Dinge einfacher; indem er freundlicherweise aus dem wirklichen Leben verschwunden ist, hat er uns erlaubt, sein literarisches Gegenüber ungestört zu genießen. Aurelia ihrerseits läßt ahnen, daß irgendwann die Spuren aller »realen« Personen in der »Fiktion« des Lebens von Plath verschwinden werden; sie ist über achtzig und krank.

Plaths Eintragung über ihre Ferien in Frankreich liefert eines der vitalsten Momente der Tagebücher und ist von McCullough nur wenig gekürzt worden. Daß sie die *Brasserie*-Passage gestrichen hat, halte ich für einen Fehler. Plaths Beschreibung, wie, nachdem sie Sassoons Haus verlassen hat, sie langsam ruhig wird, und die Einsicht, daß auch sie sich den angenehmen Seiten von Paris zuwenden darf, beschwört auf wunderbare Weise die Labilität von Gefühlen herauf, die man gern der Jugend zuschreibt (obwohl nicht nur in der Jugend – man erinnere sich an Prousts Anekdote über Swanns Vater, der das Totenzimmer seiner geliebten Frau in Tränen verläßt und sich dann ertappt, wie er die Schönheit des Tages und die Freude, am Leben zu sein, lauthals preist). Die beiden Kaffees, der erste schwarz und bitter und der zweite durch Sahne verwandelt, unterstreichen diesen Aspekt. Trotzdem kann ich verstehen, daß McCullough unbedingt mit der Geschichte weiterkommen wollte, die Plath selbst mit stürmischer Ungeduld erzählt, als sei Eile geboten, um die Deadline nicht zu verpassen.

Die Geschichte, wie sie in den Eintragungen vom 26. März bis 5. April erzählt wird, ist eine Meditation Plaths über ihr Schicksal als Frau. Allein in Paris zurückgelassen, gerät sie in eine Krise; sie hat das Gefühl, an einem Wendepunkt ihrer Männerbeziehungen angekommen zu sein. Während sie über die neuen Männer schreibt, die ihr in Paris begegnen (ein italienischer Journalist namens Giovanni, den sie in der Nacht ihrer Ankunft auf der Straße aufliest und der ihr die Olivetti leiht, mit der sie das Tagebuch tippt; ein Oxford-Mann namens Tony, mit dem sie ins Bett geht, der aber im entscheidenden Moment kalte Füße bekommt) und über Männer, die sie kennt und die zufällig zur selben Zeit in Paris sind (Gary Haupt aus Cambridge und Gordon Lameyer aus Amerika, beide gutaussehend und schwerfällig), und über die abwesenden, Richard und Ted, arbeitet sie sich in eine Art Fieber zwischen Sehnsucht und Furcht, Trotz und Scham, Entschlossenheit und Wankelmut. Hughes ist inzwischen (ziemlich wacklig) in Plaths Leben installiert. Einige Wochen nach der *St. Botolph's*-Party, wie wir aus den Tagebüchern erfahren, kehrte er nach Cambridge zurück und warf spät in der Nacht zusammen mit einem Freund aus Cambridge Steine an ein Fenster, von dem sie dachten, es gehöre zu ihrem Zimmer; Hughes kehrte nach London zurück, ohne sie gesehen zu haben, aber der Freund, Lucas Myers, lud sie zum Abendessen ein und schlug ihr dann vor, ihn und Hughes auf ihrem Weg nach Paris in London zu besuchen. Sie tat dies auch und verbrachte die Nacht mit Hughes, was sie inzwischen ärgerte. »Er weiß nicht, wie ich hier vorbeistürmen und lieb und klug sein könnte, denn jetzt war ich für ihn zu leicht und zu schnell zu haben, und es wird ihn nicht mehr interessieren«, schreibt sie auf Giovannis Olivetti. In Cambridge hat sie ihre zeitlose Liebe für den winzigen Sassoon nicht davon abgehalten, sich nach einem Funken Aufmerksamkeit vom großartigen Hughes zu sehnen: »Bitte laß ihn kommen«, betete sie in ihrem Tagebuch, vier Tage, nachdem sie Sassoon geschrieben hatte, daß sie ihm einen Sohn gebären wolle. »Laß ihn mich für diesen englischen Frühling haben. Bitte, bitte [...] Bitte laß ihn kommen und gib mir die Beweglichkeit und den Mumm, ihm Achtung vor mir einzuflößen, sein Interesse zu wecken, damit ich mich nicht mit lautem oder hysterischem Geschrei auf ihn werfe; ruhig, sanft, lokker, Baby [...] Oh, er ist hier; mein schwarzer Schänder: oh, hungrig, hungrig. Ich hungere so sehr nach einer großen, vernichtenden, erschaffenden, erblühenden, lasternden Liebe.«

Wir wissen, daß sie Hughes für ihren englischen Frühling und danach bekommen hat; aber Plath weiß das nicht, während sie schreibend in Paris sitzt; sie weiß nur, daß sich ihre Ferienwochen wie ein ganzes Leben vor ihr ausbreiten (sie kann nicht in ihr Zimmer in Cambridge zurückkehren, weil es in den Ferien geschlossen ist), und keiner der beiden Männer, die sie will (zu diesem Zeitpunkt sind Ted und Richard fast austauschbare Objekte der Begierde), will sie. Also bleibt ihr nichts anderes übrig, als für den Rest ihrer Ferien mit dem farblosen Gordon Lameyer durch Europa zu reisen. »Ich wäre lieber allein mit meiner Schreibmaschine als mit Gordon«, schreibt sie, »und sein dummes, stammelndes Französisch und die Unfähigkeit, sich hier verständlich zu machen, seinen offensichtlichen Mangel an Harmonie, an der Fähigkeit, Stimmungen intuitiv zu erfassen, finde ich entsetzlich.« Aber was soll eine Frau tun? Wie in einer Vorahnung feministischen Bewußtseins hält Plath inne, um sich zu fragen: »Ist es die Angst vor Mängeln, die meine Alternativen so tödlich erscheinen lassen? Eine klägliche Abhängigkeit, weshalb ich mich ihrem Schutz und ihrer Fürsorge und ihrer Güte an den Hals werfe?« Zusammenhanglos fährt sie fort, über die Männer, die jetzt ihre »Alternativen« sind. Sassoon, obwohl unerreichbar, verfolgt sie auch weiterhin mit seinem »dunklen Bild« –

und mißfällt ihr wegen seiner Winzigkeit. Sie vergleicht seinen »schwachen, untrainierten Körper« und seinen »Geschmack für Schnecken und Wein« mit der »Orangensaft-und-Brathähnchen-Körperlichkeit« und »Steak mit Kartoffeln ohne jede Würze« von Gary und Gordon. (Der riesige Hughes hat sich in ihrer Vorstellung noch nicht genug festgesetzt, um Sassoons Bild zu durchkreuzen.) Sie erwägt, an Hughes in London zu telegraphieren und zu fragen, ob sie bei ihm in seiner Wohnung bleiben kann, bis ihr Wohnheim wieder öffnet, aber der Gedanke an Hughes' unkonventionelle Freunde, die in seiner Wohnung ein und aus gehen, hindert sie daran. Einer von ihnen war offenbar ins Zimmer gekommen, als sie mit Hughes im Bett lag. Wenn sie über ihr Schulmädchen-Dilemma schreibt und was sie mit dem Rest ihrer Ferien machen solle, benutzt Plath Formulierungen wie: »Ja, alle Zeichen deuten auf Abreise«, »und jetzt kreisen die Alternativen in einem gefährlichen Tanz«, »dies ist ein historischer Moment, alles fügt sich zusammen und reizt mich, Paris zu verlassen«. Die Pariser Tagebücher – wie alle ihre Tagebücher – zeigen eine Art Gerüst ihrer romantischen Bilder, die sie bei der Arbeit benutzt.

Plaths erbarmungslos humorlose Vision von sich selbst als Heldin eines großen Dramas verleiht ihrem Tagebuch Schwung und Glanz, wie er in den Tagebüchern zurückhaltender, selbstverächternder Klassiker (in Unterscheidung zu denen der Romantiker) fehlt. Wir alle erfinden uns selbst, aber der eine ist mehr, der andere weniger von seiner Interessantheit überzeugt. Wahrscheinlich spürte Plath die fröstelnde Leere mit einer derart zermürbenden Intensität, und deshalb mußte sie so viele Schichten erhitzter Selbstbesessenheit zwischen sich und der Außenwelt aufbauen. Stevenson beginnt *Bitter Fame* mit einem Ereignis aus Plaths Jugend, einer Anekdote über ein Gedicht mit dem Titel »Ich dachte, daß ich unverletzbar sei«, das Plath im Alter von vierzehn Jahren geschrieben hatte, über eine furchtbare Verletzung und Schmerz, den ihr die Großmutter zugefügt hatte, indem sie eines ihrer Pastellbilder verschmierte. Bereits mit vierzehn wußte Plath, daß sie sich über alle Maßen bemühen mußte, wenn sie nicht Gefahr laufen wollte, sich gar nicht zu bemühen. Dieses Wissen formuliert sie in einem Brief an Sassoon vom 11.

Dezember 1955: »Wenn wir feststellen, daß wir alles wollen, liegt das vielleicht daran, daß wir in großer Gefahr schweben, nichts zu wollen.« Die *Ariel*-Gedichte zeichnen den kurzen Weg zwischen der Gefahr, nichts zu wollen, und dem tatsächlichen Nichts–wollen. In den letzten Gedichten, im furchtbaren Winter ihres Todes geschrieben, legt Plath, wie ein fiebernder Patient, der seine Decke von sich schleudert, die zerfetzte Hülle ihrer Wut ab und wartet geduldig, daß die kalte Bedürfnislosigkeit sie mit ihrer tödlichen Wärme umgibt. Die Tagebücher und die Briefe sind das Zeugnis von Plaths Kampf gegen klinische und (falls man das eine vom anderen trennen kann) existentielle Depression, mit verschiedenen manischen Abwehrmaßnahmen, die ihre romantische Imagination bietet.

VIER

In ihrem eigenen Haus war Anne Stevenson ein anderer Mensch als im University Women's Club. Sie hörte sich anders an – ihre Sprache klang weniger akzentuiert und britisch, sie redete langsamer, ruhiger, ungezwungener – und sah anders aus: im karierten Rock mit einem roten Pullover kehrte ein Teil des Übermuts zurück, an den ich mich von meiner flüchtigen Begegnung in Michigan erinnerte. Im University Women's Club wirkte sie deprimiert und in sich zusammengesunken; zu Hause war sie immer in Bewegung – sprang auf, um eine Teetasse nachzufüllen, schoß die Treppe hinauf, um ein Dokument zu holen, wirbelte in der Küche umher, um das Abendessen vorzubereiten, zu dem sie mich eingeladen hatte. Sie war eine rührend bemühte Gastgeberin. Das Haus – zwei winzige Cottages, die zu einem zweistöckigen Haus zusammengefaßt worden waren – bestand aus einem Labyrinth kleiner Zimmer. Und immer wenn ich ein Zimmer betrat und dachte, das kenn' ich schon, mußte ich das Gegenteil feststellen. Es gab mindestens zwei Salons mit Kamin und Büchern und Bildern und Sofas, von jedem hatte man den Eindruck, es sei *der* Salon. Zwischen den Zimmern gab es undefinierbare Flure, in denen Futternäpfe für Hunde und Katzen und andere eindeutige Gebrauchsgegenstände (wie eine Waschmaschine und ein Trockner) untergekommen waren. Die Salons waren gemütlich, einladend, etwas schäbig, in denen Bücher den Ehrenplatz einnahmen. Die Katze und der Hund – zwei ruhige, freundliche Tiere – schliefen einvernehmlich am Kamin des Zimmers, in dem wir saßen, Anne in einem Schaukelstuhl und ich auf einem Sofa. Auf mein Geheiß richtete sie ihre Gedanken auf das immer noch schmerzhafte Thema, ihre Zusammenarbeit mit Olwyn an *Bitter Fame* und was sie selbst zu dem Debakel beigetragen, wo sie Fehler gemacht hatte. Bezeichnenderweise landete sie bei einem »anderen Mann«, der ihr vielleicht aus der Klemme geholfen hätte. »Heute denke ich, ich hätte mich mit Alvarez treffen sollen«, sagte sie. »Ich hätte zu Olwyn sagen sollen: ›Ich will mit Alvarez reden und wissen, was er davon hält.‹ Er ist nicht dumm. Er ist der einzige von der anderen Seite, den ich respektiere. Und wenn ich offen mit ihm über Olwyn geredet hätte, hätte er vielleicht gesagt: ›Kein Wunder. Olwyn ist immer so. Sie bringt jeden zum Weinen.‹ Aber ich habe nicht mit ihm geredet und die Nächte durchgeheult. Ich habe mich nicht getraut, ich fühlte mich in die Enge getrieben. Weil Olwyn so sicher war, daß ich dumm bin und nichts begriff.« Anne schenkte mir noch eine Tasse Tee ein. Dann redete sie von einem anderen »anderen Mann«. »Ich habe immer gehofft, Ted würde mit mir zusammenarbeiten. Aber nachdem er mir diesen langen Brief geschrieben hatte, wollte er für das Buch nichts weiter tun. Ich habe ihm mehrmals geschrieben und mit ihm telephoniert. Aber Olwyn hat ihn sehr sorgsam bewacht.«

»Also haben Sie sich nie allein mit ihm getroffen?«

»Ich habe ihn überhaupt nie getroffen.«

»Glauben Sie, daß Olwyn nur ausführt, was Ted ihr sagt?«

»Sie meinen, daß er den Guten und sie die Böse spielt? Das ist die Theorie von Peter Davison, aber ich bin mir nicht sicher. Ich glaube, Ted ist ein passiver Typ. Er ist ein sehr schüchterner Mann, der sich mit Männern wohler fühlt als mit Frauen. Bei Ted muß man sich immer vor Augen führen, daß er noch immer ein aufregend attraktiver Mann ist, dem sich die Frauen an den Hals werfen. Ted kann nicht immer nein sagen. Ich bin ziemlich sicher, daß er in der Zeit seiner Ehe mit Sylvia – bis Assia auftauchte – Sylvia immer treu war. Aber deshalb sind ihm die Frauen trotzdem immer nachgelaufen. Insofern hatte Sylvia schon einen Grund – wahrscheinlich mehr als ich in *Bitter Fame* zugelassen hatte –, eifersüchtig zu sein.«

Anne erzählte mir anschließend von Assia Wevills tragischem Tod. Wevill war eine außergewöhnliche Schönheit mit großer sexueller Anziehungskraft gewesen, die die Trennung von Plath und Hughes beschleunigt hatte. 1967 bekam sie ein Kind von Hughes, ein Mädchen namens Shura, und hat sich 1969 ebenfalls vergast, eine bizarre Geste der Imitation mit einer neuen Variante, sie hat ihr Kind mitvergast. Wie sehr Hughes gelitten hat, kann man sich (oder eher nicht) vorstellen. Die Geschichte über Assia Wevills Selbstmord taucht in *Bitter Fame* nicht auf. (Zum Zeitpunkt unseres Gespräches war die englische Presse bereits informiert, die Geschichte sollte bald in den Biographien von Ronald Hayman und Paul Alexander weiterverbreitet werden.) »Ich habe seit Jahren von Assias Selbstmord gewußt«, fuhr Anne fort. »Alle Dichter wußten es – aber aus Mitgefühl für Ted hat niemand darüber gesprochen. Ted hat nicht verlangt, daß die Leute darüber schweigen sollten, aber er hat mich gebeten, über Assia so wenig wie möglich zu schreiben, und ich habe mich daran gehalten. Ich habe nicht im Traum daran gedacht, mich Ted zu widersetzen. Er ist kein Tyrann. Er besitzt Autorität. Wenn er sagt, ›bitte nicht‹, dann hält man sich daran. Er sagt immer ›bitte‹. Die ersten zehn Jahre nach Sylvias Tod waren die Hölle für Ted. Er hat mir unendlich leid getan, und natürlich wollte ich nicht nach Dreck suchen, um ihn damit zu bewerfen. Aber Ted muß auch eine dunkle Seite haben. Lesen Sie *Krähe* und *Gaudete* – dort finden Sie den Schlüssel zu seinen Gefühlen. Besonders in *Gaudete*. Frauen sind dämonische Geister in diesem Gedicht. Wie Phädra bei Racine. Er hatte das Gefühl, aufgefressen zu werden. Ted befand sich zehn Jahre lang in der Wildnis. Ich glaube, er war in dieser Zeit irgendwie wahnsinnig. Heute ist er natürlich nicht wahnsinnig. Ich bin heute keine Alkoholikerin.«

Der kurze Winternachmittag ging zu Ende, und ich folgte Anne in die Küche, um ihr beim Kochen zu helfen. Anne hatte bereits mit den Vorbereitungen für eine Lasagne angefangen; den Käse gerieben, die Champignons geschnitten, nur die einzelnen Teile mußten noch zusammengefügt werden. Wir arbeiteten gemeinsam und redeten weiter. Plötzlich, mit etwas niedergeschlagener Stimme, fragte mich Anne, ob es mir etwas ausmachen würde, ins andere Zimmer zu gehen und zu lesen. Sie müsse allein sein, um sich auf das Kochen zu konzentrieren. Sie könne nicht gleichzeitig reden und kochen.

Ich sagte: »Natürlich nicht«, und zog mich zurück. Im Salon neben der Küche blätterte ich durch einen Stapel Briefe, die Anne für mich zusammengestellt hatte. Die meisten Briefe waren von Anne und Olwyn, aber es gab auch ein paar von Peter Davison, von Annes Ehemann, Peter Lucas, und von Ted Hughes. Die Briefe von Ted Hughes zogen mich automatisch an, als ob der aufregend attraktive Mann selbst vor mir stünde. Als die eng beschriebenen, mit durchgeixten, handschriftlichen Korrekturen versehenen Schreibmaschinenseiten vor mir lagen, überkamen mich nostalgische Gefühle. Die dicht bekritzelten und unbekümmert unordentlichen Seiten erinnerten mich an die Briefe, die wir uns in den fünfziger und sechziger Jahren auf unseren manuellen Olivettis und Coronas schrieben, ganz anders als die marmorkalten und glatten Briefe, die sich junge Leute heutzutage auf ihren Macintoshs oder IBMs schreiben. Als ich den Brief las, in dem Hughes auf die Kapitel ihrer kurzen Biographie antwortete, die sie ihm geschickt hatte, verwandelte sich mein Gefühl der Identifikation mit seiner Maschinenschrift in tiefe Sympathie und Zuneigung. Andere Briefe von Hughes, die mir in die Hand fielen, hatten den gleichen Effekt, und ich nehme an, auf andere auch; viele haben mir ehrfürchtig von Hughes' Briefen erzählt. Eines Tages, wenn man diese Briefe veröffentlicht, werden sich die Kritiker mit der Frage abmühen, was ihnen diese Macht verleiht, was das Geheimnis ihrer zwingenden Faszination ist.

Anne hatte die Lasagne in den Ofen geschoben. Sie setzte sich wieder zu mir und kehrte wieder zu ihrer Auseinandersetzung mit Olwyn zurück. »Anfangs mochte ich Olwyn«, sagte sie. »Ich mochte sie, bis sie begann, mich wie einen aufsässigen Erstkläßler zu behandeln: ›Warum hast du die Hausaufgaben nicht gemacht, die ich dir aufgegeben habe?‹ Ich habe keinen besonders starken Charakter. Aber ich kann sehr, sehr widerspenstig werden, wenn man mich bei etwas herumkommandiert, von dem ich denke, daß ich es allein kann. Als ich aus Indiana zurückkehrte, sagte ich: ›Olwyn, sieh mal, ich bin dir wirklich dankbar, aber jetzt will ich allein arbeiten.‹ Für sie war das ein Affront. Sie fühlte sich vor den Kopf gestoßen, als dieses nette, höfliche Mädchen, mit dem sie einmal pro Woche essen ging, das immer so zugänglich gewesen war und ihr zu Füßen gelegen hatte, plötzlich aufsässig wurde. Mein Mann hatte mich gewarnt: ›Wenn du dich jetzt von ihr zu trennen versucht, wird sie dich nicht freigeben.‹ Er hatte recht. Ich war in die Falle gegangen. Es gab keinen Ausweg. *Bitter Fame* wäre ein außerordentlich gutes Buch geworden, wenn ich es fertiggebracht hätte, meinen eigenen Weg einzuschlagen. Es war sehr schmerzhaft, bei jedem Satz kritisiert zu werden. Ich weiß wirklich nicht, warum ich das Buch veröffentlicht habe. Mein Mann meint, ich hätte es nicht tun sollen.« Nach einer Pause fragte sie mich: »Was meinen Sie? Hätte ich es veröffentlichen sollen?«

Ich wußte nicht, was ich sagen sollte. Schließlich erklärte ich, daß es mir gefallen habe und daß sie es natürlich hätte veröffentlichen sollen. Aber ich fügte hinzu, daß ich die Bedingungen, unter denen es entstanden sei, unerträglich fände und daß nur wenige Schriftsteller dazu in der Lage gewesen wären, damit fertigzuwerden.

Anne sagte schnell: »Ich wurde nicht damit fertig. Aber ich konnte mich auch nicht dazu durchringen, die Arbeit von vier Jahren auf den Müll zu werfen. Ich hatte kein Geld, und ich hätte meinen Vorschuß nie zurückzahlen können.«

Peter Lucas kam nach Hause und gesellte sich zu uns. Er kennt sich mit dem Thema *Bitter Fame* aus, zumal er in den harten Jahren des Buches mit Anne zusammengelebt hat, und er hatte sich sogar mehrmals mit Briefen an Olwyn und Peter Davison eingeschaltet. Er wirkt wie ein Bär, ein bärtiger, grauhaariger, jung und nett aussehender Mann mit dem führenden Intellekt eines Anwaltes, der die Rolle des verständnisvollen Beschützers von Annes nervöser Künstlernatur spielt. Sie sind ein liebevolles Paar und gehen sehr zärtlich miteinander um. (Anne und Peter hatten sich zwanzig Jahre früher kennengelernt und ineinander verliebt, waren damals aber nicht zusammengekommen.) Er holte Wein, und er und ich saßen am Küchentisch, während Anne umherging, um ihre Vorbereitungen für das Abendessen zu beenden. Sie öffnete die Kühlschranktür und stieß einen Seufzer aus. »Ich habe vergessen, die weiße Soße über die Lasagne zu gießen«, sagte sie entsetzt. Der Fehler ließ sich nicht mehr ausbügeln, die Lasagne würde ohne Soße weiterbacken müssen. Als wir sie eine halbe Stunde später aßen, schmeckte sie gut, aber Anne war nicht zufrieden und entschuldigte sich wiederholt. Wie bei der Veröffentlichung von *Bitter Fame* blieb ihr nichts anderes übrig, als die Lasagne so zu servieren, wie sie war, aber sie hielt sie für das unvollkommene Ergebnis eines Kompromisses. Ich konnte ihre Qual nachvollziehen und fühlte mit ihr.

FÜNF

Als ich Anne am nächsten Tag wieder aufsuchte, hatte sie sich von der verkrampften, unscheinbaren Matrone aus dem University Women's Club noch weiter entfernt. Sie hatte eine sanfte, ruhige Ausstrahlung, und sie trug eine schicke Tweedhose mit einem ungewöhnlich bestickten Jackett. Mit ihrem glänzenden blonden Haar und ihren blauen Virginia-Woolf-Augen (die Brille war ohne Erklärung verschwunden) wirkte sie wie die Personifizierung der zeitlos schönen Künstlerin. Beim Lunch schwelgten wir in Erinnerungen an unsere Tage in Michigan und dachten wehmütig an die Situation amerikanischer Mädchen mit Collegeabschluß in den fünfziger Jahren. In der *Glasglocke* gibt es ein Zitat von Esther Greenwood, ein Leckerbissen für lesewütige Frauen meiner Generation:

> Meine Mutter sagte immer wieder, niemand würde mich nur mit Hauptfach Englisch nehmen. Aber eine Englischabsolventin, die Kurzschrift konnte, war schon etwas anderes. Von allen Seiten würde ich Angebote bekommen. Ich würde bei den aufsteigenden jungen Männern gefragt sein und einen aufregenden Brief nach dem anderen diktiert bekommen.

Die Schwierigkeit war nur, ich haßte die Vorstellung, Männern irgendwie zu dienen. Ich wollte meine eigenen aufregenden Briefe diktieren.

Anne löste ihr Problem mit dem Englischabschluß, ohne Kurzschrift, indem sie nach England ging. »Ich war sehr anglophil«, sagte sie. »Ich hatte Jane Austen und Charles Dickens und Henry James gelesen und ging davon aus, daß England das Land war, in dem ich schon immer hatte leben wollen. Ich fand Amerika schrecklich primitiv. All die Jungs mit dem Einheitsschnitt, mit denen ich ausgehen mußte, fand ich entsetzlich.« Aber es stellte sich heraus, daß England ein ganz anderes Land war. Anne vertrat die Theorie, daß Plath weder darauf vorbereitet, noch dazu geschaffen war, mit der englischen Dichtergesellschaft Schritt zu halten. »Die unkonventionelle Welt der englischen Dichter stand in krassem Gegensatz zu Sylvias sauberem Puritanismus – wie auch zu meinem eigenen«, sagte sie. »In diesen Kreisen war es ziemlich egal, mit wem man gerade ins Bett ging. Sylvia und ich glaubten, damit umgehen zu können und konnten es natürlich nicht. Und Sylvia kam auch nicht damit zurecht, daß Ted sich wie ein englischer Dichter benahm. Es war ihr immer unangenehm. Es gab hier eine Art Jamesische Moral. Wir waren beide keine geborenen Bohemiens, aber ich glaube, daß ich mir mehr Mühe gegeben habe, es zu werden.« Und Anne fuhr fort mit rührender Offenheit über die Schwierigkeiten, die sie mit ihrem eigenen literarischen Reifungsprozeß hatte, zu sprechen. »Ich glaube, ich habe Ihnen erzählt, daß ich viel getrunken habe, was Frauen häufig taten. Ich konnte keinen Abend ohne reichlich Alkohol überstehen. Ich mußte mich davon losreißen. Ich glaube, Sylvia hat sich auf den Selbstmord gestürzt wie ich auf den Alkohol. Man konnte nicht damit aufhören. Ich habe oft gedacht, was wäre passiert, wenn ich anstelle zum Whiskey, zum Gashahn gegriffen hätte? Fast alle Schriftsteller, die ich kenne, haben schwere Depressionen.«

»Sie sind ein Teil der Arbeit.«

»Genau. Man weiß, daß man sich selbst nicht verwirklicht, man weiß, daß man sich selbst im Stich läßt. Als Künstler übernimmt man sich selbst gegenüber eine gewisse Verantwortung. Die Kritikerwelt will uns diese Verantwortung nehmen. Viele Kritiker – vielleicht weil sie selbst gescheiterte Künstler sind – können sich nichts Schöneres vorstellen, als solche Schriftsteller abzuschießen, die authentische Künstler *sind*. Und wenn man eine schwere Zeit durchmacht, um diese Kunst hervorzubringen, kann der Schmerz zu einer unerträglichen Belastung werden – die sich dann im Alkoholismus oder in Depressionen oder in beidem äußert. Das ist ein sehr schmerzhafter Prozeß. Ich habe nie an Selbstmord gedacht, aber in meinem Leben gab es viele Jahre, in denen ich am liebsten tot gewesen wäre – Jahre, in denen ich zumindest glaubte, der beste Teil von mir *sei* tot.«

»Wann war das?«

»Zu verschiedenen Zeiten. Einmal am Ende meiner ersten Ehe. Es war ziemlich klar, daß ich eine unmögliche Ehefrau für einen Geschäftsmann war und daß ich in den Kreisen, die mein Mann für wichtig hielt, nie zurechtkommen würde. Ich mußte eine Menge Energie aufbringen, um zu sagen, daß wir uns scheiden lassen sollten. Keiner von uns hatte einen anderen Partner. Danach habe ich Affairen mit Dichtern vorgezogen. Es mußte mich jemand nur für eine gute Dichterin halten und meinen, meine Sachen könnten veröffentlicht werden, und ich sei auf dem Weg nach oben. Ganz egal, wer glaubte, ich würde Bedeutendes schreiben – ich liebte ihn und ging mit ihm auf und davon. Ich denke, Sylvia hätte Ted verlassen, wenn jemand des Wegs gekommen wäre, von dem sie glaubte, er sei besser für ihre Lyrik als Ted. Ich weiß das, weil ich meinen Mann verlassen habe, um mit Philip Hobsbaum zusammenzuleben, als ich an *Correspondences* schrieb. Philip war Dichter. Er war für mich außerordentlich hilfreich. Ich brauchte jemanden, mit dem ich Tag und Nacht über Lyrik reden konnte. Das Buch zu schreiben war etwas viel Größeres für mich als meine Familie.« In ihrer Autobiographie hatte Anne geschrieben:

> »In jenem Winter ließ ich Mark und die beiden Jungs in der Obhut der Haushälterin und zog mit Philip Hobsbaum zusammen. Philip engagierte sich in diesen Tagen für die Glasgower Dichter, was er in früheren Zeiten für junge irische Dichter in

Belfast getan hatte. Seamus Heany war zum Beispiel eine seiner Entdeckungen. Wie Mark mochte Philip Kinder, und unsere Lebensgewohnheiten waren zwar unkonventionell, aber nicht unzivilisiert. Als Mark in die Stadt zog, in unsere Nähe, ging ich meist mit den Kindern Mittagessen; auch verbrachten Philipp und ich gerne die Wochenenden mit ihnen.«

Jetzt sagte Anne: »Eine derartige Vereinbarung war in den Siebzigern nicht ungewöhnlich; viele Leute verließen ihre Ehemänner oder -Frauen, um mit jemand anderem zusammenzuleben, und alle benahmen sich sehr vernünftig. Ich glaube, wir waren der Meinung, daß ein erwachsener Mensch zusammenleben konnte, mit wem er wollte, aber immer noch für die Kinder verantwortlich war. Ich glaube, wir hatten eine ziemlich verrückte Vorstellung davon, was ein menschliches Wesen alles aushalten kann. Wenn ich jetzt darauf zurückblicke, muß ich sagen, bin ich ziemlich entsetzt. Es war keine glückliche Zeit. Aber ich habe *Correspondences* fertiggeschrieben.« Anne erzählt weiter, daß sie sehr verletzt war, als *Correspondences* so teilnahmslos aufgenommen wurde. »Es erschien zur gleichen Zeit wie Teds *Krähe. Krähe* war sehr erfolgreich, und niemand kümmerte sich um *Correspondences*.« Der niedergeschlagene Ton hatte sich in ihre Stimme geschlichen.

Peter Lucas, der sich taktvoll zurückgezogen hatte, damit Anne und ich uns allein unterhalten konnten, kam zurück, und er und Anne fuhren mich zum Bahnhof. Er beteiligte sich an unserem abschließenden Gespräch über *Bitter Fame* – wieder auf eine grimmig-wissende Art, wie einer, der (gerade noch) die Katastrophe überlebt hat. Als wir uns verabschiedeten, fühlte ich plötzlich Zuneigung und Mitgefühl für dieses freundliche und rätliche Paar, das irgendwie in einen Alptraum geschlittert war. Trotzdem war ich mir der zornigen und unausgesprochenen Frage bewußt: Warum mußte sich Anne, die wie ihre Namensvetterin in *Überredungskunst* letztendlich mit ihrem Wentworth wieder vereint war, mit Olwyn einlassen, mit noch einem anderen »anderen Mann«?

Im Zug zurück nach London packte ich den Stapel Briefe aus, den Anne mir gegeben hatte, und las die Korrespondenz zwischen Anne und Olwyn aus den Jahren 1986 bis 1989. Ich las mit gespannter Faszination. Ich wurde in die Auseinandersetzung eines Liebespaares eingelassen. Die Briefe waren voller Vorwürfe, Gegenvorwürfe, Verärgerungen, Anklagen, Drohungen, Angriffe, Anzeichen von Mitleid, Wut, Getroffensein, Einverständnis, verletztem Stolz. Menschen, die einander unter die Haut gegangen waren, hatten das ganze Repertoire schlechter Gefühle aufgeboten und sich gegenseitig mit dem faulen Wasser eimerweise überschüttet. Die Briefe waren peinlich realistisch. Sie führten die Geschichte, die Anne und Olwyn mir erzählt hatten, zu ihrem emotionalen Ursprung zurück. Ich fühlte mich wie die Siegerin eines großen Preises – eines Preises, den zu bekommen der Erzähler von *Asperns Nachlaß* weit gehen mußte. Briefe sind ein großartiges Fixativ für Erfahrungen. Die Zeit wäscht Gefühle aus. Die Zeit bringt Gleichgültigkeit hervor. Briefe belegen uns, daß wir irgendwann betroffen waren. Sie sind die Fossilien der Gefühle. Deshalb schätzen Biographen sie so sehr; in Biographien sind sie die einzige Verbindung zur unmittelbaren Erfahrung. Ansonsten ist alles, was der Biograph berührt, veraltet, verpfuscht, erzählt und wieder erzählt, dubios, unauthentisch, suspekt. Erst wenn er Briefe seines Subjekts liest, fühlt der Biograph, daß er nun endgültig in dessen Leben eingedrungen ist, und nur, wenn er aus diesen Briefen zitiert, kann er seinen Lesern dasselbe Gefühl vermitteln. Und noch etwas kommt hinzu: dieses Wissen um eine Grenzüberschreitung, wenn wir Briefe lesen, die nicht für unser Auge bestimmt waren. Der Biograph erlaubt dem Leser, mit ihm Voyeur zu sein, gemeinsam belauschen sie, gemeinsam plündern sie Schubladen und nehmen mit, was ihnen nicht gehört. Das mag nicht immer angenehm sein. Wenn wir schnüffeln, fühlen wir uns etwas beunruhigt und unbehaglich: Man möchte nicht, daß es einem selbst passiert. Wenn wir tot sind, möchten wir nach unseren eigenen Vorgaben erinnert werden, nicht so, daß jemand unsere intimsten, unbedachten, peinlichen Briefe in Händen hält und vorschlägt, sie der Welt laut vorzulesen.

Der Konflikt zwischen dem Reiz, den man als Leser für anderer Leute Geheimnisse empfindet, und der Furcht, die man als Privatperson vor Veröffentlichung eigener Geheimnisse hat, wurde 1986 in einem Prozeß des Schriftstellers J. D. Salinger gegen Ian Hamilton auf die Spitze getrieben. Hamilton hatte ein dünnes Buch über Salinger geschrieben – ohne jegliche Zusammenarbeit mit Salinger und gegen seinen Wunsch. Sein ursprünglicher Plan, schreibt er darin, war gewesen, über einen Gewaltakt zu schreiben, »eine Art ›Suche nach Corvo‹ mit Salinger als Fundgrube ... Dahinter stand die Idee – unter anderem –, herauszufinden, was passiert, wenn man orthodoxe biographische Ideen einer Person andichtet, die ihnen aktiv widerspricht und ihnen sogar zuvorzukommen versucht. Das Ergebnis wäre eine Biographie, aber auch eine Semi-Parodie, in der der Biograph die, manchmal komische, Hauptrolle spielt.« Aber die Sache hatte sich nicht so amüsant entwickelt, wie Hamilton gehofft hatte. Salinger hatte Hamilton den Gefallen getan, nicht auf seinen Brief über dieses Buch zu antworten (»die fehlende Antwort war eine essentielle Voraussetzung für meine Idee«), und sogar in einem Protestbrief Hamilton dringend gebeten, ihn in Ruhe zu lassen, als er herausfand, daß Hamilton an Familienmitglieder schrieb. Aber nachdem das erledigt war, ist Salinger selbst von der Bildfläche verschwunden. Und schlimmer noch, als Hamilton mit seinen Nachforschungen über Salingers Kindheit und Jugend fortfuhr, wurde ihm seine Rolle als komischer Biograph unter den Füßen weggezogen. Seine Pläne wurden keineswegs durchkreuzt, er häufte reichlich Informationen über sein Subjekt an. Obwohl Salinger über fünfundzwanzig Jahre wie ein Einsiedler gelebt hatte, war er bis Mitte der sechziger Jahre unter Menschen gewesen und hatte die üblichen Spuren hinterlassen. Insofern tauchten im Lauf der Zeit Freunde, Kollegen, Lehrer und andere auf, die bereit und teilweise sogar wild darauf waren, mit Hamilton zu reden. Dann tauchten Briefe von Salinger in Bibliotheken, Archiven und auf Verlegerschreibtischen auf.

Inzwischen hatte sich das selbstreflexive Muster aufgelöst, und eine ganz normale, wenn auch knappe und lückenhafte Biographie entstand. Von dem zu publizierenden Buch existierten bereits Druckfahnen, als im Verlag Random House ein Brief von Salingers Anwalt eintraf, der Hamilton unter Androhung einer gerichtlichen Verfügung dazu aufforderte, etliche Passagen aus den zitierten Briefen Salingers zu streichen. Hamilton (und die Anwälte von Random House) hatte geglaubt, unter bestimmten Voraussetzungen zitieren zu dürfen. Aber Salinger stellte klar – was andere, die Gegenstand einer Biographie waren, bisher noch nie getan hatten, wahrscheinlich, weil sie tot waren –, daß unveröffentlichte Briefe nicht das gleiche wie veröffentlichte Schriften waren und besagte Voraussetzungen deshalb nicht gegeben waren. Zunächst siegte Hamilton: Bundesrichter Pierre Leval entschied, daß er zum freien Gebrauch von Zitaten aus Salingers Briefen berechtigt sei. Aber dann kam die Entscheidung Levals vor ein Oberlandesgericht, was Salingers Recht bestätigte, Briefe zurückzuhalten, die er vor vierzig oder fünfzig Jahren geschrieben hatte und die ihm heute peinlich waren. Wenn man die Sache durchdacht hätte, würde man ihm dieses Recht zweifelsfrei zugestehen, selbst wenn diese Briefe in öffentlichen Bibliotheken zugänglich waren und obwohl er eine Art öffentliches Monument war, das reichlich Neugier weckte. Das sage ich heute, aber ich erinnere mich, daß ich mich über Hamilton geärgert habe, weil er uns übrigen Schurken im Verlagsgewerbe in die Parade gefahren ist. Wenn er nicht auf die blöde Idee gekommen wäre, über Salinger zu schreiben – der ihn *natürlich* verklagen würde –, hätten wir friedlich mit unseren Schnapp's-dir-und-hau-ab-Aktionen weitermachen können, und die Anwälte in den Zeitungs- und Buchverlagen hätten weiterhin so tun können, als ob alles in Ordnung wäre, solange sich unsere geklauten Worte in Grenzen hielten. Jetzt war der Spaß vorbei.

Hamilton schrieb das Buch um – es wurde 1988 unter dem Titel *Auf der Suche nach J. D. Salinger: Eine Biographie* veröffentlicht –, entfernte die umstrittenen Zitate und fügte das Kapitel über den Prozeß hinzu. Als ich das Buch vor einem Jahr las, schwand meine Verärgerung über Hamilton. Ich fand (und finde) seine Idee, gegen dessen Wunsch zu schreiben, immer noch schade, aber die Tatsache, daß er sich mit vollem Bewußtsein in dieses Chaos hineinmanövrierte, hat mich entwaffnet wie seine Offenheit über die finanzielle Notwendigkeit, die ihn dazu zwang, weiterzumachen. Wie für Anne Stevenson war dies sein einziger Ausweg. Er beschreibt seine Gefühle, als er Salingers Protestbrief erhielt:

»Und doch war hier sein Brief und verpflichtete mich, der Gegenwart des Mannes ins Auge zu blicken. Er wollte in Ruhe gelassen werden. Er lehnte alle Interview-Wünsche ab, ließ sich nicht photographieren und so weiter. Immerhin war er nicht so weit gegangen, seine Bücher aus dem Umlauf zu ziehen, aber das lag vielleicht gar nicht in seiner Macht. Und er hatte sich, so schien es, stets zugänglich und nachsichtig verhalten, wenn ein wißbegieriger Student an seiner Tür geklingelt hatte. Hatte er nicht das gleiche Recht auf Privatsphäre wie Sie und ich?«

Hamilton beantwortet die Frage: »Nun ja. Aber doch nicht ganz.« Um die Ambivalenz seiner Gefühle dem eigenen Projekt gegenüber auszudrücken, spaltet er sich in zwei Personen: »Ich mit moralischen Bedenken hadernd« und »mein biographisches Alter ego, inzwischen mein ständiger Begleiter, war einfach begierig, sich des Falles anzunehmen«. Es gibt eine wunderbare Situation in einer der Bibliotheken, wo Salingers Briefe zugänglich sind: während Hamilton darauf wartet, daß man ihm die Salinger-Akte bringt, blättert er müßig durch die Kartei der Bibliothek. »Selbstverständlich war der erste Name, den ich nachschlug, Hamilton, Ian (1938-). Zu meinem Entsetzen waren mehr als ein Dutzend Briefe unter meinem wehrlosen Namen aufgeführt. Da konnte also jeder einfach hereinspazieren und ... Mein Begleiter wies mich darauf hin, daß das Salinger-Dossier inzwischen bereitlag.«

Journalisten arbeiten natürlich unter dem selben Fluch wie Biographen. Während ich mit meinem Schatz, den Briefen von Olwyn und Anne, dasitze und über meine nächsten Schritte nachdenke, fühle ich mich genau wie Hamilton in zwei Hälften gespalten. Auf den ersten Blick enthebt die Hamilton-Entscheidung den Schriftsteller, der essentielle Auszüge aus Briefen in seinem Text verwenden will, von allen moralischen Bedenken: Entweder werden die Zitate genehmigt oder nicht. Was kann er also falsch machen? Alles. Denn wenn er die Zitate genehmigt bekommt, heißt das lediglich, daß der Autor der Briefe (oder sein Nachlaßverwalter) zu seinem Komplizen geworden ist. Er ist damit einverstanden, seiner Privatsphäre Gewalt anzutun, sich selbst (oder seinen Klienten) zu verraten. Gelegentlich gibt es Gründe hinter dieser Komplizenschaft, die dafür sprechen, aber die Mittäterschaft des Briefschreibers mindert den Verstoß lediglich und enthebt den Biographen nicht seiner moralischen Verpflichtung. Wenn andererseits einem Autor die Genehmigung zu zitieren nicht erteilt wird, ist es um sein moralisches Heil auch nicht besser bestellt; seine Möglichkeiten der unmoralischen Handlungsweise sind unter Umständen noch größer. Da er nicht ungelesen machen kann, was er gelesen hat, ungesehen, was er gesehen hat – und da er kein diskreter Anwalt ist, der die Geheimnisse seiner Klienten sorgsam hütet, sondern ein professionelles Plappermaul und eine Tratschtante –, kann eine verweigerte Genehmigung seinen Einfallsreichtum und seine Bosheit noch anspornen. Hamiltons Paraphrasen der Passagen aus Salingers Briefen, die er nicht zitieren durfte, klingen ironisch und unfreundlich. Zwei Biographien über Plath, die 1991 veröffentlicht wurden – *Sylvia Plath – Liebe, Traum und Tod* von Ronald Hayman und *Rough Magic* von Paul Alexander – sind äußerst unerquickliche Lehrstücke über die Art, wie man Paraphrasen als tendenziöses Instrument einsetzen kann.

SECHS

Beim Durchblättern der Olwyn-Anne-Korrespondenz spüre ich, daß da etwas ist, was ich nur allzu gut kenne, und plötzlich, in einer intuitiven Erleuchtung, weiß ich, was es ist. Ich erkenne in Olwyn die Personifizierung einer Kraft – manchmal Widerstand genannt –, die den Schriftsteller am Schreiben hindern kann. Sie ist die Stimme, die dir ins Ohr flüstert und dir befiehlt, die Feder hinzulegen, bevor sie sie dir aus der Hand schlägt. Brief für Brief erzählt sie Anne die schrecklichen Dinge, die Schriftsteller sich selbst sagen, wenn sie zu schreiben versuchen. Als Dialog der inneren Stimmen – die eine beleidigt und drangsaliert, die andere verteidigt und wehklagt – eines Schriftstellers betrachtet, wird aus der Anne-Olwyn-Korrespondenz mehr als ein Gefecht zwischen zwei

Frauen, die nie hätten zusammenarbeiten sollen. In einem charakteristischen Brief (vom 24. August 1987) schreibt Olwyn:

»Selbst bei den niedergeschriebenen Berichten verschiedener Leute, mit denen ich Dich versorgt habe, den Details, die ich ausgegraben habe u.s.w., hat mich oft überrascht, wie wenig Du erfaßt hast, was an biographischem Material drinsteckt, und daß Du gezögert hast, sie zu verwenden. Außerdem war ich enttäuscht, daß Du Dich niemals (soweit ich mich erinnern kann) mit weiteren Fragen oder der Bitte um Klärung an eine dieser Quellen gewendet hast. Als habest Du gehofft, daß es bloß nicht *noch* mehr Material gäbe, was zu berücksichtigen und das Buch BALD fertig wäre. Du hast – jedenfalls auf der rein biographischen Ebene – beharrlich auf das ENDE des Buches hingearbeitet, nicht auf die endgültige ERSCHAFFUNG des Buches. Du hast Dein Material in gewisser Weise begrenzt ... Teds Angebot, daß Du mir eventuelle Fragen aufschreiben solltest und er sie Dir dann beantworten würde, hast Du buchstäblich ignoriert, wenn man von den paar Fragen vor ein paar Monaten absieht. Zweifellos hast Du mit einem ausführlichen Gespräch mit ihm gerechnet, um bestimmte Dinge zu klären – aber ich denke immer noch, daß ein Treffen mit ihm nur dann sinnvoll sein kann, wenn ich mir meine eigene Auflistung der von ihm zu klärenden Lücken mache und während des Gespräches mitschreibe. Ich halte es wirklich für besser, wenn wir einen Fragenkatalog zusammenstellen, den ich vorab an ihn weiterleiten kann, und daß jede Begegnung nur dazu nützen kann, daß Du verschiedene Hirngespinste loswirst, die Du über ihn und sein mutmaßliches Verhalten zu haben scheinst, wenn Du siehst, was für ein Typ Mann er ist.

Jetzt, wo Du siehst, daß ich all das akzeptiert habe, mehr als anstandslos – mit großem Mitgefühl für die Momente Deiner Qual und nicht weniger Schuldgefühlen, daß ich Dich in diese Geschichte hineingezogen habe (obwohl Du meinen Vorschlag, dieses Buch zu schreiben, sehr bereitwillig akzeptiert hast, hattest Du offensichtlich keine Vorstellung davon, worauf Du Dich einläßt). Ich dachte: ›Arme Anne‹, und habe meine Anstrengungen verdoppelt und Stunde um Stunde telephoniert, geschrieben, Anmerkungen gemacht, Briefe, Tagebücher und alles andere durchforstet. Meine eigene Arbeit ist liegengeblieben – ich habe sie ernsthaft vernachlässigt. Ich habe außerdem meine eigenen Gefühle gegen Deine feindseligen Ausbrüche unterdrückt, wenn ich Dich mit zusätzlichem Material unterschiedlicher Art versorgt habe, weil ich wußte, daß sie aus einer zu großen Last auf Deinen Schultern rührten (und keiner weiß besser, wie deprimierend dieses Material größtenteils ist). Ich habe nie verstanden, warum Du nicht zugelassen hast, daß ich Dir helfe, diese Last zu *tragen*. In letzter Zeit habe ich allerdings nicht mehr ›arme Anne‹ gedacht, sondern vielmehr ›ich arme‹ (oder sogar ›ich verdammter Idiot‹) ... Und Telephonate wie das mit Peter Davison haben mir etwas ausgemacht. Es sah fast so aus, als ob er meinte, Dich vor mir beschützen zu müssen. Ich habe ihm irgendwann gesagt, daß ich Dir noch Anmerkungen schicken würde, und er hat wörtlich gesagt: ›Lassen Sie sie in Ruhe schreiben, Sie machen die arme Frau verrückt!‹ Der Himmel weiß, mit welchen Geschichten Du Peter zu *so einer* Aussage getrieben hast. Er hatte offensichtlich keine Vorstellung von der Arbeitsmethode und war sich überhaupt nicht darüber im klaren, daß vieles von dem, was Du ›geschrieben‹ hast, direkt aus den Anmerkungen entsprungen ist – aus dem Blickwinkel, den das Material widergibt, und Hinweisen (wir haben eine Menge Zeit mit orientalischem Taktieren verschwendet, da Du Dich über eine direkte Auseinandersetzung aufzuregen schienst), wie die Fülle des Materials, das Du über mich bekommen hast, zu interpretieren und auszuwählen ist ...

Du hast nie ein Hehl daraus gemacht, daß die Kleinarbeit bei einer Biographie eigentlich nicht Deine Sache ist. Aber ich nahm an, wenn Du einmal damit angefangen hättest, würdest Du Dich einarbeiten und all das biographische Material von mir und Dir ordnen. Ich dachte, es würde dich allmählich faszinieren und du würdest mit Freude und Interesse für jedes neue Teilchen seinen Platz suchen, bis sie langsam ein ganzes Bild ergeben ... Statt dessen mußte ich immerzu kämpfen, damit dieses Material im Buch richtig repräsentiert wird, Dich davon abhalten, relevante – und für den Leser interessante – Myriaden, kleine Verästelungen, zu streichen oder zu meiden ...«

Anne spielt die Rolle der bedrängten Schriftstellerin. Sie bringt die Ängste, den Ärger und das grenzenlose Selbstmitleid des Schriftstellers zum Ausdruck. Am 28. Dezember 1987 schreibt sie an Olwyn: »Bitte respektiere mich als Autorin dieses Buches und hör auf, mich mit unangenehmen Hinweisen auf meine ›Ausdünstungen‹ zu verfolgen.« Und am 13. Februar 1988: »Ich glaube, wir haben uns wirklich nichts mehr zu sagen, also respektiere meinen Wunsch, in Frieden gelassen zu werden. Keine Briefe, keine Anrufe. Du hast mich im vergangenen Jahr mehrfach an den Rand eines Nervenzusammenbruchs gebracht.« Und am 12. März:

»Was die Motive angeht, die Du mir unterstellst, solltest Du mich inzwischen gut genug kennen, um zu begreifen, daß ich mich nicht drangsalieren lasse und Unterstellungen und Verleumdungen überhaupt nicht leiden kann ... Ich kann verstehen, daß Ted nicht mit hineingezogen werden will. Auch ich möchte mein Leben weiterleben. Meine Tochter hat mir gerade einen Enkel geschenkt, nach zwei nutzlosen Jahren habe ich versucht, zu meiner eigenen Arbeit zurückzukehren – Olwyn, ich will wieder leben, ich habe genug von diesen Gefechten und Vendettas!«

Und am 18. März 1989:

»Kein Mensch kann diese Flakfeuer länger aushalten, kann weiter in den Dreck gestoßen, getreten, drangsaliert, zur Unterwerfung gezwungen werden ... Du willst die Welt glauben machen, daß Du mir bei *Bitter Fame* ›geholfen‹ hast, weil ich zu dumm war, um das Buch ohne Dich zu schreiben. Kannst Du nicht verstehen, daß ich die Hälfte der Zeit so erschöpft war von den Ringkämpfen mit Dir, daß ich weder die Kraft noch den

> Willen hatte, mich auf das Buch zu konzentrieren. Es gibt verschiedene Wege zu ›helfen‹. Wärst Du dazu in der Lage gewesen, Dich mit mir hinzusetzen und das Manuskript ruhig und vernünftig durchzugehen, oder hättest Du mir von Anfang an gesagt, daß Du vorhast, jeden Satz zu untersuchen und zu redigieren, oder wenn Du das Buch in einem frühen Stadium übernommen und selbst geschrieben hättest – das wäre etwas anderes gewesen. So sind vier Jahre meines Lebens in einem elenden Gerangel verschwunden. Mein Augenlicht, meine Verdauung, meine Lebensfreude, die Gedichte, die ich vielleicht geschrieben hätte – alles ist Deiner erbarmungslosen Verfolgung zum Opfer gefallen.«

Aber dann schreibt sie erstaunlicherweise am Ende eines – sehr langen – Briefes vom 18. Mai: »Trotz meiner verletzten Gefühle bin ich Dir dankbar. Alles Arbeiten und Überarbeiten auf beiden Seiten haben das Buch geschliffen und seinen Ausdruck verschärft. Am Ende haben wir, zusammen mit Peter Davison, ein feines Stück produziert.« Nachdem das Werk letztendlich und tatsächlich irgendwie entstanden ist, kann Anne sich von dem tintenverklecksten *kvetch*, ihrem nörgelnden Alter ego, distanzieren und den Widerstand anerkennen. Jetzt, wo sie ihren Widersacher besiegt hat, kann sie großzügig sein. Sie kann zugeben, daß das Werk ohne Olwyns »Unzufriedenheit und Anschuldigungen« wesentlich ärmer ausgefallen wäre. Auf Olwyns Seite, der Seite der Verliererin, gibt es keine Großzügigkeit. Ihr fortwährendes Murren, daß sie den Job einem anderen hätte übertragen sollen, daß sie auf Annes nette Tweeds hereingefallen sei etc., macht sie zum Emblem für das Versagen, das zu jedem erfolgreichen Werk gehört – der Geist des nicht zu erfüllenden Ideals hat ihm sein Leben gegeben, aber seine Entwicklung und Vervollständigung nicht überlebt. Eine Olwyn gewinnt nur dann, wenn sich der Schriftsteller vor ihrer Macht verneigt und die Feder beiseite legt.

SIEBEN

An einem grauen Nachmittag saß ich mit Al Alvarez in seinem Wohnzimmer in einem schiefen kleinen Haus in einer Straße, die einen steilen Hang hinabführt. Der Holzboden war mit persischen Teppichen bedeckt, es gab moderne Gemälde und volkstümliche Skulpturen, und in einem Fenster zur Straße blühten Zyklamen, Narzissen und Usambaraveilchen. Der Raum war in sich stimmig, elegant und sehr angenehm. Auch Alvarez war angenehm. Er war älter, als ich vermutet hatte. Aber alle waren älter, als ich vermutet hatte. Auch die Menschen in Plaths Geschichte waren älter geworden. Plaths Zeitgenossen sind Männer und Frauen um die sechzig. Ihre Mutter lebt in einem Pflegeheim. Nur Plath selbst verharrt in ihrer Rolle als jugendliche und angstvolle Heldin.

Alvarez goß Tee in große, grüne, gerade Tassen und erzählte mit grimmiger Befriedigung, was für eine entscheidende Rolle er bei der Diskreditierung von *Bitter Fame* gespielt habe. »Alles, was man sich im Zusammenhang mit weiblicher Gehässigkeit denken kann – eine Art permanenter Druck, mit dem man Leute auf ein geringeres Maß zurückstutzt –, hat sich in meinen Augen in diesem Buch vereint. Aber das ist niemandem aufgefallen, bis ich meine Rezension schrieb. John Updike, der kein Dummkopf ist, hatte das Buch ziemlich hochgejubelt; ich erhielt seine Kritik mit meinem Rezensionsexemplar. Ich glaube, wenn niemand gesagt hätte, wie gehässig das Buch ist, wäre es als einzige autorisierte Biographie durchgegangen.« Er fuhr fort: »Anne Stevenson windet sich prima heraus, indem sie Olwyn die Schuld gibt – ›Olwyn hat mich dazu gebracht, das Buch zu schreiben‹ usw. usw. –, aber ich glaube, sie war nur allzu bereit, sich mit Olwyn zu verbünden. Sie sagt zwar, ›Olwyn hat mich unter Druck gesetzt‹, aber ich glaube nicht, daß sie viel Druck gebraucht hat. Sie hat bereitwillig mitgemacht.« Dann wiederholte er die Theorie, mit der der Rezensent im *T.L.S.* Anne so sehr gekränkt hatte, als er ihr Eifersucht auf Plath vorwarf. »Ich glaube, in *Bitter Fame* tritt eine unbewußte Eifersucht deutlich hervor«, sagte er. »Neid einer unbedeutenderen Dichterin auf eine bedeutendere Dichterin.« Ich fragte, ob er *Correspondences* gelesen habe, er verneinte, meinte aber, er sei von den Gedichten, die er von Anne gelesen hatte, beeindruckt gewesen. »Ich behaupte nicht, daß ich ihr Werk gut kenne«, sagte er. »Bestimmt hat sie ein paar sehr gute Gedichte geschrieben, aber ich glaube, sie ist einfach eine unscheinbare Figur, und Olwyn und Ted haben sie ausgesucht, *weil* sie eine unscheinbare Figur war.«

Das Gespräch wechselte nun auf seine ›Erinnerung‹ an Plath, und Alvarez erklärte: »Als ich es in den Sechzigern schrieb, also ziemlich kurz nach dem Ereignis, dachte ich, vielleicht törichterweise, daß es die Leute verdammt wenig angeht, was zwischen Ted und Sylvia gewesen ist. Ich wußte viel mehr, als ich damals sagen wollte. Ich habe zum Beispiel nichts davon erzählt, daß Ted, als er Sylvia verließ, zu mir kam und bei mir wohnte, in meinem damaligen Studio hier ganz in der Nähe. Als Sylvia mich dort aufzusuchen begann, war ich davon überzeugt, daß sie Teds Lager auskundschaften wollte. Sie kam natürlich auch wegen ihrer Arbeit. Ich war damals Herausgeber und Rezensent für Lyrik beim *Observer*, und das war *die* Zeitung für Gedichte. Lowells *Life Studies* waren gerade erschienen, und der *Observer* veröffentlichte sie ebenso wie Berryman und Roethke. Ich schrieb zu diesem Zeitpunkt selbst viel Lyrik und gehörte zu den Kritikern, die Sylvia sehr ernst nahmen. Man muß dabei bedenken, daß ihre Arbeit in diesen Zeiten keineswegs allgemein anerkannt war. Die Leute haben sich nicht gerade darum gerissen, ihre Gedichte zu drucken. Die Leute verstanden nicht, worauf sie hinauswollte, oder es gefiel ihnen nicht, was sie sahen.«

»Sie waren da eine Ausnahme.«

»Sie wußte, daß ich diese Gedichte lesen konnte und verstand.«

In seiner *Bitter Fame*-Kritik in der *New York Review* war Alvarez auch auf seine Abneigung gegen die öffentliche Neugier auf die Plath-Hughes-Ehe eingegangen und hatte geschrieben: »Ich selbst war immer der Meinung, daß, wie Robert Graves über ein anderes Paar geschrieben hat, ›The hazards of their love-bed/Were None of our damn Business‹.« Doch dann ließ er sich von der Minderwärtigkeit einer Journalistin anstecken und wurde indiskret. »Ted war einfach ein furchtbar attraktiver Mann«, sagte er. »Vor meiner zweiten Ehe war ich mit einer Australierin zusammen, die Ted kannte, und sie hat mir erzählt, daß ihr die Knie weich wurden, als sie ihm zum ersten Mal begegnete. ›Er sah aus wie Jack Palance in *Shane*‹, sagte sie. Und eine andere Bekannte, eine Psychoanalytikerin, hat so heftig auf ihre erste Begegnung mit Ted reagiert – sie hat mir Jahre später davon erzählt –, daß sie zur Toilette ging, weil sie kotzen mußte. Ted hat Horden von Frauen durchgemacht, wie ein Typ, der Getreide einfährt. Sylvia muß davon gewußt haben. Die Frauen sind richtig um ihn herumgestrichen. Natürlich weiß ich nicht, was zwischen Ted und Sylvia gewesen ist, aber ich weiß aus eigener Erfahrung, daß Leute in einer schlechten Ehe zuviel herumvögeln. Und das ist unerträglich – für beide unerträglich.«

»War das nicht die Zeit der schlechten Ehen?« fragte ich.

»Ja, ganz genau. Es war die Zeit von Albee's *Wer hat Angst vor Virginia Woolf*? und Berrymans Gedicht ›New Year's Eve‹ – in dem es – glaube ich – um eine von Hannah Arendts Sylvesterparties geht. Ihre Parties waren toll. Sind Sie jemals auf einer gewesen? Ich war auf mehreren. Ich habe Berryman immer dort getroffen. In seinem Gedicht kommt diese wunderbare Zeile vor: ›Somebody slapped somebody's second wife somewhere.‹«

»Man fühlt sich in die Zeit zurückversetzt«, sagte ich.

»Ja, nicht wahr?«

Alvarez kam auf seine Beziehung zu Plath im Herbst 1962 und sprach aus, was er in seiner ›Erinnerung‹ unklar gelassen hatte. Dort hatte er, um seine Zurückweisung zu umschreiben, etwas von »Verantwortung, die ich nicht wollte«, gemurmelt. Jetzt gestand er, daß es Plath war, die er nicht wollte. Eine andere Frau war gerade in sein Leben getreten, wie er mir sagte – sie wurde später seine zweite Frau –, aber das war nicht der Punkt. Der Punkt war, daß »Sylvia nicht mein Stil war. Sie war groß und hatte ein langes Gesicht. Sie hatte wundervolle Augen, herrlich lebendige Augen, und sie war so verdammt klug und so emotional. Ich liebte ihr Talent und ihre Leidenschaft für Lyrik. Ich liebte sie auf die gleiche Art wie ich D. liebe« – Alvarez erwähnte hier eine Frau, die wir beide kennen. »Sie kennen D. Sie ist so klug, so voller Leben. Verstehen Sie, was ich meine? So waren meine Gefühle für Sylvia. Verstehen Sie, worauf ich hinauswill?«

Ich verstand, worauf er hinauswollte, und fühlte mich unbehaglich. Erst hatte Alvarez schmeichelhafterweise geglaubt, daß ich zu den Leuten gehöre, die in den fünfziger Jahren zu Hannah Arendts Parties eingeladen wurden (ich bezweifle, daß ich damals wußte, wer Hannah Arendt war), und jetzt glaubte er irrtümlicherweise, daß ich mir seine Ausführungen über für ihn unattraktive Frauen anhören konnte, ohne daß es mir nicht einen Stich versetzte. Ich fühlte mich wie ein Jude, den man beiläufig in eine antisemitische Diskussion hineinzieht, weil niemand weiß, daß er Jude ist. In seiner Rezension von *Bitter Fame*, wo er die feministische Vision von Plath als »großer Künstlerin, von Männern benutzt, mißbraucht und betrogen«, diskutiert, hatte er erklärt, dies sei »in jeder Hinsicht blanke Sentimentalität. Und ich vermute, daß Plath, die die Männer mochte und an sie glaubte, diese Interpretation nicht geschätzt hätte. Obwohl sie in ihren letzten Monaten viele vertraute Freundinnen gehabt hatte ... zeigt *Bitter Fame*, daß Plath von ihrem eigenen Geschlecht wesentlich mehr zu fürchten hatte als von irgendeinem Mann.« Aber so, wie er jetzt über Plath (und D. redete, ließen seine Worte Zweifel aufkommen. Hinter meinem lächelnden, kollegialen Gesicht – Alvarez' Charme und Wärme und Witz hatten mich angezogen – lag ein böser Blick, und mein weiblicher Groll wuchs. Mit Sicherheit hatte das »große Mädchen mit dem langen Gesicht« von Männern mehr zu fürchten. Wir wissen aus den *Journals* und den *Briefen nach Hause*, was der autobiographische Roman *Die Glasglocke* uns mitteilt, daß Plath unter groben Demütigungen von Männern litt. Mit Buddy Willard hat sie ein bleibendes Monument einer besonders üblen Spezies der selbstzufriedenen Kerle geschaffen, wie sie in den Vierzigern und Fünfzigern in Amerika aus der Erde geschossen sind. Alvarez ist natürlich kein Buddy Willard. Seine Worte kommen unbekümmert heraus, zweifellos das Produkt unserer retrospektiven Unterhaltung – wie die Worte eines zurückgekehrten Geistes vielleicht. Und bei aller Fairness Alvarez gegenüber muß ich sagen, daß Plath auch nicht mein Typ ist. Alle Photographien von ihr haben mich enttäuscht. Im Lauf der Jahre verändert sich ihr Bild in den Photoarchiven, allmählich verliert sie ihre blonde, mit dunklem Lippenstift unterstrichene Ausdruckslosigkeit ihrer College-

Jahre und die amerikanische Hausfrauenklarheit, die Alvarez in seiner ›Erinnerung‹ beschrieben hat. Aber von ihrer *Ariel*-Persönlichkeit – Königin, Priesterin, Mädchen des Zauberers, die rothaarige Frau, die Männer wie Luft ißt, Frau in Weiß, verliebte Frau, Erdmutter, Mondgöttin – findet man in den Photographien keine Spur. Vielleicht liegt der Fehler in der Photographie – manche Menschen kann man auf Photographien nie wirklich wiederfinden. Vielleicht war Plath auch schon zu sehr an der Grenze, um sich auf Fotos zu zeigen, ihr »wahres Ich« war für den leeren Blick der Kamera noch nicht verfügbar.

Gegen Ende meines Besuches fragte ich Alvarez nach dem Vorfall, als der Vorabdruck der zweiten Hälfte seiner ›Erinnerung‹ im *Observer* zurückgezogen wurde. Alvarez erklärte: »Als Ted mir schrieb und meinte, die ›Erinnerung‹ sei ein Einbruch in seine Privatsphäre, habe ich keine Anstrengungen mehr gemacht, die zweite Hälfte zu veröffentlichen. Wenn es ihm so viel ausmacht, dachte ich, dann eben nicht.« Er schlug vor, daß ich die Korrespondenz zwischen ihm und Hughes über den Vorfall im Britischen Museum nachlesen solle, was ich einige Monate später auch tat. Sie gehört zu einem Archiv von persönlichen Schriften, die er an die Bibliothek verkauft hat. Ich saß in der Manuskriptabteilung der Bibliothek über den Briefen und spürte das gleiche Prickeln wie in Anne Stevensons Haus, als ich die Briefe von Ted Hughes las. Hughes ist der Vronskij von Plaths Anna. Er ist der Mann im Zug mit den unerträglichen Zahnschmerzen. Wenn er über Plath schreibt, verblaßt alles, was je über sie geschrieben worden ist und wirkt grob und trivial. Er schreibt mit einer brillanten, verzweifelten Intelligenz und einer an Tschechow erinnernden Großherzigkeit und Melancholie.

Im ersten der beiden Briefe – mehrere Seiten in einer kleinen, spitzen Handschrift – über die ›Erinnerung‹ in Der grausame Gott erklärt Hughes Alvarez, daß er mit der Veröffentlichung der Details über Plaths Selbstmord Unaussprechliches angerichtet habe. »Sie demütigen mich und ihre Mutter und ihren Bruder mit der Art, wie sie ihre letzten Tage in ihrer ›Erinnerung‹ exhumieren, damit sie in Klassenzimmern diskutiert werden können«, schreibt er. Und weiter:

> »Du hast Details und Interpretationen in einer Form präsentiert, daß man das Ganze jetzt wie einen offiziellen Text liest. Ich hatte angenommen, daß Du für diese Art der atmosphärischen Hetzjagd ein Gespür habest, denn um eine Hetzjagd handelt es sich. Es war ohnehin schon genug und zu viel. Kein anderer als Du (oder ich) hätte dieses Szenario ihres Selbstmordes schreiben können, und es ist mir unerklärlich, wie ausgerechnet Du denken konntest, es sei notwendig. Ich möchte gern wissen, was das Deiner Meinung nach bewirken soll. Du hast immer gesagt, daß Du mir zeigen würdest, was Du über sie schreibst – warum hast Du es nicht getan? Für Dich ist es etwas, was Du geschrieben hast – zweifellos gegen Deinen eigenen, großen inneren Widerstand. Für Deine Leser sind es fünf amüsante Minuten, aber für uns ist es permanentes Dynamit.«

Dann geht Hughes vom atmosphärischen zum speziellen Unheil über, das Alvarez in seinen Augen angerichtet hat:

> »Für Dich ist sie Gegenstand einer intellektuellen Diskussion, ein poetisches, existentielles Phänomen. Aber für F. und N. [Frieda und Nicholas Hughes, die damals elf und neun Jahre alt waren] ist sie der absolute Mittelpunkt – für sie ist sie sehr wichtig geworden, durch ihre offensichtliche Abwesenheit um so mehr. Das Durcheinander, das ich in diesen vergangenen Jahren angerichtet habe, als ich versuchte, sie ihnen zu ersetzen, und ihr Bild von ihr – was sie getan hat und wer sie war – wird ihr Leben entscheidend beeinflussen … Vor Deinen Details war das Bild vage, ein Mysterium. Aber jetzt hast Du es vollständig definiert und der Öffentlichkeit übergeben. Auf reale Weise hast Du sie ihres Todes und jeder natürlichen Art, mit ihrem Tod umzugehen, beraubt. Dies wird sich Jahr für Jahr im Laufe ihres Lebens noch steigern. Was für Dich und alle anderen sehr schnell verblaßt – Du hast das Geheimnis gelöst, *was genau passiert ist* und wie (jedenfalls hast Du eine Version präsentiert) –, hat für F. und N. noch gar nicht richtig angefangen; dieser

entscheidende Fakt ihrer Zukunft wird ihnen erst dann dämmern, wenn sie irgendwie Deiner ›Erinnerung‹ begegnen ...

Sie hatten genug mit den Fakten und Wahrheiten zu tun, die Sylvia ihnen in dem Mausoleum hinterlassen hatte, in dem sie weiterleben mußten. Deine ›Erinnerung‹ hinterläßt nicht nur Fakten (viel zu wenig Fakten, viel zu viele Fiktionen und reine Spekulationen, die Fakten sein möchten), sondern Gift. Gift wird nicht weniger giftig, wenn es auf Fakten beruht.«

Hughes taucht in eine ruhigere, wenn auch bittere Diskussion über die Situation von den Überlebenden Plaths ein, aber dann kocht seine Wut auf Alvarez ein zweites Mal hoch, und er schreibt:

»Noch etwas. Selbst zeitweise geistige Umnachtung erklärt nicht, wie Du auf Deine absolut unwahren Bemerkungen kommst, mit denen Du Sylvia und mir Eifersucht in künstlerischen Dingen unterstellst ... Du hast uns viel zu selten gesehen. Wir haben Dich beide für einen Freund gehalten, nicht für ein Schlüsselloch beim *Daily Mirror*, für einen Rattenloch-Journalistenschnüffler, der zielsicher jede Beobachtung verdreht und uns mit diesen allwissenden, pseudopsychologischen Theorien bepflastert, als ob wir Relikte wären, die man aus dem Jahre 10.000 vor Christus ausgegraben hat. Über unsere Ehe weißt Du gar nichts ... Es macht mich wütend, wenn ich sehe, wie meine persönlichen Erfahrungen und Gefühle für mich neuerfunden werden, auf diese rüde, scheinheilige, unverantwortliche Art, und als offizielle Version interpretiert und publiziert wird – als wäre ich ein Bild an der Wand oder ein Sträfling in Sibirien. Und ich muß zusehen, wie Sylvia auf die gleiche Weise benutzt wird.«

Alvarez schrieb zurück, sehr verständnisvoll und vernünftig – unter normalen Umständen ein sehr guter Brief. Aber im verblassenden Schatten von Hughes emotionaler Rhetorik erscheint er flach und unangemessen. »Du weißt sehr gut, daß die ›Erinnerung‹ nicht aus

Sensationslust entstanden ist.« Mit diesen Worten beginnt Alvarez seinen Brief, und dann schreibt er:

»Es ist mit großer Sorgfalt und Achtung vor Sylvia geschrieben – unter anderem, um einige wilde Phantasien zu zerstreuen, die über ihren Tod kursieren, Phantasien, von denen Du sicher mehr gehört hast als ich … Ich habe mich nicht in Eure Ehe eingemischt oder irgendwelche intimen Details über Euch veröffentlicht. Ich fand, daß sie nichts mit dem zu tun hatten, worüber ich schrieb, und auch niemanden etwas angingen. Also habe ich weggelassen, was ich natürlich wußte, weil Sylvia, ebenso natürlich, gelegentlich über Euch gesprochen hat. Sogar Olwyn hat mich angerufen, als sie die ›Erinnerung‹ … gelesen hat, um mir zu sagen, daß es ihr gefallen hat und daß sie fand, es sei taktvoll. Nur in wenigen Details hat sie mich korrigiert …

Was die Kinder angeht, so ist das weiß Gott eine furchtbar schwierige Sache. Aber ich würde doch sagen, daß es besser ist, wenn sie diese ›Erinnerung‹ irgendwann lesen, als wenn sie in dieser Wolke von undeutlichen und boshaften Gerüchten leben, schließlich ist es mit einiger Rücksicht und Gefühl für ihre Mutter geschrieben … Ich wußte nicht, daß Du ihnen nichts gesagt hast, aber es läßt sich nicht verhindern, daß sie es irgendwann doch erfahren. Ich könnte mir vorstellen, daß die väterlichen Ausweichmanöver viel größeren Schaden anrichten würden.

Wegen des *Observers* werde ich tun, was ich kann … Ich habe bereits angerufen.

In den vergangenen zehn Jahren habe ich eine Menge Schwierigkeiten in Kauf genommen, damit Deine und auch Sylvias Gedichte verstanden und respektiert werden. Das habe ich nicht getan, weil Ihr meine Freunde seid, sondern weil ich Euch für die talentiertesten Dichter Eurer Generation halte. Sylvia wußte das und wußte, daß ich in gewisser Weise verstand, was sie vorhatte. Das ist vermutlich der Grund, weshalb sie nach der Trennung mit ihren Gedichten zu mir kam. Wer jetzt glaubt, ich würde mich einfach an ihrem Tod bereichern oder eine glatte intellektuelle Abhandlung daraus machen, verdreht alles, was ich geschrieben habe, jetzt und auch früher. Es tut mir leid, wenn Du mich so verstehen willst.«

Hughes antwortete in einem sehr langen, maschinengeschriebenen Brief – fünfeinhalb einzeilig beschriebene Seiten. Alvarez hatte ihn noch tiefer in seinen Zorn getrieben:

»Du schreibst, ich wüßte genau, daß die ›Erinnerung‹ nicht aus Sensationslust entstanden sei. Leicht gesagt. Das weiß ich keineswegs – und Du auch nicht ... Sylvia ist inzwischen das Opfer eines bis in alle Einzelheiten durchstrukturierten Todes in aller Öffentlichkeit geworden. Ihre Gedichte liefern den vokalen Teil der Show. Dein Bericht, scheinbar dokumentarisch geschrieben, wie sie bis zu ihrem Aufschrei gelebt hat, vervollständigt und beschließt die Vorstellung endgültig. Jetzt gibt es auch eine Leiche. Die Schreie haben die Massen angelockt, aber sie sind nicht gekommen, um noch mehr Schreie zu hören – sie wollten die Leiche sehen. Jetzt haben sie eine – sie riechen den Duft ihrer Haare und den Geruch des Todes. Du präsentierst ihnen in Fleischform, worauf die Todesschreie hingearbeitet haben. Die Öffentlichkeit interessiert sich nur dann für Todesschreie, wenn man ihr eine Leiche garantiert, einen langsamen, schmerzhaften Tod mit möglichst vielen Zeichen, wie er sich anfühlt. Und das lieferst Du, das, was die Öffentlichkeit wirklich will und braucht – den absolut überzeugend endgültigen, offiziell sichtbaren und nervenaufreibenden Tod ...

Ob Du darüber nachgedacht hast oder nicht, für eine sensationslüsterne und halb hysterische Versammlung (was ihre Anhänger inzwischen sind) ist Dein Artikel das ersehnte Ereignis, die ultimative Sensation. Nur noch eins könnte das übertreffen: wenn sie wieder auferstehen würde, um alles noch einmal durchzumachen, alle Fehler der Berichterstattung zu korrigieren, im Fernsehen – mit Pausen, um zwischendurch die Fragen der Interviewer zu beantworten, ihre Gefühle und Intentionen preiszugeben ...

Du schreibst, Du habest Deinen Artikel mit Sorgfalt geschrieben, aber mit was für einer Sorgfalt? Ich kann nur eine Sorgfalt sehr beschränkter technischer Art entdecken – die Sorgfalt, den richtigen Ton zu treffen und zu wahren, und ich kann mir vorstellen, daß das schwierig war, und auch deprimierend ... Deine Sorgfalt war die eines Zeugen vor Gericht – das ist alles, was ich weiß, Euer Exzellenz, ich kann es nur so beschreiben, wie ich es gesehen habe, etc. – und wenn Du klargestellt hättest, daß es das ist, was Du präsentierst, hätte der Leser wenigstens gewußt, wie Deine Bemerkungen zu verstehen sind, wie groß ihre Glaubwürdigkeit ist. Aber auch damit würde man den wesentlichen Aspekt der Sorgfalt vergessen, der für die ganze Sache wirklich entscheidend ist – Sorgfalt, ob das ganze Projekt nicht von vornherein falsch war, unethisch und gefühllos in jeder Hinsicht, falsch unter der Prämisse der Freundschaft, falsch, ein Ereignis durchs Schlüsselloch zu beobachten, das jedem aus den Händen geglitten ist ...

Wie kannst Du behaupten, Du habest das aus Achtung für sie geschrieben –, wenn Du ein öffentliches Spektakel aus der einzigen Sache machst, die ihr selbst gehört: ihr entwürdigender privater Selbstmord ...

Was die wilden Phantasien betrifft, die Du mit Deinem Artikel zerstreuen willst: Du weißt, daß das Gegenteil wohl eher der Fall ist. Bisher waren alle Phantasien heiße Luft, pusteten sich gegenseitig genauso schnell weg wie sie erfunden wurden, keine hatte Gewicht ... Bei all diesem Unsinn frißt lediglich ein Gerücht das andere. Aber jetzt hast Du scheinbare Substanz beigesteuert, Fakten und Grundlagen – die Geschichte von einem, der dabeigewesen ist. Zwischen ihren Werken und Deinem Artikel liegt eine neue Welt voller Hypothesen. Und der Bedarf an Artikeln und Thesen und erstklassigem Material für Kommerz und Karriere wird dafür sorgen, daß diese Welt übervölkert wird, und aus Deinen Fakten werden literarische Geschichtsdenkmäler. Niemand weiß besser als Du, daß man Deinen Artikel mit wesentlich größerem Interesse lesen wird, als ihre Gedichte je gelesen wurden, und das Millionenheer der armseligen Journalisten wird ihn viel öfter zitieren, weil sie Futter für ihre Zeitungen brauchen. Die Phantasien werden sich jetzt nur dahingehend verändern, als daß sie in ihrer Geschmacklosigkeit zehnmal so überzeugend sind wie zuvor.«

An diesem Punkt von Hughes Brief spürte ich die gleiche Erregung, die ich schon einmal in einem Archiv gespürt hatte – in der Bibliothek des Smith College. Dort liegen viele Typoskripte und Manuskripte von Plath; vor mir lag damals die erste Fassung ihres Gedichtes »The Rabbit Catcher« von 1962. Auf der ersten Seite des Entwurfes und einem Teil der zweiten kann man das Gedicht nicht entziffern – unzusammenhängende Zeilen, das meiste durchgestrichen. Man spürt, wie sich Gedanken regen, ein Geist ist aktiviert, aber nicht in der Lage, sich vorwärts zu bewegen, wie ein Auto, dessen Räder im Morast durchdrehen, keinen Halt finden können. Plötzlich prescht der Wagen vorwärts. »Es war ein Ort der Gewalt«, schreibt Plath, und dann folgt der Rest des Gedichts auf die wohlbekannte erste Zeile im wesentlichen so, wie wir es kennen. Der Wechsel vom Nirgendwo-hingehen zum Irgendwo-ankommen erfolgt so plötzlich, daß der Leser des Entwurfs verblüfft, und mehr noch, bewegt ist. In der Mitte des Briefes an Alvarez erreicht Hughes einen Punkt, der an die greifenden Räder erinnert. Was vorher kam, war wie eine Präambel – der Weg eines rotierenden und angespannten Geistes auf eine Idee zu, die plötzlich durchbricht. Hughes schreibt:

»Du hast zwei verschiedene Schreibweisen nicht auseinandergehalten, das subjektive Arbeiten, wo man auf der Basis eines wirklichen Ereignisses nach einer Kunstform sucht, und das dokumentarische Arbeiten, wo man beteuert alles, außer Fehlern – dazu sehr klar und unpersönlich erzählt – über ein Ereignis vorzulegen, das wirklich stattgefunden hat und im Leben anderer noch immer eine aktive Rolle spielt ...«

Erbarmungslos zieht Hughes Alvarez weiter das Fell über die Ohren und fährt fort, das grundlegende moralische Problem von Journalisten und Biographen zu analysieren, wo lebende Menschen involviert sind:

»Wenn Du vorgehabt hättest zu dokumentieren, wenn es Dir darum gegangen wäre, was wirklich passiert ist und wie es passiert ist, dann hättest Du mich um meine Mitarbeit gebeten. Und wenn ich abgelehnt hätte, was ich natürlich getan hätte, hättest Du gesagt: ›O.k., dieser Artikel kann nicht geschrieben werden.‹ Du hättest so reagiert, wenn Du nicht so scharf darauf gewesen wärest, daß Deine eigene Darstellung veröffentlicht wird, anstatt Dich um einen möglichst vollständigen und zugleich menschlichen und anständigen Bericht zu bemühen ... Der egoistische Journalist in Dir ... der Gib's-in-Druck-und-geh'-zum-Teufel-Journalist (Du gibst in Druck und läßt die anderen zum Teufel gehen) hat Dich versaut, hat Dich verraten, und uns mit ... Es gibt nur eine Erklärung für mich, wie dieses Machwerk erscheinen konnte: Der Journalist mit US-Ethos in Dir hat Dein wahres Herz und Deinen wahren Verstand wegrationalisiert, was der eine Teil in Dir ursprünglich als privates, persönliches Dokument geschrieben hat, war abgesegnet, bis der andere Teil es an sich gerissen und verkauft hat, ausgesaugt hat, um das gierige Verlangen einer hohlen Gesellschaft zu stillen.«

Die ehemaligen Freunde haben über viele Jahre nicht miteinander gesprochen. Sie haben sich schließlich bei Robert Lowells Begräbnis die Hände gereicht, wo sie beide Gedichte von Lowell vortrugen, und ihren Streit beigelegt. Seither haben die beiden kurze, höfliche, oberflächliche Briefe gewechselt und sich einmal beinahe getroffen. »Soweit ich mich erinnere«, erzählte mir Alvarez, »haben mich Teds Briefe sehr gekränkt, weil ich ihn einerseits für einen guten Freund gehalten hatte, und weil er andererseits sehr genau wußte, daß ich mich ziemlich verbogen hatte, und beinahe – wenn auch nicht ganz – die Tatsachen verfälscht habe, um ihre Trennung aus dem Bericht herauszuhalten. Mein Eindruck von den Briefen, an die ich mich kaum erinnere – ich habe sie ziemlich ausgedünnt, bevor ich sie dem Museum gab –, war, daß er irgendwie durchgedreht ist. Ich vermute, es war die Erkenntnis, daß Sylvia, unabhängig von Takt und Rücksicht, der Öffentlichkeit gehörte, die ihn verrückt machte. Ihr Tod hat sie irgendwie zu einer öffentlichen Angelegenheit gemacht, wenn Sie wissen, was ich meine.«

ACHT

Alvarez hatte vorgeschlagen, ich solle mit Elizabeth Sigmund sprechen, und ein paar Tage später saß ich im Zug nach Cornwall, wo sie mit ihrem zweiten Mann William lebt. Die Reise war beschwerlich. Der Schneesturm war vorüber, aber das empfindliche britische Eisenbahnnetz litt noch immer unter den Folgen, und ich kam mit drei Stunden Verspätung an. William Sigmund wartete am Bahnhof auf mich, die Verspätung schien ihn nicht zu beeindrukken. Er ist ein ruhiger, bärtiger Mann in den Vierzigern, und auf der Fahrt zu ihrem Haus erzählte er mir vom Kampf gegen chemische und biologische Kriegsführung, wofür Elizabeth und er sich seit zwanzig Jahren einsetzten; ihre Arbeit wird von einer Stiftung finanziert.

Elizabeth Compton (wie sie damals hieß) war eine gute Freundin von Plath in Devon. Sie waren nur ein Jahr befreundet, aber da es das letzte Jahr von Plaths Leben war – und in dieser Phase die Ehe in die Brüche ging und sie die *Ariel*-Gedichte schrieb –, wird ihrem Zeugnis in der Plath-Legende großes Gewicht beigemessen und Aufmerksamkeit geschenkt. Sie ist eine Zeugin, wie Tote sie sich wünschen, sie sagt nur Gutes. In ihrer ›Erinnerung‹ an Plath, die sie 1976 veröffentlichte, beschreibt sie ihre Freundin als absolut beeindruckend, liebenswert, köstlich unterhaltsam und sehr berührend. Am Ende der berühmten Passage (»Meine Milch ist versiegt ... Ted ... ist ein erbärmlicher Mann geworden.«), schreibt sie, daß Plath die Nacht auf dem Sofa im Wohnzimmer verbracht hatte, und als sie am nächsten Morgen die Treppe herunterkam, sah sie Plath, die sich »über eine Kiste mit einer Katze und ihren neugeborenen Jungen beugte«. Sie fügt hinzu: »Ich sehe sie vor mir, in einem flauschigen rosa Morgenmantel, ihr langer brauner Zopf hängt über der Kiste, sie wendet den Kopf und sagt: ›Ich habe noch nie etwas so Kleines und Neues und Verletzliches gesehen. Sie sind blind.‹ Was konnte ich tun, um diese wunderbare Person zu beschützen und ihr zu helfen?«

Elizabeth personifizierte nicht nur die absolut liebende und unkritische Freundin, sie erfüllte auch noch eine dumme Forderung, die wir an unsere Vertrauten in Zeiten häuslichen Unfriedens stellen: daß sie sich absolut zu uns bekennen, unsere verletzten Gefühle teilen und unsere Wut auf denjenigen übernehmen, der uns verletzt hat, als wären sie selbst verletzt worden. Elizabeth machte Hughes offensichtlich immer noch die gleichen Vorwürfe wie im Sommer des Jahres 1962. Über Olwyn schrieb Elizabeth in ihrer ›Erinnerung‹:

> »Die komplizierteste Person in Teds Familie war seine Schwester Olwyn, die Sylvias Talent und Schönheit fürchtete und beneidete, ebenso deren Beziehung zu Ted. Sylvia spürte diese heimliche Eifersucht und erkannte Olwyns unüberwindbaren Zorn. Sie hat mir oft erzählt, daß Olwyn sie haßte, ihr die Position als zweite Tochter der Familie mißgönnte. Als Olwyn mir nach Sylvias Tod begegnete, fand ich, daß Sylvia Olwyns Haltung untertrieben hatte; selbst aus der Entfernung war sie schwer zu ertragen.«

»Ich versuchte, Sylvia das unterdrückende Klassensystem dieses Landes zu erklären«, fährt sie fort, »und daß ein amerikanisches Mädchen vom College nur schwer verstehen könne, warum Leute wie die Hughes darunter leiden. Ich fragte sie, ob sie je daran gedacht habe, daß sich Ted vielleicht irgendwie minderwertig fühlen könne. Ihre Antwort war ein bitteres verächtliches Lachen. ›Ted hat mit dem Herzog von Edinburgh zu Mittag gegessen‹, sagte sie, was natürlich keine Antwort war.«

Wir waren beim Haus angekommen, einem kleinen Cottage mitten auf dem Land. Elizabeth, eine korpulente Frau in einem schwarzen Kleid mit einem geblümten Tuch um die Schultern, lag auf einem Sofa in der Mitte eines kleinen, niedrigen Raumes mit einem großen Kamin aus Stein. Wie Alvarez war auch sie älter, als ich erwartet hatte, und ich erschrak über ihren geschwollenen Fuß auf dem Sofa. Am Telephon hatte sie mir erklären wollen, warum sie mir kein Mittagessen anbieten könne, und gesagt, daß sie sehr unter Arthritis leide und unbeweglich sei, aber erst jetzt begriff ich, wie behindert sie war. Trotzdem begrüßte sie mich mit dem lachenden Hinweis auf Elizabeth Barrett Browning und plauderte, eher um mich zu erheitern als um Mitleid zu erregen. Ich konnte verstehen, warum Plath sich zu dieser vitalen Frau hingezogen fühlte. William brachte eine Kanne Tee und einen Teller mit Keksen, die er aus unbehandelten Vollwertprodukten selbst gebacken hatte. Er zog sich dann in sein Arbeitszimmer zurück, das mit modernen Computergeräten und einem großen Kopierer ausgestattet war. Elizabeth zog das Tuch um ihre Schultern zurecht und erzählte mir Geschichten über Plath und Hughes und Olwyn, die ich zum Teil bereits in ihrer ›Erinnerung‹ und in Butschers Biographie gelesen hatte, andere waren neu für mich, hatten aber bereits den faden Beigeschmack der Abnutzung. Dazu gehörte der Bericht über ihren Besuch in der Fitzroy Street, kurz nach Plaths Tod: »Ted war nicht zu Hause, ein junges Kindermädchen kümmerte sich um die Kinder, und sie erzählte mir, daß Nick nicht mehr essen wolle. Er war sehr gefräßig gewesen – wie Sylvia liebte er Essen –, aber jetzt aß er nicht mehr, und er war ganz still geworden. Wir unterhielten uns eine Weile, und dann fragte ich: ›Kommt Ted zurück?‹ Und sie antwortete aufgeregt: ›Ja, aber *sie* ist hier, wissen Sie.‹ Und ich fragte: ›Wen meinen Sie mit *sie*?‹ Und das Mädchen sagte: ›Mrs. Wevill.‹ Und ich sagte: ›Sie *wohnt* hier?‹ Und sie sagte: ›Oh, ja.‹ Dann kam Ted zurück – ich hörte, wie Assia die Treppe zum Schlafzimmer hinaufging –, und er sah total zerstört aus. Er sah mich an und sagte bloß meinen Namen, und dann ging er in ein anderes Zimmer und holte ein Exemplar der Glasglocke. Er hatte Tränen in den Augen. Er sagte: ›Das ist für Sie – Sie haben es noch nicht gesehen!‹, und ich sagte: ›Ja, danke.‹ Es war furchtbar. Die Gefühle waren so stark und so schrecklich. Und dann sagte er – ich weiß, daß er es nicht so meinte – : ›Nur wenigen Männern ist es vergönnt, ein Genie umzubringen.‹ Und ich dachte, der arme Mann! Wie soll er damit fertig werden? Wir standen in der Küche, und er hatte einen Kessel mit Wasser aufgesetzt – auf dem Herd, mit dem sie sich vergast hatte.«

Geschichten wie diese füllen regelmäßig die Biographien und werden für wahr gehalten, weil man sie nicht widerlegen kann. In allen Plath-Biographien behandelt man Eindrücke und Erinnerungen von Zeitgenossen an Hughes wie historische Fakten. Man kann sich vorstellen, wie Hughes sich fühlen muß, wenn er eines dieser Bücher in die Hand nimmt und liest, was anderen an ihm aufgefallen ist, was sie über ihn gedacht haben, was er gesagt haben soll, vor dreißig Jahren. Das Gedächtnis ist für seine Unzuverlässigkeit bekannt; wenn es mit negativen Gefühlen zusammentrifft, kann es ungeheuer unzuverlässig werden. Ein »guter« Biograph ist angeblich dazu in der Lage, die Zeugenberichte zu beurteilen und hat eine Antenne für tendenziöse Verzerrungen, falsche Erinnerungen und glatte Lügen. In seiner Orwell-Biographie belegt Crick seine hervorragende Sensibilität für dieses Problem mit einem Beispiel. Nachdem er eine reißerische Passage aus einer Erinnerung des Romanciers Raynor Heppenstall an Orwell zitiert hat, hält er inne, um darüber nachzudenken, wie sie zu bewerten ist. Die Passage berichtet über einen Zwischenfall aus den Dreißigern, als Orwell und Heppenstall zusammen in einem Haus in Kentish Town wohnten und Heppenstall eines Nachts spät nach Hause kam, sehr betrunken.

Heppenstall schrieb in seinen Memoiren, zwanzig Jahre später, daß Orwell seinem Mitbewohner zunächst eine Standpauke gehalten habe, ihm dann, als Heppenstall zu streiten begann, die Nase blutig schlug und schließlich mit einem Jagdstuhl auf ihn losging. »Er hieb mich fürchterlich über die Beine«, erinnert sich Heppenstall, »und hob dann den Stuhl über den Kopf. Ich sah ihm ins Gesicht. Benebelt wie ich war, erblickte ich einen kuriosen Ausdruck aus Furcht und sadistischer Exaltation.« Aus einer anderen Quelle weiß Crick, daß »der Vorfall sich tatsächlich ereignet hat«, aber er wundert sich, wie Heppenstall sich nach einer Pause von zwanzig Jahren an die »Furcht und sadistische Exaltation« erinnern kann. Er vermutet, daß Heppenstall zu dem Zeitpunkt, als er seinen Bericht schrieb, zu der Auffassung gekommen sei, daß Orwells Werke »maßlos überschätzt« würden, und er deshalb »mit diesem Bericht grundsätzliche Kritik an Orwells Charakter üben wollte«. Crick findet diese Schlußfolgerung wesentlich plausibler als »die Annahme, er habe den Vorfall schon damals in diesem Lichte gesehen«. Aber damit gibt er sich immer noch nicht zufrieden. In einer Fußnote in der Taschenbuchausgabe seiner Biographie schreibt er, daß Heppenstall »meiner Meinung nach als versierter Schriftsteller einen komplexen, öfters zutage tretenden Sachverhalt [einen sadomasochistischen Zug in Orwell] in einer einzigen, vielsagenden Anekdote komprimiert hat, die scheinbar alles erhellt«. Er fügt hinzu: »Der komplexe Sachverhalt erscheint immer wieder in diesem Buch, aber vielleicht bin ich nicht explizit genug geworden … Dazu kann ich nur sagen, daß der Rest unerklärlich bleibt, wenn man nicht die gängigen, a priori psychoanalytischen Ansätze wählt … Das soll nicht heißen, daß es diesen Rest nicht gibt.«

Elizabeth kam von Ted auf Olwyn. »Ich habe sie erst nach Sylvias Tod kennengelernt, als sie nach Court Green kam, um bei Ted und den Kindern zu bleiben«, sagte sie. »Ich lernte sie sehr gut kennen. Wir haben zusammen gepokert. Man war sehr beunruhigt, wenn man feststellte, daß man gewonnen hatte – weil man Angst hatte, Olwyn könnte sich über den Tisch beugen und einem eine runterhauen, obwohl das nie passiert ist. Sie spielte wie eine Verrückte. Sie riskierte viel. Ich hatte fürchterliche Angst vor ihr, wenn sie wütend wurde – sie war schrecklich reizbar und unglaublich sarkastisch –, aber sie war auch sehr faszinierend. Sie lebte in Paris und konnte alle möglichen aufregenden Anekdoten aus ihrem Leben erzählen. Für mich als graue Maus vom Land war sie äußerst interessant. Aber Olwyn redet über mich, als ob ich dumm und widerlich sei. Sie hat einmal zu jemandem gesagt, ich würde wie ein Schwein im Dreck leben. Sie und Ted und Carol reden nicht mehr mit mir. Ich bin einmal bei einem Vortrag von Anne Stevenson in Exeter gewesen, und ganz hinten sah ich Carol sitzen. Sie ist ein sehr dunkler Typ und sehr schön. Früher war sie ein ziemlich schüchternes Mädchen – sie war Krankenschwester und hat ihn mit zweiundzwanzig geheiratet –, aber inzwischen ist sie sehr eingebildet und sehr elegant. Ich bin zu ihr hingegangen und habe sie begrüßt, und sie antwortete: ›Ich darf nicht mit Ihnen reden.‹ Es war lächerlich. Ich will mich doch nicht in den Vordergrund spielen oder ein armes totes Mädchen dazu benutzen, um berühmt zu werden. Ich weiß, daß sie das denken, aber es ist nicht so. Niemand kann abstreiten, daß man sein Ego aufpoliert, wenn jemand sehr berühmt wird, den man kennt. Man denkt, dieser brillante Mensch hat mich wirklich gemocht, also muß ich auch jemand sein. Und wenn mich jemand aufsucht, so wie Sie – fühle ich mich natürlich geschmeichelt. Aber wann immer ich in Erscheinung getreten bin« – Elizabeth meinte damit Anrufe und Briefe an Zeitungen – »habe ich nur auf Verleumdungen reagiert, die man Sylvia antat.«

Auf einem niedrigen Tisch neben sich hatte Elizabeth einen Aktenordner mit Zeitungsausschnitten liegen, von denen ich die meisten schon kannte. Die Personen in und die Chronisten um die Plath-Legende sammeln diese dürftigen unzuverlässigen Geschichten wie heilige Schriften. Vielleicht ist die Macht der Presse niemals so evident – und ärgerlich –, wie in den Momenten, in denen ein Teil dieser steten Tropfen zu einem Stalaktiten erstarrt, den man »Archivmaterial« nennt. Zeitungsstories, die ursprünglich geschrieben wurden, um unseren täglichen Hunger nach eitler und unpersönlicher Schadenfreude zu befriedigen –, sorgen für Aufregung und Ablenkung und sind in der nächsten Woche vergessen –, nehmen dann ihren Platz neben seriösen Informationen und Nachrichten ein, und man übersieht völlig, daß sie lediglich die Frage aufwerfen, was passierte und wer gut und wer böse gewesen sei.

Ich ging in Williams Büro und kopierte auf seinem Kopierer die Geschichten, die ich noch nicht in meinem eigenen Archiv hatte. Im Laufe des Nachmittags sah er zwar nicht direkt verärgert, aber nicht mehr ganz so freundlich aus; er preßte die Lippen zusammen und setzte ein besorgtes Gesicht auf, wenn ich ihn ansprach. Als mein Besuch zu Ende war, rief ich ein Taxi, und während wir warteten, versiegte Elizabeths fröhliches Geplauder. Sie sah müde aus und hatte vermutlich Schmerzen. Sie erklärte mir, daß es ein kompliziertes Bravourstück sei, vom Sofa zur Toilette zu gelangen. Mir wurde bewußt, wie traurig und hart ihr Leben war; das Haus weckte Mitgefühl und wirkte ein bißchen unheimlich. Mein Besuch bei dieser Frau und ihrem Mann, die so abgeschieden lebten und sich gegen chemische Kriegsführung einsetzten, hat mich wenig mehr gelehrt als das, was ich gerade geschrieben habe, und hinterließ in mir das ernüchternde Gefühl, daß mein journalistischer Bericht über diesen Besuch ziemlich unverschämt war. Was wußte ich über sie? Gewiß bin ich ihnen nicht gerecht geworden. Ein Biograph begeht den gleichen Fehler, wenn er behauptet, das Geheimnis eines Lebens, dessen »Daten« nicht weniger dürftig ausfallen (wenn man bedenkt, was für eine ungeheure Masse aneinandergereihter Ereignisse in einem Leben zusammenkommt), mit ebenso krassen Interpretationen lösen zu können (wenn man bedenkt, was für ein feinsinniges, von Gewohnheiten geleitetes Instrument die menschliche Motivation ist).

Das Taxi kam, und ich fragte den Fahrer auf dem Weg zu meinem Hotel, ob er wisse, was meine dreistündige Verspätung mit dem Zug verursacht habe. Er wußte es – der Schnee hatte einen Tunnel zerstört – und meinte, daß ich am nächsten Morgen das gleiche Problem haben würde, wenn ich Cornwall verlassen wollte. Er fragte mich, wohin ich wollte, und als ich sagte, ich wolle nach Milverton in Somerset, hundert Meilen entfernt – wo ich mit Clarissa Roche zum Mittagessen verabredet war –, nannte er mir einen Preis, für den er mich fahren würde. Ich akzeptierte.

NEUN

Am nächsten Tag, einem Sonntag, war der Fahrer um zehn Uhr vor meinem Hotel; auf dem Rücksitz saßen eine Frau und ein Kind. Ich setzte mich auf den Vordersitz, und der Fahrer erklärte, Frau und Kind seien seine Frau und sein Sohn, stellte sie mir aber nicht vor. Während der Fahrt unterhielt er sich mit mir, sagte aber kein einziges Wort zu seiner Frau und seinem Sohn. Das Kind brabbelte eine Weile vor sich hin und schlief dann ein. Anfangs wandte ich mich an die Frau, um sie in die Unterhaltung miteinzubeziehen, aber sie bedeutete mir, daß sie nicht miteinbezogen werden wolle. Ihre Mann-Frau-Beziehung kam mir so archaisch, so veraltet vor, daß ich mich fast wie vor einer antiken Ruine fühlte. Das war die Realität, dieser Sexismus war so pur und ungebrochen, daß er Ehrfurcht einflößte, beinahe Respekt. Ich dachte an Plaths Gedicht »Der Bewerber«, das sie 1962 schrieb:

»Eine lebende Puppe, allseits zu sehen.
Sie kann nähen, sie kann kochen,
Sie kann sprechen, sprechen, sprechen.

Sie funktioniert. Nichts in Unordnung. Gehbereit.
Du hast ein Loch; sie ist ein Breiumschlag.
Du hast ein Auge; sie ist ein Bild.
Mein Junge, es ist deine letzte Gelegenheit.
Willst du sie heiraten, heiraten, heiraten.«

Ich fragte den Fahrer, ob er einen kleinen Umweg fahren könne. Er hielt an, um auf die Karte zu sehen, die ich bei mir hatte. Ich hatte am Morgen im Hotel die Karte studiert und festgestellt, daß der Ort North Tawton nicht weit von der Hauptverbindungsstraße nach Milverton lag. In North Tawton befindet sich Court Green. Der Fahrer sagte: »Kein Problem« (seine Frau fragte er nicht) und fuhr weiter. Aber es gab ein Problem. Der Fahrer verpaßte die Ausfahrt nach North Tawton und brauchte dann eine Stunde – statt zehn Minuten auf dem direkten Weg –, um sich durch das verkehrsreiche Exeter bis in das Dorf zu kämpfen. Inzwischen würde ich zu meiner Verabredung bei Clarissa Roche viel zu spät kommen (meine Entscheidung, ein Taxi zu nehmen, statt es mit dem Zug zu versuchen, hatte sich ohnehin als Fehler herausgestellt), und ich bereute meine Idee zutiefst.

Als wir schließlich durch North Tawton fuhren – ein kleines, stilles, schmuckloses altes Dorf – und ich den Turm sah, der zur

Kirche neben Court Green gehören mußte, wurde meine Reue um so größer. Mein Plan, hierher zu kommen, schien mir unglaublich töricht. Was hatte ich mir dabei gedacht? Was wollte ich tun, wenn wir bei dem Haus angekommen waren? Ein ehrfürchtiger Besuch des Hauses, in dem Plath gestorben war, war in Ordnung; aber wie konnte man um das Haus herumschnüffeln, in dem Ted Hughes lebt? Aber jetzt war ich dazu verdammt, meinen unbedachten Plan zu Ende zu führen; ich konnte den Fahrer nach all seinen Bemühungen nicht mehr bitten, einfach weiterzufahren. Als wir ein Haus erreichten, in dem ich nach Alvarez' Beschreibungen und von Photographien in diversen Biographien Court Green erkannte und doch nicht erkannte, bat ich ihn anzuhalten. Die Photographien waren unscharf gewesen und hatten in mir den Eindruck von einem reetgedeckten, ziemlich niedrigen Haus, weinumrankt zwischen wilden Blumen und alten Bäumen und Kopfsteinpflaster hinterlassen – einem Haus, das seinem Namen gerecht wurde und, wie Plath im September 1961 ihrer Mutter schrieb: »Das Haus ist wie ein Mensch; es reagiert auf den leisesten Handgriff und sieht sofort wunderbar aus.« Jetzt stieg ich aus dem Taxi und starrte auf ein großes Haus, weiß mit schwarzen Rahmen. Ein massives Vorstadthaus – es erinnerte mich an die Häuser aus den Zwanzigern und Dreißigern im Tudor-Stil, wie sie in Orten wie Riverdale und Scarsdale stehen. An der Seite des Hauses befand sich ein hoher Palisadenzaun, den ich auf keiner der Photographien bemerkt hatte, weshalb mir Zweifel kamen, ob ich tatsächlich vor dem richtigen Haus stand, und als ein Kind die Straße herunterkam, fragte ich es: »Ist das das Haus des Hofpoeten?« Es nickte und lief eilig weiter. Es gab einen Rasen vor dem Haus und ein paar kleine, kahle Bäume. Die Vorhänge vor den Fenstern waren zugezogen, zu meiner Erleichterung bewegten sie sich nicht. Vielleicht waren die Hughes' nicht zu Hause. Was ich dann sah, ließ darauf schließen, daß mein Überfall vielleicht doch nicht unbemerkt bleiben würde. In einem der Bäume hing ein prall gefülltes Vogelhäuschen, das Rotkehlchen und Spatzen umflatterten. Mein Mitgefühl für Hughes kehrte zurück – ich spürte seine Wirklichkeit, seine Lebendigkeit, seine verfahrene Situation und schämte mich für meine Komplizenschaft bei der Jagd, die sein

Leben zur Qual machte; ich hatte mich dem Verfolgerpack angeschlossen. Trotzdem inspizierte ich Haus und Grundstück, suchte beharrlich weiter nach einer mentalen Trophäe, die ich mitnehmen konnte, einen Eindruck, um meinen Besuch an diesem Ort zu kennzeichnen, wo das Mädchen, das bald tot sein sollte, in den blauen Stunden der Morgendämmerung seine Unsterblichkeit festschrieb. 1962 schrieb Plath in ihrem Gedicht »Brief im November«, wie sie in Court Green umherwanderte, »idiotisch glücklich, / Meine Gummistiefel / Platschen und platschen durch das schöne Rot.« Sie schreibt, beinahe selbstgefällig:

»Das ist mein Eigentum.
Zweimal am Tag
Geh ich es ab, beschnüffle
Die barbarische Stechpalme mit ihren grünen
Reineisernen Zacken

Meine siebzig Bäume halten
Ihre goldroten Bälle
In einer dicken grauen Todessuppe
Ihre Million
Goldene Blätter metallen und ohne Atem.«

»Das ist mein Eigentum.« Es ist Hughes bitteres Schicksal, mit Plath immer wieder um das Eigentum seines Lebens zu kämpfen, zu versuchen, es ihr wieder zu entreißen. In »Papi« beschreibt Plath ihren toten Vater als Vampir, den noch einmal zu töten ihr schließlich gelungen ist:

»Papi, bleib liegen, du bist ein Geist.

Dein schwarzes Haar durchbohrt jetzt ein Pfahl,
Und im Dorf die fanden dich niemals gut.
Sie tanzen und stampfen auf dir, du Graus.
Daß es immerzu du warst, das haben sie raus.
Papi, Papi, du Dreckstück, zwischen uns ist es aus.«

Hughes hat es nie geschafft, Plath den schwarzen Pfahl ins Herz zu treiben und sich aus ihrer Umklammerung zu befreien. (Die Biographen, Journalisten, Kritiker, Kuriositätensammler und Bewegten, die Hughes umschwärmen, sind kaum etwas anderes als Ersatzfiguren für ihren umherwandelnden Geist.) Er hat nie den richtigen Weg gefunden, nie die einzige Bewegung ausgeführt, die den ersehnten Tod herbeiführt. »Ich habe nie versucht, meinen eigenen Bericht über Sylvia zu schreiben«, schrieb er im November 1989 an Anne Stevenson, nachdem sie ihm in einem Brief vorgeworfen hatte, er würde sich öffentlich von ihrer Biographie distanzieren, »weil mir von Anfang an völlig klar war, daß ich die einzige Person in dieser Sache bin, der all diese Menschen nicht glauben können, die mich für schuldig halten.« Er schreibt weiter:

»Ich weiß außerdem, daß die Alternative – zu schweigen – mich zur Projektionsfigur für Verdächtigungen übelster Art macht. Mein Schweigen scheint sämtliche Vorwürfe und Phantasien zu rechtfertigen. Im großen und ganzen habe ich diesen Weg vorgezogen, statt zuzulassen, wie man mich in die Arena hinauszerrt und mich foppt und sticht und reizt, bis ich jedes winzige Detail über mein Leben mit Sylvia auskotze, zur erbaulichen Unterhaltung von hunderttausend englischen Literaturprofessoren und Studenten, die – wie Sie wissen – für diesen Fall kaum mehr empfinden als eine Neugier ziemlich niederer Ordnung, die gewöhnliche Dorfneugier, die Hahnenkampflust, auch wenn sie ihre Aufmerksamkeit noch so sehr mit dem Glauben an die Literaturkritik und ethische Unantastbarkeit bekleiden. Jegliche stärkeren Gefühle sind meist noch niederer Herkunft: Statusängste, ihre beruflichen Ängste im Gerangel um eine Beförderung.«

Mit wachsender Bitterkeit und Verachtung fährt er fort:

»Die meisten sehen das Ganze nur als eine Möglichkeit, Geld zu machen. Auch Sie, Anne, erinnern sich genauso gut wie ich, daß es nicht Ihre große Liebe zu Sylvias Lyrik war, oder der

Ehrgeiz, ihre Geschichte ins rechte Licht zu rücken, was Sie zu diesem Buch gebracht hat. Als Sie mir sagten, daß Sie die Vorauszahlung von Penguin wirklich gut gebrauchen könnten, dachte ich nur: Wenn jemand schon das Buch machen will (nachdem es ursprünglich als Serie geplant war), warum soll Anne nicht das Geld dafür bekommen? Aber ist es nicht immer das Gleiche? Wenn ein junger Dozent aus Prestigegründen einen Artikel unterbringen will, würde er dann über Thomas Wyatt oder über SP schreiben? Sie wissen sicher, daß Paul Alexander (dessen Namen man lediglich von seinem Vorwort zu dieser Essay-Anthologie kannte) einfach hereinspazierte – in welchen Verlag habe ich vergessen – und mit 150 000 Dollar herauskam. Vielleicht habe ich mich auch in der Summe getäuscht. Butscher hat seine Biographie geschrieben, [damit] der Verlag einen Band seiner Gedichte akzeptiert. Ein Bekannter von Linda Wagner-Martin hat mir erzählt, daß sie nach dem Erfolg mit dem Buch einen hübschen neuen Lehrauftrag mit einem hübschen neuen Gehalt bekommen hat. Vielleicht ist es abscheulich, dieses Geschäft aus der Perspektive zu betrachten, aber wie soll ich das sonst sehen, wenn man mir vorheult, ich solle es über mein eigenes Leben stellen und es außerdem mit großen Brocken meines eigenen Lebens füttern, oder sollte ich nicht wenigstens versuchen, ihm diese Beute wieder zu entreißen?

Ich habe all dies schon vor langer Zeit akzeptiert, aber, Anne, bitte erwarten Sie nicht von mir, daß ich dabei glücklich bin. Oder auch nicht gelegentlich versuche, meine Kinder und meine Frau und mich mit einer Feuerwand zu umgeben. Wenn mich alte Freunde verteidigen wollen (falls das ihr Motiv ist), fühle ich mich nicht verpflichtet, mit all ihren Aussagen übereinzustimmen, und ich muß auch nicht aus stumpfsinniger Loyalität zulassen, daß die Öffentlichkeit eine neue Attacke gegen mich fährt – ich würde herumlaufen und andere Leute bitten, ihre Informationen über Sylvia herauszugeben, weil es nicht gut aussehen würde, wenn ich es selbst täte ... Ich wünsche mir einfach nur, wenn es geht, die Privatheit meiner eigenen Gefühle und Gedanken über Sylvia für mich selbst zurückzugewinnen und sie vor der Beschmutzung durch andere zu bewahren ...

Sie sollten sich von der Art und Weise, wie ich das tue, nicht allzusehr beeindrucken lassen. Ich wäre froh, wenn mir eine effektivere Lösung einfallen würde. Aber mit dem Moment, wo Sie sich einverstanden erklärten, mit Olwyn zusammenzuarbeiten, haben Sie mich in diese Verlegenheit gebracht, nach einer Lösung zu suchen, irgendeiner Lösung, um mit dieser bizarren neuen Wendung der Situation umzugehen. Sie haben mir keinen Ausweg gelassen.«

Hughes' Brief, wie seine zweite Einführung zu *The Journals*, arbeitet auf einen erstaunlichen Höhepunkt hin:

»Bei allem, Anne, bin ich mir dessen sehr bewußt, daß ich wahrscheinlich nie das Richtige tun werde, oder auch nur etwas Vernünftiges, bestenfalls habe ich am Ende zwei Herren gedient. Ich habe Sie dazu ermutigt, jeden seine Geschichte erzählen zu lassen. Aber gleichzeitig weiß ich, was das für uns Insider bedeutet, und suche nach einer Verteidigung. Durch Ihre Zusammenarbeit mit Olwyn ist das Dilemma außerordentlich heikel geworden.

Ein einziger Vorfall soll Ihnen zeigen, wie weit Ihr Buch von meiner Welt entfernt ist. Ich bedaure, daß ein bestimmter Satz nicht gestrichen wurde. An der Stelle, wo beschrieben wird, wie Sylvia meine Papiere vernichtet hat, steht »das könnte man niemals vergessen oder vergeben« oder so ähnlich. Ich erinnere mich, daß Dido als erste zu diesem Ergebnis kam, aber Sie und Olwyn scheinen wie selbstverständlich davon auszugehen, daß es wahr ist. Ich glaube nicht, daß ich in Didos Text etwas daran geändert habe – ich war so beschäftigt, sie davon zu überzeugen, daß sie Sylvia vollkommen anders sehen müsse.

In Wirklichkeit habe ich es [Sylvia] nie übelgenommen – weder damals noch zu irgendeinem anderen Zeitpunkt. Ich war ziemlich erschüttert und sah, daß es ziemlich verrückt war, so etwas zu tun. Sie hat nie irgend etwas getan, was ich ihr übelgenommen habe. Das einzige, was für mich schwer zu verstehen war, war, als sie plötzlich unsere schlimmen Momente (»Event«, »Rabbit Catcher«) für ihre Gedichte entdeckte. Aber wer behauptet, ich hätte ihr nicht vergeben können, daß sie diese Papierfetzen zerrissen hat, hat den Kern meiner Beziehung zu ihr total mißverstanden. Mit anderen Worten, das ist tatsächlich nicht wahr. In Zukunft also, in jeder Neuauflage oder Übersetzung, hätte ich diesen Satz gern gestrichen. Lassen Sie die Episode für sich selbst sprechen.

All diese heftigen Reaktionen gegen sie – die sie so heftig provoziert hat – von Leuten, die möglicherweise manchmal glaubten, mich zu verteidigen – waren aus meiner Sicht einfach Katastrophen, vor denen ich sie schützen mußte. Als ob ich einen Fuchs vor meinen eigenen Hunden schützen wollte, während der Fuchs mich beißt. Bei einem richtigen Fuchs wüßte man in dieser Situation ganz genau, warum er beißt.«

Dritter Teil

EINS

Ich stieg wieder ins Taxi, wo der Mann und die Frau und das Kind schweigend saßen. »Keiner zu Hause?« fragte der Fahrer. Ich hub an zu erklären, daß ich nur das Haus hatte sehen wollen, und besann mich eines besseren. Wir fuhren weiter, und die Beklemmung, die mich während dieser Fahrt nach England immer unter der Oberfläche begleitet hatte, trat offen hervor und manifestierte sich in dem Umstand, daß ich zum Lunch bei Clarissa zu spät kam. Aber Clarissas fröhliche Begrüßung wirkte wie Balsam auf meine Wunden und sie winkte ab, als ich fragte, ob mein Zuspätkommen irgendwelche Unannehmlichkeiten bereitet hätte. Sie ist Amerikanerin, lebt seit über dreißig Jahren in England und hat vier erwachsene Kinder. Bis vor zehn Jahren war sie mit dem Dichter Paul Roche verheiratet (er zog nach ihrer Scheidung nach Mallorca). Paul Roche hatte in seiner Jugend für den Maler Duncan Grant Modell gestanden, daraus wurde später eine Watts-Dunton-ähnliche Freundschaft, und Grant hinterließ ihm nach seinem Tod im Jahre 1978 die Hälfte seiner Gemälde und Zeichnungen. Das außergewöhnliche ästhetische Erlebnis, das ich mir von meinem Besuch in Court Green erwartet hatte, lieferte nun mein Besuch in Clarissas Haus. Frances Spalding beschreibt 1983 in ihrer Biographie über Vanessa Bell das Haus von Vanessa in Sussex, Charleston, wo sie angeblich mit ihrem Ehemann Clive Bell, tatsächlich aber mit Grant lebte, in den sie hoffnunglos verliebt war und der außerdem der Vater ihrer Tochter Angelica ist. Um Grant in ihrer Nähe und als eine Art Zeugnis einer fruchtbaren Einheit von Kunst und chaotischen, unkonventionellen häuslichen Gegebenheiten zu behalten, unterhielt sie auch seine Geliebten. Einer von ihnen, David Garnett, heiratete Angelica, als sie dreiundzwanzig Jahre alt war. Mir kam es jetzt so vor, als sei ich über die Schwelle eines zweiten Charleston getreten, ein Ort von atemberaubender, interessanter Schönheit, der mit dem »English style« der Einrichtungszeitschriften nichts gemein hatte, das Produkt eines gehobenen, eigenwilligen Geschmacks, dem man eine tiefverwurzelte Liebe zu den äußeren Erscheinungsformen der Welt ansah. Angelica Garnett beschreibt in *Freundliche Täuschungen*, einer Erinnerung an ihre Kindheit und Jugend in Charleston, die Geschichte von Bloomsbury aus der Sicht eines unglücklichen Kindes, die das Portrait von Charleston bestätigt:

> »Obgleich wir ungebürstet, ungewaschen und zerlumpt herumliefen, obwohl unsere Teppiche und Vorhänge ausgeblichen und unsere Möbel voller Flecken und Schrammen waren, wurde rein ästhetischen Dingen allerhöchste Bedeutung beigemessen. Wir verbrachten Stunden damit, ein altes Bild an einem neuen Platz aufzuhängen oder eine neue Farbe für die Wände auszuwählen.«

Clarissas Haus hing voll mit Bildern und Zeichnungen von Grant, jedes einzelne war mit großer Sorgfalt und mit Bedacht plaziert worden. Der erste Eindruck in der Halle war einzigartig: an der Wand ein Gemälde von Grant, das zwei Kinder auf einem Sofa zeigt und darunter stand das Sofa selbst. Noch eine Besucherin verbrachte das Wochenende im Haus, um Werke und Dokumente für eine Grant-Biographie zu sichten – Frances Spalding selbst! Clarissa führte mich durch die wichtigsten Zimmer des Hauses (durch Glastüren fiel mein Blick in einen altmodischen, von einer Mauer umgebenen Garten), dann erschien Frances Spalding aus einem Arbeitszimmer: eine große, schlanke junge Frau mit einem knabenhaften Haarschnitt, in schmalen Hosen und einem langen, gestreiften T-Shirt, alles an ihr war gepflegt und saß an der richtigen Stelle. Sie machte einen klaren, zurückhaltenden, gelassenen Eindruck und sprach mit einer tiefen, ruhigen, leisen Stimme – nicht sehr viel, aber immer zum passenden Zeitpunkt. Nachdem ich sie einen Nachmittag lang beobachtet hatte, wirkte sie auf mich wie die ideale »gute«

Biographin – jemand, der nie zu weit geht, respektiert, was man ihm gibt, jemand, der sich nicht aufdrängt, umsichtig ist, mit kluger und ausgeglichener Urteilsfähigkeit, jemand, der sich nicht in ein solches Chaos verwickeln läßt, wie es Anne Stevenson und Olwyn getan hatten. Ihre verständnisvolle Biographie über Vanessa Bell hat sie bekannt gemacht und den Beifall der Kritik gefunden; sie ist ausführlich und gut erzählt. Sie überzeugt den Leser davon, daß Vanessa großartig war – eine mutige, liebenswerte Frau und begabte Künstlerin, die ein reiches, schönes Leben geführt hat – und lebt von der Spannung zwischen den verrückten »Verwicklungen« von Vanessas Leben und den unspektakulären alltäglichen Aktivitäten und Erfolgen. Im Gegensatz dazu ist Angelica Garnetts Erinnerung, wie die ›Erinnerung‹ von Dido an Plath, voll von Verletztheit und Klagen, weshalb man sie nicht mag – und ihr Buch auch nicht. Wir wollen gar nicht wissen, was uns rachsüchtige Erinnerungen wie die von Angelica und Dido zwingen wahrzunehmen: daß unsere Kinder und Freunde uns nicht lieben, daß wir neurotisch, blind, erbärmlich sind, daß sich unser Leben vor dem Jüngsten Gericht als ein Fehler erweisen wird, verpfuscht und vergeudet.

Der Aufschrei gegen Dido Merwins ›Erinnerung‹ war ein Schrei aus dem Herzen des Lesers über seine eigenen postumen Aussichten, Ausdruck seines Wunsches, man möge ihn wohlwollend in Erinnerung behalten und bitte nicht so lebendig. Es ging nicht darum, ob Didos Erinnerungen an Plaths schlechtes Benehmen wahr oder falsch sind – verletzt hat ihre ungebührliche Ausführlichkeit. Es gibt Belege in Plaths eigenen Schriften, daß sie ausgesprochen unangenehm werden konnte, wenn die Dinge nicht so liefen, wie sie wollte. Sie wußte das selbst und konnte in solchen Situationen sehr hart gegen sich selbst sein, wie sie 1956 in ihrem Pariser Tagebuch über »diesen lächerlichen Wutanfall« schreibt, »weil die Theaterplätze nicht nebeneinander, sondern hintereinander waren, was dazu geführt hat, daß Sassoon mich damit liebevoll aufgezogen und die Karten zurückgegeben hat«. Sie fügt hinzu: »Wenn ich heute daran denke, bin ich entsetzt über mein verwöhntes, anspruchsvolles Benehmen.« Wenn sie sich selbst kritisiert, applaudieren wir ihrer Ehrlichkeit, aber wenn sich Dido Merwin beklagt, weil Plath das

Essen aus dem Kühlschrank genommen hat, schämen wir uns ihrer Kleingeistigkeit.

Clarissa bat uns zum Lunch nicht in das offizielle Eßzimmer, sondern in ein kleines Eßzimmer hinter der Küche mit einem Kamin, in dem, nach englischer Art, ein paar kleine Flämmchen müde flackerten. Clarissa ist eine rundliche Frau in mittleren Jahren, mit graublondem Haar und einem unkomplizierten, herzlichen, etwas zerstreuten Auftreten. Die Bücher, die ich über Bloomsbury gelesen hatte, hatten mich auf ihr Haus vorbereitet, und was ich aus Plaths Tagebüchern wußte, gab mir das Gefühl, daß ich Clarissa schon einmal begegnet sei. Sie und Paul Roche lernten Plath und Hughes kennen, als Plath 1957–1958 am Smith College unterrichtete, und Plath hat in ihrem Tagebuch immer wieder über sie geschrieben, aber nicht alles wurde in den veröffentlichten *Journals* abgedruckt. Wenn Frances McCullough über die »häßlichen Stellen« spricht, die sie aus dem veröffentlichten Werk gestrichen hat, zählt sie Paul und Clarissa Roche zu den Freunden, über die Plath häßlich geschrieben hat: »Paul und Clarissa Roche beispielsweise, die in diesem Buch einige Bosheiten abbekommen, haben Plath dennoch bis zum Ende sehr nahegestanden». Plaths »Bosheiten« in den veröffentlichten *Journals* – ihre Hinweise auf Pauls »Machenschaften« und »Schäbigkeit« und ihre Beschreibungen von Clarissa »unter Tränen schmollend ... wie Miss Muffet in einem unterdrückten Wutanfall« – sind lediglich ein leichter Nachgeschmack der Säuerlichkeit des vollständigen, äußerst hämischen Portraits der Roches, das der unveröffentlichte Teil enthält – von Paul ganz besonders, den sie auf abstoßende Weise faszinierend fand. Aber die Bosheit in ihrer Beschreibung hat – im Gegensatz zu den Bosheiten von Dido und Angelica – einen kühlen, distanzierten, beinahe klinischen Charakter. Und sie schreibt – wie sie auch über Hughes und Richard Sassoon schreibt – mit der künstlerischen Ökonomie und Redundanz eines Romanschriftstellers. Ein Anzug, den Roche trug – »ein leuchtend absinthgrüner Anzug, der seine Augen in einem klaren, überirdischen und etwas unangenehmen, beißenden Grün leuchten ließ wie die aufgewühlte See voller Eisbrocken im Winter« –, gehört zu den wiederkehrenden Attributen für Roche (wie die große Gestalt im Zusammenhang mit Hughes und Kränklichkeit und Kleinheit in Verbindung mit Sassoon immer wieder auftaucht). »Ach, nur mir selbst überlassen, was werde ich für eine Dichterin aus mir herausprügeln«, schreibt Plath in einer Tagebucheintragung vom Mai 1958. Die Tagebücher zwingen uns ständig dazu, uns vorzustellen, was für eine Romanschriftstellerin aus ihr geworden wäre, wenn sie weitergelebt hätte. Während sie über ihren Kampf um die trägen Kurzgeschichten berichtet, bezeugen sie ihre Fähigkeiten als Erzählerin. Hughes Vorstellung, daß Plath ihrem Genius für die »unmittelbare Auseinandersetzung mit den im Innersten liegenden, untragbaren Dingen« nur in Versform wirklich Ausdruck verleihen konnte, wird von den Auseinandersetzungen in den Tagebüchern Lügen gestraft.

1958, als Plath und Hughes in Boston lebten (Plath hatte beschlossen, nicht mehr am Smith College zu unterrichten) und versuchten, mit Schreiben ihren Lebensunterhalt zu verdienen, ging sie wieder bei Ruth Beuscher in Therapie, einer jungen Psychiaterin, die sie im McLean Sanatorium betreut hatte, wo sie nach ihrem Selbstmordversuch drei Monate verbrachte. Die Tagebücher zeigen, wie sie mit charakteristischem Eifer an ihrer Therapie arbeitete, schmerzhafte Einsichten in das zentrale, untragbare Problem – ihre Beziehung zu ihrer Mutter – auf die gleiche Weise sammelte, wie sie ermutigende Briefe von Zeitschriften für ihre frühreifen Werke und gute Noten in der Schule angehäuft hatte. Sie »sah« außerdem, daß Ted eine Vaterfigur war. »Manchmal identifiziere ich ihn mit meinem Vater«, schrieb sie im Dezember 1958 in ihr Tagebuch, »und diese Situationen sind von großer Bedeutung: beispielsweise dieser eine Streit am Ende des Schuljahres, als ich herausfand, daß er an diesem besonderen Tag nicht da und mit einer anderen Frau zusammen war.« Der »Streit«, der sieben Monate früher stattgefunden hatte, am Smith College, ist eines der großartigen Romankonstrukte in *The Journals*. Da es ein Konstrukt ist – die gestaltete, überlegte Arbeit eines schriftstellernden Erzählers statt der unbedachten Äußerungen eines Tagebuchschreibers –, beweist die erste Zeile der Eintragung: »19. Mai, Montag. Nur ist es überhaupt nicht Montag, sondern mittlerweile Donnerstag, der 22. Mai, habe meine letzten Stunden und ein heißes Bad hinter mir und bin viele Ideale, Visionen und Vertrauen losgeworden.« Etwas ist passiert, weshalb Plath von Hughes enttäuscht ist, weshalb sie glaubt, er habe sie betrogen und angelogen, aber sie verrät uns nicht sofort, was es ist. Statt dessen erzählt sie von dem Roman, den sie schreiben wird – »eine Geschichte wie bei James, über die Arbeiter und die Bearbeiteten, die Ausbeuter und die Ausgebeuteten, über Eitelkeit und Grausamkeit: mit einer Rundschrift, einem Kreis aus Lügen und Beschimpfungen in einer schönen Welt, die schlecht geworden ist«, und fährt dann geheimnisvoll fort: »Die Ironie halte ich hier für den Roman fest, aber auch für das *Ladies Home Journal.*« Dann schreibt sie:

> »Ich bin keine Maggie Verver, ich spüre die ordinäre Hitze meines Unrechts, bis ich würge, das Gift ausspucke, das ich geschluckt habe; aber mein Stichwort habe ich von Maggie, dem Mädchen sei Dank. Wie Ironie entsteht ... Und das ging schon die ganze Zeit, am äußersten Rande meiner Intuition. Ich habe Ted mein Vertrauen geschenkt, und warum ist die Frau die letzte, die das Geschwür in ihrem Manne erkennt?«

Was hatte Ted getan? Plath schiebt ihre Enthüllung weiter auf. Sie schreibt über eine öffentliche Lesung von Paul Roches Übersetzung des *Oedipus*, bei der sie am vergangenen Abend gewesen war, Ted hatte den Kreon gelesen. Ted hatte sie nicht ausdrücklich gebeten zu kommen, aber sie wäre sowieso hingegangen, hatte sich in den Saal geschlichen und sich nach hinten gesetzt, und Ted »wußte sofort, daß ich da war, und ich wußte, daß er es wußte, und seine Stimme versagte beim Lesen. Er schämte sich wegen irgend etwas«. Nach der Lesung ging Plath hinter die Bühne und fand Hughes, er saß mit einem »gemeinen, falschen Gesichtsausdruck am Klavier und hämmerte mit einem Finger eine aufreizende Melodie, gebeugt, eine Melodie, die ich noch nie gehört hatte«. Schließlich kommt Plath auf den Punkt. Sie schreibt, daß sie sich mit Hughes auf dem Campus-Parkplatz verabredet hatte; daß er nicht da war, daß sie zur Bibliothek ging und ihn immer noch nicht fand; und dann, als sie

»mit großen Schritten und nackten, kalten Armen aus dem kühlen Schatten der Bibliothek trat, hatte ich eine dieser intuitiven Visionen. Ich wußte, was ich sehen, was ich notwendigerweise erleben würde und was ich seit langer Zeit ahnte, obwohl ich Ort und Zeit der ersten Konfrontation nicht kannte. Ted kam den Weg vom Paradiesteich herauf, wohin die Mädchen am Wochenende mit ihren Freunden zum Knutschen gehen. Er strahlte in die ergeben nach oben gerichteten Kuhaugen eines fremden Mädchens mit bräunlichen Haaren, einem breiten geschminkten Lächeln und dicken nackten Beinen in Khaki-Bermudas. Ich sah das in mehreren Blitzen, die mich wie Schläge trafen. Ich konnte nicht erkennen, welche Farbe die Augen des Mädchens hatten, aber Ted konnte es. Und in diesem Kontext bekam sein Lächeln, obwohl es offen und gewinnend war wie das Lächeln des Mädchens, etwas Häßliches ... Sein Lächeln wurde zu glühend, wurde einfältig, Bewunderung heischend. Mit einer Geste beendete er eine Bemerkung, eine Erklärung. Das Mädchen verdrehte vor Begeisterung die Augen. Sie sah mich kommen. Ihr Blick wurde schuldbewußt, und sie lief buchstäblich, ohne sich zu verabschieden, davon. Ted unternahm nichts, um sie mir vorzustellen ... Meine Eifersucht verwandelte sich in Ekel. Das späte Nachhausekommen, meine Vision, wenn ich mir die Haare bürstete, von einem schwarzgehörnten, grinsenden Wolf, alles wurde klarer, vereinigte sich, und ich würgte bei dem, was ich sah ...«.

Von dem Gefühl mitgerissen, daß man ihr ein Unrecht zugefügt hatte, versinkt Plath immer tiefer in bitterem Selbstmitleid, schreibt von »den geheuchelten Entschuldigungen, den zerstreuten Verwechslungen von Name und Klasse. Alles geheuchelt, alles Betrug ... Es ist schlimm, weggehen zu wollen und nirgendwo hingehen zu wollen. Ich habe den äußerst amüsanten, ironischen und fatalen Schritt gemacht, zu glauben, Ted sei nicht wie die anderen eitlen und heimlichtuerischen und maßlosen Männer. Ich bin benutzt worden, habe Geld ausgegeben, Mutters Geld, was am meisten verletzt, um ihm Kleider zu kaufen, um ihm ein halbes Jahr, acht Monate zu kaufen, in denen er schreiben konnte«.

Was am meisten verletzt. Wenn man wissen will, was Plath bei diesen Zeilen durch den Kopf ging, müßte man viel über ihre Beziehung zu ihrer Mutter wissen. Aber wir wissen es nicht; wir können nur vermuten. Wir wissen ebensowenig, was Plath gegenüber Hughes mißtrauisch gemacht hat. Hat er sie wirklich betrogen, oder hat sie ihn ungerechtfertigterweise verdächtigt? Hat sie bei ihrer Begegnung vor der Bibliothek etwas gesehen, was wirklich da war, oder hat sie es sich nur eingebildet? In *Bitter Fame* neigt Anne Stevenson zur zweiten Möglichkeit. Sie schreibt:

> »Bemerkenswert an dieser Stelle ist die Schnelligkeit, mit der Sylvia ihre Schlußfolgerungen zog. An einem Tag war Ted der gottgleiche Vater, der wiederauferstanden war, um ihr Mann zu sein, am nächsten war er ein gemeiner Ehebrecher, der sich hinter falschen Entschuldigungen, unbestimmten Geständnissen und Lügen versteckte. Ted war ein gutaussehender Mann, und sicherlich flirteten Studentinnen mit ihm. Sylvias Überreaktion, als sie ihn einmal mit einer Studentin sprechen sah, beruhte zweifellos auf ihrer Erschöpfung, aber wie immer entflammte sie ihre Furcht, ihre Paranoia, ihre leicht entzündbare Vorstellungskraft. Tatsächlich handelte es sich um eine von Teds Studentinnen an der University of Massachusetts, die zufällig über den Campus des College ging, als Ted auf dem Weg zu Sylvia war. Er hatte sie erst ein paar Minuten, bevor Sylvia sie zusammen sah, getroffen.«

Der aufmerksame Leser wird bei Stevensons Begriffen wie »Überreaktion« und »tatsächlich« aufhorchen und seine Zweifel anmelden. Ihre Informationsquelle über das Mädchen von der Universität von Massachusetts muß Hughes gewesen sein (Plath kann es nicht gewesen sein), und ist sein Bericht glaubwürdig? Die Fragen, die diese Passage aufwirft, unterstreichen die epistemologische Unsicherheit, von der Leser von Biographien, Autobiographien (und geschichtlichen und journalistischen Werken) immer und überall verfolgt werden. Bei Sachtexten können wir eigentlich nie wissen, was wirklich geschehen ist. Das Ideal unmittelbarer Berichterstattung kann generell nur ein literarisches Werk erreichen, wo der Autor zugibt, daß er berichtet, was sich in seiner Vorstellung abspielt. Wenn James in *Die Goldene Schale* berichtet, daß der Prinz und Charlotte miteinander schlafen, gibt es keinen Grund, daran zu zweifeln, daß Maggie auf das, was sie sieht, »überreagiert«. Henry James' Bericht ist wahr. Die Fakten erfundener Literatur sind so hart wie der Stein, den Dr. Johnson weggetreten hat. Den Romanschriftsteller und den Dramatiker und den Dichter müssen wir immer beim Wort nehmen, dem Biographen oder dem Autobiographen oder dem Historiker oder dem Journalisten dürfen wir nie glauben. In der erfundenen Literatur brauchen wir keine alternativen Szenarien zu berücksichtigen – es gibt keine. Es ist *so* und nicht anders. Nur im Sachtext bleibt die Frage offen, was passiert ist und was die Leute dachten und fühlten.

Die Tagebucheintragung vom 19. Mai 1958 (und die darauf folgende vom 11. Juni, in der Plath die heftigen Nachwirkungen ihrer Nicht-Maggie-Verver-Konfrontation von Hughes mit ihren Verdächtigungen beschreibt) wirft die alte Frage wieder auf: Warum hat Hughes die öffentliche Phantasie mit so vielen schmackhaften Details aus seinem Leben mit Plath gefüttert? Daß er die Eintragungen vom 20. Mai und 11. Juni (in der letzteren schreibt Plath: »Ich hatte einen verstauchten Daumen, Ted eine Woche lang blutige Kratzer« und »ich schlug auf und sah Sterne – zum ersten Mal –, blendend rote und weiße Sterne explodierten in der schwarzen Leere aus Knurren und Beißen«) zugelassen hat, scheint all seine verärgerten Proteste gegen die Vergewaltigung seines Privatlebens zu widerlegen. Warum, wenn er die Fakten seines Lebens so dringend für sich behalten will, hat er sie der lesenden Öffentlichkeit so freimütig ausgeliefert?

Eine Erklärungsmöglichkeit ist so offensichtlich, daß man dazu neigt, sie sofort wieder zu vergessen: Er tat es, weil er Plaths größter Kritiker, Aufklärer und (man könnte fast sagen) Impressario ist. In den Augen der Öffentlichkeit war Hughes so lange Plaths Feind und Zensor, daß seine Rolle nach ihrem Tod in großen Zügen (manchmal, so scheint es, sogar von ihm selbst) unerkannt geblieben ist.

Wenn man Hughes' Aktivitäten als Verwalter von Plaths literarischem Nachlaß allerdings genauer untersucht, neigt man dazu anzunehmen, daß er sich nicht nur von literarischen, sondern auch von persönlichen Motiven leiten ließ – und daß er es aus *literarischen* Gründen für unverzichtbar hielt, sich selbst unnötigerweise dem kritischen Blick der Öffentlichkeit auszusetzen. Als der erste Teil von Alvarez' ›Erinnerung‹ im *Observer* abgedruckt wurde, protestierte Hughes bei Alvarez: »Was die Sache noch viel schlimmer macht, ist, daß sie so überflüssig ist. Und daß Du das geschrieben hast – der Mensch, der am besten wissen müßte, daß es im Leben noch wesentlich wichtigere Dinge als die Literatur gibt, sogar wichtiger als große Dichtung, von Memoiren ganz zu schweigen.« Aber hier spricht nur eine Seite von Hughes – die Seite, die Plaths letzte Tagebücher vernichtet hat und sich in der zweiten Fassung des Vorworts zu *The Journals* als »ihr Ehemann« vorstellt. Ein anderes Ich – das den Vorsitz über Plaths postume Reputation führt und ihr Schriftstellerkollege ist – kennt all das nicht. Für dieses Ich gibt es nichts Wichtigeres als die Literatur, im Dienste der Literatur ist kein Opfer groß genug. Hughes' Misere, zwei Herren dienen zu müssen und es keinem recht machen zu können, ist die Misere jedes Künstlers. Seine Versuche, sein Leben aus der Plath-Legende herauszuhalten und zugleich deren Feuer zu schüren, ist eine groteske Allegorie der Versuche jedes Künstlers, ein Stück normales Leben vor dem Desaster seiner Berufung zu retten. Obwohl wir über Hughes' Kämpfe mit dem Schreiben wenig wissen (in *The Journals* erwähnt Plath gelegentlich, daß er deprimiert ist), können wir uns vorstellen, daß er, selbst wenn er Plath nie begegnet wäre, trotzdem das verrückte, bedrängte Leben eines kreativen Menschen führen würde statt des friedlichen, normalen Daseins des durchschnittlichen Zeitungslesers.

Wenn ich jetzt die Tagebucheintragungen vom 19. Mai und vom 11. Juni wiederlese, wird mir klarer als je zuvor, warum Hughes sie nicht aus dem veröffentlichten Text streichen konnte. Sie sind zu interessant. Und die zweite Eintragung kulminiert in einer Szene, die ein Mensch wie Hughes, den Mythen so sehr faszinieren, nicht widerstehen konnte zu veröffentlichen. Die Szene findet in der

Dämmerung in einem Park in der Nähe von Hughes' und Plaths Wohnung statt, wo sie am Ende eines nassen, nebligen Tages spazierengehen. Beim Verlassen des Hauses läßt Plath eine versilberte Schere in die Tasche ihres Regenmantels gleiten. Es gehört zu ihren Gewohnheiten, ein oder zwei Rosen für die Wohnung zu schneiden; jetzt sucht sie nach einer gelben Knospe, die eine dunkelrote, inzwischen voll erblühte Rose im Wohnzimmer ersetzen soll. Im Rosengarten schneidet Plath gerade eine rosa Knospe (die gelben sind »zerzaust, verdörrt«), als drei »scheußliche« Mädchen aus einem Rhododendron-Hain auftauchen. »›Ich wette, die wollten Blumen klauen‹«, sagt Hughes. Er und Plath »starren sie böse an«, worauf die Mädchen sich zurückziehen; Hughes und Plath gehen weiter und sind schockiert, als sie zwei riesige Rhododendron-Zweige entdecken, in Zeitungspapier eingewickelt, die die Mädchen hinter ein paar Büschen versteckt haben. In diesem Moment (die Auf- und Abgänge sind wie beim Ballett) tauchen die Mädchen wieder auf:

> »Wir hörten unterdrücktes Gelächter und raschelnde Zweige, die achtlos abgerissen wurden. Wir näherten uns mit bösen Blicken. Ich wollte Blut sehen – freche Mädchen, alle drei – ›Oh, hier ist ein großer‹, sagte ein Mädchen ostentativ. ›Warum reißt ihr sie ab?‹ fragte Ted. ›Für einen Tanzabend. Wir brauchen sie für einen Tanzabend.‹ Sie glaubten fast, wir würden das gutheißen. ›Meint ihr nicht, ihr solltet damit aufhören?‹ fragte Ted. ›Das hier ist ein öffentlicher Park.‹ Dann wurde die Kleine dreist und höhnte laut, ›Ihnen gehört er nicht‹. ›Euch auch nicht‹, gab ich zurück, merkwürdigerweise wollte ich ihr den Regenmantel herunterreißen, nach dem Schulabzeichen auf ihrem Pullover suchen und sie anzeigen. ›Ihr könnt genausogut den ganzen Busch mit den Wurzeln ausreißen.‹ Sie starrte mich an, und ich warf ihr einen wütenden, wilden, aber dennoch steinernen Blick zu, der ihren vernichtete.«

Plath ist es nicht entgangen, daß sie mit zweierlei Maß messen wollte. »Ich war erstaunt über meine Doppelmoral«, schreibt sie. »Mit zwei Rosenknospen in der Tasche und einer vollen roten Rose, die zu Hause ihren verschwenderischen Duft verströmte, hätte ich ein Mädchen dafür umbringen können, daß sie bündelweise Rhododendren für einen Tanzabend stehlen wollte.« Dann stellt sie – was wir irgendwie schon geahnt haben – ihren bescheidenen, sittsamen Diebstahl (»Meine einzelne Rose pro Woche ist eine ästhetische Freude für mich und Ted, deren Verlust niemanden bekümmert«) der ungeheuerlichen, schamlosen Tat der schrecklichen Mädchen gegenüber. »Diese Mädchen rissen ganze Büsche aus«, schreibt Plath sich in Rage. »Diese Gier und Gefühllosigkeit ekelte mich an und machte mich wütend. Die Gewalt in mir ist ungezügelt wie Totenblut. Ich kann mich umbringen – oder, das weiß ich jetzt – sogar einen anderen töten. Ich könnte eine Frau töten oder einen Mann verletzen. Ich glaube, das könnte ich. Ich biß die Zähne zusammen, um meine Hände unter Kontrolle zu halten, aber durch meinen Kopf schossen blutige Sterne, als ich das freche Mädchen anstarrte, und ich wollte Blut sehen, über sie herfallen und sie in blutige Stücke zerreißen.«

Irgendwann später schrieb Plath ein Gedicht mit dem Titel »Fable of the Rhododendron Stealers« über den Vorfall, das sie für die Veröffentlichung in *The Colossus* nicht gut genug fand (sie nannte ihre erfolgreichen Gedichte »Buchgedichte«). Das Gedicht ist eine blasse, steife Version der Tagebucheintragung und endet mit der sittsamen Frage: »Whether nicety stood confounded by love,/Or pretty thievery by large.« Ein anderes Gedicht, »In Plaster«, 1961 geschrieben, zeigt, daß Plath verstanden hatte, was bei dieser Konfrontation für sie auf dem Spiel stand. Natürlich war es die Begegnung mit dem »nicht netten« Teil ihres Ichs, dem »wahren Ich« von *Ariel*, dem Ich, das sich nicht scheute, ganze Büsche auszureißen, weil es das ist, was der Künstler zu tun hat. Kunst ist Diebstahl, Kunst ist bewaffneter Raub, Kunst ist, der Mutter nicht zu gefallen. In »In Plaster« benutzt Plath das Bild eines Körpers im Gipsverband, (in seinen Notizen zu den *Collected Poems* schreibt Hughes, daß dieses Gedicht entstand, als sie wegen einer Blinddarmoperation im Krankenhaus lag; im Nachbarbett lag eine Frau mit einem Gipsverband), um den Gegensatz von ihrem netten/falschen Ich und dem nicht netten/wahren Ich darzustellen – z.B. »diese neue und gänzlich weiße Person« und »die vergilbte Alte« darin. Das Gedicht ist ein Monolog der »vergilbten alten« (den Begriff habe ich dem ausgezeichneten Essay über das Gedicht von George Stade entnommen, der als Einleitung in Nancy Hunter Steiners ›Erinnerung‹ *A Closer Look at Ariel* abgedruckt wurde). Die Stimme klingt ungerührt; sie erinnert an Esther Greenwood in *Die Glasglocke* (woran Plath auch gerade arbeitete):

»Sie könnte ohne mich nicht sein,
und also war sie dankbar.
Ich gab ihr eine Seele, erblühte aus ihr wie die Rose
aus einer Vase von nicht gerade teurem Porzellan,
Und ich war es, auf die alle aufmerksam wurden,
Nicht ihre Weißheit und Schönheit, was ich erst geglaubt hatte.
Ich habe sie etwas gönnerhaft behandelt, das ging ihr
runter wie Öl –
Man sah eigentlich gleich, daß sie eine Sklavenmentalität hatte.

Die Originalität des Gedichtes liegt in der mutigen, verwirrenden Umkehrung des traditionellen Geist/Körper-Gegensatzes, wobei die lebenswichtige, unteilbare Seele in einem schweren, belanglosen Körper wohnt. Den essentiellen Teil einer Person, den wertvollen inneren Kern, repräsentiert hier ein »häßlicher und haariger« gelber »Halb-Körper«, während das Äußere, nicht wichtige (»nicht gerade teure«), der schöne, reine, weiße Gipsverband ist. So beendet die vergilbte Alte ihren Monolog:

»Ich dachte immer, wir könnten zusammen auskommen –
Schließlich war es eine Art Ehe, so nah beieinander zu sein.
Jetzt weiß ich, einer von uns muß gehen
Sie mag eine Heilige sein, und ich häßlich und haarig,
Aber bald wird sie merken, daß das gar nichts heißt.
Ich sammle meine Kräfte; eines Tages werde ich ohne
sie auskommen,
Und dann wird sie an ihrer Leere untergehen, und mich vermissen.

Das wahre Ich ist aggressiv, brutal, schmutzig, unordentlich, geschlechtlich; das falsche Ich, das wir auf Geheiß von Müttern und der Gesellschaft annehmen, ist adrett, rein, sauber, höflich, begnügt sich damit, mit einer versilberten Schere eine schlichte Rosenknospe zu schneiden. »Eines Tages werde ich ohne sie auskommen.« Niemand kann ganz ohne den harten weißen Stoff sozialer Konventionen um sich auskommen, ohne den Panzer, der unsere Instinkte schützt und verbirgt. In *Die Glasglocke* beobachtet Plath aus nächster Nähe den geistigen Verfall ihrer autobiographischen Heldin Esther Greenwood, die sich seit drei Wochen die Haare nicht gewaschen und ihre Kleider nicht gewechselt hat. »Ich hatte die Kleider oder das Haar nicht gewaschen, weil es so dumm schien«, sagt Esther. »Es schien töricht, mich an einem Tag zu waschen, wenn ich mich am nächsten wieder waschen mußte. Es machte mich schon müde, nur daran zu denken. Ich wollte alles ein für allemal tun und damit fertig sein.« Kurz darauf versucht Esther, sich umzubringen (wie Plath es versucht hat), indem sie im Hause ihrer Mutter unter die Veranda kriecht und ein Röhrchen Schlaftabletten schluckt. Als Alvarez am Weihnachtsabend 1962 über den Geruch von Plaths Haaren schockiert war, hatte Plath offensichtlich wieder einen Punkt erreicht, wo sie alles ein für allemal tun und damit fertig sein wollte. Im Gegensatz zu der Priesterin mit dem langen, wilden Haar steht das ultra-saubere, amerikanische Mädchen, wie Dorothea Krook sie beschrieben hat. In *The Journals* breitet Plath eine Art Netz aus »sauberen« und »schmutzigen« Selbstbeschreibungen aus. Für die saubere Seite notiert sie zwanghaft, wie oft sie gebadet und geduscht hat, ihr Haar gewaschen hat, die Wäsche gewaschen hat, das Haus geputzt und aufgeräumt hat; an einer Stelle beschreibt sie sogar, wie sie einen Topf geschrubbt hat. Für die schmutzige Seite schreibt sie über ihre Pickel im Gesicht, ihre verstopften Nebenhöhlen, ihre Menstruationsblutungen, ihr Kotzen. Eine außergewöhnliche Passage aus ihrer Zeit als Erstsemester am Smith College läßt die präzise beobachtende, auf widernatürliche Weise Grenzen mißachtende Poetin der *Ariel*-Gedichte ahnen, wenn sie feierlich präsentiert, »was es mir für ein verbotenes sinnliches Vergnügen bereitet, in der Nase zu pulen.«

»Es gibt so viele feine Variationen dieses Gefühls. Ein zarter kleiner Finger mit spitzem Nagel fischt in der Nase im trockenen Schleim nach Schorf und Flocken, um sie herauszuangeln, sie zu betrachten, zwischen den Fingern zu zerreiben und in kleinen Krümeln auf den Boden zu schnippen. Oder der kräftigere, gezielte Zeigefinger bohrt hinauf und schmiert weiche, nachgiebige, elastische gelb-grünliche Schleimpfropfen nach unten und hinaus, man rollt sie zwischen Daumen und Zeigefinger zu gallertartigen Kugeln und verteilt sie unter einem Tisch oder Stuhl, wo sie zu organischen Krusten verhärten. Wie viele Tische und Stühle habe ich seit meiner Kindheit auf diese Weise heimlich besudelt? Oder manchmal hat sich Blut unter den Schleim gemischt: trockener brauner Schorf, oder leuchtend plötzlich naß und rot auf dem Finger, der zu brutal an der Nasenwand gekratzt hat. Mein Gott, was für eine sexuelle Befriedigung! Es ist faszinierend, wenn man alte, eingefahrene Gewohnheiten plötzlich mit neuen Augen betrachtet: Plötzlich sieht man ein reiches und ekliges ›rotzgrünes‹ Meer und schaudert unter dem Schock des Erkennens.«

Von Ted Hughes haben wir erfahren (aus einem Essay mit dem Titel »Notes on the Chronological Order of Sylvia Plath's Poems«), daß es einen »Zwilling« von »In Plaster« gibt – ein Gedicht, das sie am gleichen Tag im Krankenhaus geschrieben hat. Es ist das großartige Gedicht »Tulpen«. »In Plaster« bekräftigt den Instinkt zu leben, »Tulpen« ist eine Hymne auf den Todeswunsch. In dem Gedicht liegt eine Patientin in einem weißen Krankenhauszimmer in einem Zustand friedvoller Erschöpfung. Ein Strauß roter Tulpen ist gebracht worden und zerstört die tödlich weiße und ruhige Atmosphäre des Raumes. »Die Tulpen sind zu erregbar«, sagt die Patientin/Erzählerin in der Eröffnungszeile ihres Protestes gegen das Eindringen der Blumen, die das Leben und Bewegung verkörpern, was sie nicht will.

»Ich wollte keine Blumen, ich wollte nur
So liegen, Handteller nach oben, und ganz leer sein.
Wie frei das ist. Ihr habt keine Ahnung, wie frei.–
Der Friede ist so groß, daß er einen betäubt,
Und er will nichts, nur den Namen am Arm und ein
wenig Kleinkram.
Damit begnügen sich die Toten am Ende: ich stell sie mir vor.
Das umschließen sie mit ihrem Mund wie nach der Beichte
eine Oblate.«

»Die Tulpen sind erstens zu rot, sie tun mir weh«, schreibt Plath und bewegt sich kühl auf ihre außerordentliche, erstaunliche letzte Strophe zu:

»Auch die Wände scheinen sich zu erwärmen.
Die Tulpen sollten hinter Gittern sein wie gefährliche Tiere;
Sie öffnen sich wie das Maul einer großen afrikanischen Katze,
Und ich werde aufmerksam auf mein Herz: es öffnet und schließt
Seine Schale von roten Blumen aus purer Liebe zu mir.
Das Wasser, das ich koste, ist warm und salzig, wie das Meer,
Und kommt aus einem Land so fern wie Gesundheit.«

ZWEI

Am Eßtisch befragten Frances Spalding und ich Clarissa über ihr Leben und ihre Bekanntschaft mit Plath und Hughes, aber unser Hauptinteresse lag woanders; das Essen, das Clarissa auf den Tisch gestellt hatte, hatte mit dem, was man normalerweise aß, genausoviel gemein wie ihr Haus mit den Häusern, die man normalerweise aufsucht. Ihr Essen war absolut wunderbar, Essen, das wärmte, entzückte, verführte. Frances und ich wußten, daß wir so etwas für lange Zeit nicht mehr bekommen würden, und wir aßen im vollen Bewußtsein dieser Tatsache. Vor dem Essen hatte Clarissa sich beklagt, daß keiner der Bloomsbury-Chronisten jemals Notiz von ihr genommen, sondern lediglich ihre Kochkunst erwähnt hatte; warum, lag inzwischen auf der Hand.

Ich fragte Clarissa, wo sie herkam, und sie sagte »Michigan «.

Dann fragte Frances mit ihrer undeutlichen Stimme: »Was war Ihr Vater?«

»Was mein Vater war?« Clarissa überlegte. »Mein Vater hatte eine Werbeagentur – es kam einfach so, weil er irgend etwas tun mußte. Während der Rezession brach alles zusammen. Er war sehr exzentrisch.« Sie fügte unsicher hinzu: »Er hat auch andere Sachen gemacht.«

»Was für Sachen?« murmelte Frances.

»Er malte. Er modellierte. Er spielte hervorragend Bridge. Er war ein guter Golfspieler.«

Frances hatte das Ziel ihrer Befragung erreicht. »War das also der Grund, weshalb Sie akzeptierten, daß Paul keinen richtigen Job hatte?«

Clarissa wandte sich mir zu und erklärte: »Ich hatte zu Frances gesagt, ich könne mir nicht vorstellen, daß irgendeine Familie außer meiner eigenen einen Schwiegersohn akzeptieren würde, der immer nur nackt im Garten herumlag und Gedichte schrieb und von der Hand in den Mund lebte. Nachdem Potie« – Clarissas zweites Kind – «geboren war und zu viele Personen im Haus lebten, hat die Schwester meiner Mutter Paul einen Lehrauftrag am Smith College vermittelt.« Ich hatte bereits einen Eindruck von dem arbeitslosen Paul im Garten. Plath hat ihn in ihrer Tagebucheintragung vom 1. Mai 1958 beschrieben: »Hörte, daß [Paul] nackt im Rosengarten von Clarissas Haus in Saginaw lag, häkelte, während er konzentriert den Fernseher im Auge behielt, für [ein Kind] ein leichtes blaues Wollcape, auf dem ›PR‹ in weißer Angorawolle gestickt war und hinten ein weißer Hasenschwanz.«

Clarissa servierte eine selbstgemachte Obsttorte, und ich fragte sie, wie es dazu gekommen war, daß sie eine ›Erinnerung‹ für Edward Butschers Anthologie von Schriften über Plath schrieb.

Sie antwortete weitschweifig, zunächst mit einem verärgerten Bericht über Butschers Besuch, als er an seiner Biographie arbeitete. In allen komplizierten Fehden scheint es Nischen zu geben, wo sich die Antagonisten einig sind; beide Seiten treffen sich in ihrer Abneigung gegen bestimmte Personen, und Edward Butscher gehört zu diesen Personen. Von allen Beteiligten auf beiden Seiten der Plath-Hughes-Fehde, mit denen ich gesprochen habe, wußte niemand etwas Positives über ihn zu sagen. »Danke für die Kopie Deines Briefes an die Ratte Butscher«, schrieb Frances McCullough 1976 an Peter Davison und legte damit den Ton, in dem über diesen Mann gesprochen wurde, ein für allemal fest. Butscher tauchte in den frühen Siebzigern in der Szene der Plath-Biographen auf, zu einem Zeitpunkt, als Lois Ames, eine offizielle Biographin, die die Plath-Erben verpflichtet hatten, mit ihren Recherchen gerade angefangen hatte. (Sie hat ihre Arbeit nie beendet.) Trotzdem begann Butscher mit einer eigenen Biographie. Er schrieb später einen detaillierten Bericht, wie er – ohne jede Zusammenarbeit mit irgendeiner der zentralen Figuren und ohne das Archivmaterial, das heute in den Bibliotheken von Indiana und Smith liegt, und vor der Veröffentlichung von *Briefe nach Hause* und *The Journals* – das Material für sein Buch zusammengetragen hat. »An Fakten als solche kann man heutzutage relativ leicht herankommen, wo die zunehmende Komplexität der Gesellschaft ein wachsendes Netz von offiziellen Institutionen gespannt hat«, schrieb er im Vorwort seines Buches. »Schulen, Bibliotheken, Zeitungsarchive, staatliche Agenturen und ähnliches lassen sich plündern, wie jedes Kreditinstitut und jeder FBI-Agent weiß, und selbst der faulste Biograph kann mit den Bruchstücken, die er aus den bürokratischen Mausoleen zusammenklaubt, eine anständige Collage herstellen.« Butscher war alles andere als faul, und seine Collage von Plaths kurzem Leben ist ausgesprochen dicht und ausführlich. Sie zeigt sogar eine verblüffende Ähnlichkeit mit den Collagen späterer Biographen, die die veröffentlichten und die unveröffentlichten Briefe und Tagebücher zu Rate ziehen und, im Falle von Anne Stevenson, mit den Plath-Erben zusammenarbeiten konnten. Offenbar hinterlassen wir so tiefe Spuren, daß jeder, der Nachforschungen anstellt, darüber stolpert. Wenn die Tür zu einem Raum voller Geheimnisse verschlossen ist, stehen andere einladend offen. Es gibt ein Gesetz der menschlichen Natur – man könnte es das Gesetz der Vertrauten nennen –, wonach es kein

Geheimnis gibt, das jemals nur einem Menschen erzählt wurde; es gibt immer noch mindestens eine zweite Person, bei der wir unser Geheimnis ausplaudern müssen. Insofern war Butscher, der keinen Zugang zu Plaths Brief an ihre Mutter hatte, in dem sie über ihre Auseinandersetzung mit Olwyn in Yorkshire berichtet, dazu in der Lage, die »bitteren Details« (wie er sie nennt) aus einer anderen Quelle zu beschaffen – von Elizabeth Sigmund, der Plath die Geschichte ebenfalls erzählt hat. Aber nicht nur unsere Geheimnisse überleben uns; offensichtlich hat sich jede Tasse Kaffee, die wir jemals getrunken, jeder Hamburger, den wir gegessen, jeder Junge, den wir geküßt haben, in das Gedächtnis irgend eines Menschen eingegraben und wartet ungeduldig auf die Entdeckung durch einen Biographen. Auf beinahe unheimliche Weise haben die Peilungen Butschers nach Plaths Lehrern, Freunden, Geliebten und Kollegen in Amerika und England eine Welt zutage gefördert, die parallel zu der Welt verläuft, wie sie uns aus *Briefe nach Hause* und *The Journals* entgegenscheint. Die Verabredungen, die College-Wochenenden, die Knutsch- und Pettingszenen und die Auseinandersetzungen, die Plath aufgezeichnet hat, werden hier von einer anderen Seite dargestellt, aber mit den gleichen intimen Details und der gleichen Kompetenz; der Zeuge, der mit dem Biographen plaudert, ist selbst wie jemand, der in sein Tagebuch oder an seine Mutter schreibt, schamlos, hemmungslos, manchmal fast gedankenlos.

Butschers Buch hat zwar im Hinblick auf Umfang und Tiefe seiner rücksichtslosen Recherche seine Stellung unter den fünf Plath-Biographien gehalten, ist aber in anderer Hinsicht übertroffen worden – die Biographien von Paul Alexander und Ronald Hayman haben eine neue Form der Niedertracht ins Spiel gebracht. Butschers Biographie *Method and Madness* ist ein Monster von einem Buch – formlos, ungehobelt, überfrachtet mit ungeschickt verwendeten psychoanalytischen Begriffen und unverschämten Spekulationen darüber, was Leute dachten und fühlten. Als es herauskam, waren die Hughes' entsetzt. (»In den Portraits im Buch konnte ich meine Eltern, Ted, Sylvia selbst und andere buchstäblich nicht wiedererkennen«, schrieb Olwyn in einem Brief an die *New York Review of Books*, wo sie gegen eine Rezension von Karl Miller protestierte, die sie zu nachsichtig fand.) Wenn sie allerdings in die Zukunft hätten sehen können und geahnt hätten, welche Schrecken sie mit den Büchern von Alexander und Hayman erwarteten, hätten sie Butscher Blumen geschickt. Beide Autoren haben ihre Unabhängigkeit von den Plath-Erben hervorgehoben – keiner von beiden hat auch nur um Genehmigung nachgesucht, aus Plaths Werken zitieren zu dürfen – und mit ihren Paraphrasen und Interviews mit feindseligen Zeitzeugen die Bestrafung der Hughes' auf eine neue Ebene der Folter gehoben. *Liebe, Traum und Tod* von Hayman verspritzt nicht weniger Gift als *Rough Magic* von Alexander, ist aber unvollständiger und nicht so ungehobelt. Hayman hat mit der Veröffentlichung von Vorder- und Hintertreppenklatsch über Hughes' Beziehung zu Assia Wevill vor und nach Plaths Tod dazu beigetragen, Hughes die Flügel zu stutzen. Alexanders Buch ist ein preisgekröntes Negativbeispiel. Hier sein Beitrag zu Plaths berühmtem Bericht über die *St. Botolph's* Party:

»Schließlich kleidete sich Sylvia im schicken ›amerikanischen‹ Outfit, den sie mit silbernen Ohrringen, einem roten Haarband und roten Schuhen vervollständigte. Nach dem Abendessen mit Nat kehrte sie nach Whitstead zurück, von wo Hamish sie mit einem Taxi abholte. In Miller's Bar, einem Zwischenstop auf ihrem Weg zur Party, stand Sylvia an der Bar und stürzte schnell einige Whiskys hinunter. Kurz darauf verschwamm die Welt um sie herum …

Bis sie am Women's Union, einem Gebäude auf dem Campus direkt hinter Falcon Yard, ankamen, war Sylvia sehr betrunken. Dennoch, als sie den hohen Raum im ersten Stock betraten, wo die Party stattfand, erfaßte sie die Szene …

Hughes führte sie in ein Nebenzimmer, schloß die Tür und schenkte Sylvia [einen] Drink ein … Verträumt blickte Sylvia ihm ins Gesicht, seine spröden Lippen fielen ihr auf, seine hohe Stirn, sein seelenvoller Blick. Dann, wie ein Eingeständnis der greifbaren sexuellen Spannung, die sich zwischen ihnen aufgebaut hatte, beugte er sich hinunter und küßte Sylvia auf den Mund. Zurückweichend zog er ihr das rote Haarband vom Kopf und riß ihre silbernen Ohrringe herunter. ›Ah, die werde ich behalten‹, sagte er.

Sylvia fühlte sich angenehm benommen. Als Hughes dazu überging, sie auf den Hals zu küssen, war Sylvia bereit, ihm zu zeigen, daß sie in solchen Situationen durchaus mithalten konnte, streckte sich und biß ihm so fest in die Wange, daß sie die Haut verletzte, weshalb er zurückwich. Irgendwie schien es so nicht weiterzugehen, also traten sie auseinander.«

Alexander hat dem Vorfall nicht nur sämtliche Kraft und Eindringlichkeit genommen, er hat Plaths Tagebucheintragung auch noch mit Details angereichert – die »spröden Lippen«, die »hohe Stirn«, der »seelenvolle Blick«, Plaths »angenehm benommenes« Gefühl und Hughes' »Zurückweichen« – die im Original nirgendwo auftauchen. Meine tiefe Abneigung gegen Alexanders Buch – dessen Hauptinteresse darin zu bestehen scheint, herauszufinden, wie weit man mit einer Verleumdung von Hughes gehen und sich immer noch innerhalb der gesetzlichen Grenzen bewegen kann – möchte ich noch mit der folgenden Passage illustrieren:

»Nur eine einzige Episode, wie Sylvia berichtete, trübte den wohlgeordneten, produktiven Rhythmus ihrer Tage in Benidorm [während ihrer Flitterwochen in Spanien]. Jahre später erzählte sie einer guten Freundin, daß eines Nachmittags, als sie und Ted auf einem Gipfel saßen, Ted plötzlich eine unerklärliche Wut überkam. Wie Sylvia sagte, wurde sein Gesicht blaß, sein Körper krümmte sich, sein Blick wurde intensiver. Und ehe sie wußte, wie ihr geschah, war er über ihr, nicht um sie wie gewöhnlich zu küssen, sondern zu würgen. Anfangs, sagte sie, versuchte sie sich zu wehren. Dann gab sie allmählich auf und überließ sich seiner überlegenen Körperkraft, seine Finger schlossen sich immer fester um ihren Hals. Schließlich, in dem Moment, wo sie allmählich das Bewußtsein verlor – wo sie, wie sie sagte, sich mit dem Tod abgefunden hatte – lockerte Ted seinen Griff und ließ so unvermittelt von ihr ab, wie er sie angegriffen hatte. Als Sylvia diese Geschichte erzählte, stand

> ihre Ehe unter einem enormen Druck, und sie behauptete, daß sie sich nach dieser Episode gefragt hätte, ob ihre Entscheidung, ihn zu heiraten, richtig gewesen sei. Wie dem auch sei, was auf dem Gipfel in Benidorm auch passiert sein mag, Sylvia hat nichts getan.«

Eine schreckliche Geschichte. Wer ist diese »gute Freundin«, die es wagt, Hughes einen Mordversuch zu unterstellen? Wie zuverlässig ist die Quelle? Wir werden es nie erfahren. »Die Informationen für diese Passage habe ich aus einem *vertraulichen Interview*«, schreibt Alexander gelassen.

Trotz allem, was später kam, hat Butscher seinen besonders schlechten Ruf in Plath-Kreisen behalten. Als er *Method und Madness* veröffentlichte, hat er nicht nur mit den Hughes' und mit Mrs. Plath Ärger bekommen, die sich gegen seine Einmischung in ihr Leben wehrten, sondern auch mit einigen Personen, die ihm Material und Möglichkeiten für seine Aufdringlichkeit verschafft haben – mit den Menschen, die mit ihm über Plath und Hughes und Olwyn und Mrs. Plath geplaudert haben und dann entsetzt waren, als sie ihre Worte gedruckt sahen. Einer dieser Zeugen, David Compton, schrieb an Butscher:

> »Ich bin sehr erschüttert über den Gebrauch, den Sie in Ihrem Buch von unserer Unterhaltung über Sylvia Plath gemacht haben ... Speziell in bezug auf Aurelia Plath kommt es mir so vor, als ob Sie nur meine negativsten Kommentare ausgewählt hätten – und somit verfälschen, was ich ernsthaft für die Wahrheit halte, und mit äußerster Sicherheit Unrecht und unnötigen Schmerz verursachen ... Was die Erinnerungen meiner Exfrau angeht – und ich erinnere mich deutlich, Sie gewarnt zu haben –, so sind sie höchstwahrscheinlich ausgeschmückt (vorsichtig ausgedrückt) durch ihren lebhaften Sinn für Dramatik.«

Natürlich hatte Compton keine Chance; Butscher durfte Compton zitieren, wie er wollte (der schließlich jedes Risiko, »Unrecht und unnötigen Schmerz« zu verursachen, hätte vermeiden können, wenn er seine negativen Kommentare für sich behalten hätte), und ob er Comptons Exfrau glaubte oder nicht, blieb ihm selbst überlassen. Aber Butschers Unbeliebtheit – die besondere Abneigung, die er innerhalb der Gemeinschaft der Plath-Biographen auf sich gezogen hatte – hat noch einen anderen Grund. Butscher spielt in den Köpfen der Gemeinschaft – und, wie an dieser Stelle unbedingt angemerkt werden muß, in seinen eigenen Augen, die Rolle eines Leonard Bast. Als ich mich in New York mit ihm traf, beherrschte dieses Klassenbewußtsein unser Gespräch: in regelmäßigen Abständen verwendete er den Begriff »unterer Mittelstand« in Verbindung mit seiner Person und »Wasp« (White Anglo-Saxon Protestant; Anm. d. Ü.) oder »gehobener Mittelstand« im Zusammenhang mit anderen Personen. Für einen Mann Ende Vierzig mit gewandtem, freundlichem Auftreten war er darauf bedacht, seine Geradlinigkeit und Bescheidenheit herauszustellen. Er unterrichtet an einer Highschool in Flushing, Queens, wo er sein ganzes Leben verbrachte, und hat nie Zutritt zu irgendwelchen höheren akademischen, journalistischen oder literarischen Kreisen erlangt (und in diesem Fall auch nicht ernsthaft gesucht), in denen sich die meisten literarischen Biographen bewegen. Wie einen Juden die Frage fasziniert, wer sonst noch Jude ist, ist Butscher besessen von der Frage, wer sonst noch Eltern oder Großeltern aus der unteren Mittelschicht oder der Arbeiterklasse hat. In Olwyn glaubte er eine angenehme Mit-»Jüdin« gefunden zu haben, bei der er sich nicht verstellen mußte. Mir gegenüber redete er von ihr mit einer Art liebevoller Gehässigkeit: »Meine Begegnung mit Olwyn hat mir Spaß gemacht. Wenn man ein Interview nach dem anderen mit Wasps aus Massachusetts hinter sich hat, hungert man nach etwas Ordinärem. Man hungert nach dieser Art Thronbesteigung in der Welt der Mächtigen. Ich habe also nicht die übliche Abneigung gegen sie. Mir macht sie einen Mordsspaß.«

Clarissa Roche hat Butschers Besuch bei ihr zu Hause jedenfalls keinen Mordsspaß gemacht. »Ich bin zwar sonst nicht so, aber ich habe ihm nicht vorgeschlagen, bei uns zu übernachten«, erzählte sie Frances und mir. »Ich war ausgesprochen höflich zu ihm. Aber ich habe ihn einfach nicht ernstgenommen. Ich habe seit 1956 nicht mehr in Amerika gelebt, und ich weiß, daß sich einiges geändert hat, aber ich konnte einfach nicht glauben, daß dieser Mann Akademiker war. Dann schrieb er mir in einem Brief, daß er sein Bandgerät nicht angestellt hatte und ob ich ihm bitte schreiben könnte, was ich gesagt hatte. Das habe ich natürlich nicht getan. Dann, Jahre später, schrieb er mir wieder. Zu diesem Zeitpunkt haben wir gerade ans Haus angebaut und die ganzen Fenster erneuert, und da war diese Idee mit dem Teppich in meinem Kopf, den ich dunkelgrün – fast schwarz – färben lassen wollte. Ich hatte gehört, daß man bei Wilton Teppiche in allen Farben färben lassen konnte. In seinem Brief hatte Butscher gefragt, ob ich eine ›Erinnerung‹ für seine Anthologie schreiben wollte, und bot mir genau die Summe an, die ich für den Teppich brauchte. Also habe ich es getan.«

Clarissa sagte, daß sie eine große Arbeit über Plath angefangen hatte, aber »die Monate gehen ins Land, und ich kriege einfach nichts zustande«. Sie erzählte, daß sie zweimal bei einem Hypnotiseur war und versucht hat, mehr Erinnerungen an Plath und Hughes zurückzuholen, was ihr aber nicht gelungen ist. Im Laufe des Nachmittags bemühte sie sich sehr, mit ihren Erinnerungen an Plath und Hughes genauso großzügig wie mit Haus und Essen aufzuwarten, aber nur Haus und Essen waren üppig, ihre Erinnerungen dürftig. Sie hatte nicht mehr als ein paar gegenstandslose Fragmente von Geschichten über ihre Abneigung gegen Hughes zu bieten. »Als Sylvia am Smith College unterrichtete, ließ man Ted einfach gewähren«, sagte sie. »Die Leute hatten nichts gegen ihn, aber er war einfach ein Niemand.«

»Er sah doch ziemlich gut aus, oder?« fragte Frances.

»Ich weiß, daß manche Leute das fanden, ich allerdings nie.«

Wir standen vom Tisch auf und kehrten zu dem inzwischen fast erloschenen Feuer zurück. Clarissa starrte in die Glut und erzählte eine Geschichte, es war nicht ganz klar, ob sie sie von Elizabeth Sigmund gehört hatte oder von Y, einer Freundin von Sigmund, mit der Hughes zusammen war, bevor er Carol heiratete. »Ted war bei Y aufgetaucht – er hatte diesen Hasen überfahren – und ging in die Küche, um ihn auszunehmen. Er brauchte ziemlich lange, und schließlich öffnete Y die Tür. Er hatte den Hasen überall ausgebreitet und so einen wilden, dämonischen Glanz in den Augen. Es gibt Leute, die aus den Eingeweiden die Zukunft lesen können. Y sagte, als er zu ihr aufsah, hatte er« – hier legte Clarissa eine Pause ein und senkte die Stimme – »*Schaum* vor dem Mund. Und Y gehört wirklich nicht zu den Leuten, die sich so etwas ausdenken.«

DREI

Am 18. März 1991, einen Monat nach meiner Rückkehr aus England nach New York, schrieb ich einen Brief an Jaqueline Rose:

»Liebe Jaqueline,
als wir im Februar miteinander sprachen, gab es einen Moment, der mich an diese Augenblicke in einer Analysesitzung erinnert, wo die Stimmung plötzlich wie elektrisiert ist, ein Funke springt über, den irgendeine kleine, beiläufige, unbedachte Handlung eines Gesprächspartners ausgelöst hat. Als Sie mir die Passage aus Hughes' Brief über die Literaturkritik und die Lebenden und die Toten vorlegten und ich bemerkte, daß sie in Olwyns Kopie des Briefes nicht enthalten war, konnte man förmlich greifen (und mich würde interessieren, ob sich Ihre Wahrnehmung mit meiner deckt), wie sich die Atmosphäre verdichtete. Ihre Erkenntnis, daß Sie mir versehentlich etwas gezeigt haben, was Sie nicht hätten zeigen sollen, hat uns beide stark beeindruckt. Als ich diesen Augenblick später unter Freudianischen Gesichtspunkten überdachte, hatte ich den Eindruck, daß hier verbotenes Wissen und Geheimnisse im gleichen Maße wie geschwisterliche Rivalitäten (das Bild von zwei Frauen, die um etwas kämpfen – einen Mann?) Thema waren. Außerdem warf dieser Moment für mich die Frage nach dem Stellenwert der Moral im poststrukturalistischen Diskurs auf. Man schätzt den Zweifel und akzeptiert die Furcht vor Unsicherheit – aber gleichzeitig hat man sehr klare Vorstellungen

von falsch und richtig. Ihnen war sofort klar, daß es falsch war, mir zu ›geben‹, was Ted Hughes Ihnen ›gegeben‹ hat. Als Sie mich baten, den Satz, den ich nicht hätte sehen dürfen, nicht zu zitieren, verwendeten Sie das Wort ›ethisch‹. Impliziert nicht allein die Idee von Ethik bereits einen Standard, eine Norm, einen Kanon akzeptierten Verhaltens? Und gibt es da nicht eine Diskontinuität zwischen Ihrer Position als poststrukturalistischer Literaturtheoretikerin und Ihrer Aufmerksamkeit für die Bedürfnisse eines Lebens in der Welt als moralisch gewissenhafte Person? Und als letztes (und direkter im Hinblick auf unsere jeweiligen Plath-Unternehmungen): Reproduziert dieser kleine Vorfall der Unterdrückung nicht die größeren Unterdrückungen der Hughes-Familie? Nachdem ich den Satz jetzt gesehen habe, kann ich ihn ›ungesehen‹ machen?«

Ich erhielt nie eine Antwort auf diesen Brief – und erwartete auch keine, da ich ihn nie abgeschickt habe. Nachdem ich ihn erneut durchgelesen hatte, schrieb ich »Brief nicht abgeschickt« darauf und legte ihn ab.

Das Genre nicht abgeschickter Briefe verdient Aufmerksamkeit. Wir alle haben solche Briefe geschrieben, und die Archive der Literatur sind voll davon. Im Plath-Archiv der Lilly Library gibt es beispielsweise einige nicht abgeschickte Briefe von Aurelia Plath an Hughes – Briefe, in denen sie Dinge zu sagen wagte, die sie sich schließlich doch nicht erlaubte zu sagen. Aber sie hat die Briefe sorgsam aufbewahrt und sie dem Material beigefügt, das sie an das Archiv weitergab. Das Aufbewahren eines nicht abgeschickten Briefes, ist ein faszinierender Aspekt. Die Tatsache, daß solche Briefe geschrieben werden, ist ebenso bedeutungslos wie der Aspekt, daß sie nicht abgeschickt werden (wie oft entwerfen wir Briefe und verwerfen sie wieder), aber die Geste, eine Botschaft aufzuheben, die wir nicht weiterzugeben beabsichtigen, ist bemerkenswert. Wenn wir den Brief aufheben, »schicken« wir ihn letztendlich doch ab. Wir verzichten nicht auf unsere Idee oder verwerfen sie als wertlos oder dumm (was wir tun, wenn wir den Brief zerreißen); im Gegenteil, wir ernennen ihn zum Vertrauten. Unsere Idee erscheint uns zu kostbar, um sie dem tatsächlichen Adressaten anzuvertrauen, der sie vielleicht nicht verstehen könnte; also »schicken« wir sie an sein Äquivalent in unserer Phantasie, auf dessen Verständnis wir mit absoluter Sicherheit zählen können. Wie Anne Stevenson mit Olwyn hatte mich die Idee in Versuchung geführt, mit Jacqueline Rose gemeinsam über diesen Augenblick zu arbeiten, als wir über Ted Hughes' Brief sprachen. Aber ich fürchtete, daß sie die Szene anders verstanden haben könnte als ich, daß sie mir sagen könnte, sie hätte diesen Augenblick vollkommen anders erlebt und daß es eine Frechheit sei, ihr Motive und Gefühle zu unterstellen, die sie gar nicht hatte. Also zerriß ich den Luftpostumschlag, auf den ich ihre Adresse geschrieben hatte. Aber den Brief selbst zerriß ich nicht, und jetzt, als ich ihn aus seinem Winterquartier hervorholte, dachte ich daran, daß einige frühe englische Romane Briefromane waren.

Der Augenblick mit Jaqueline Rose, der mich so tief berührt und dazu bewegt hatte, meine eigene Brief-»Literatur« zu schreiben, geschah mitten in einer Unterhaltung in ihrer sehr noblen Wohnung in Hampstead, ein paar Tage nachdem ich nach London zurückgekehrt war. Eine kleine, attraktive Frau von gut vierzig Jahren begrüßte mich; sie trug ein kurzes und enganliegendes Kleid und einen Pullover. Ihr Gesicht war eingerahmt von kunstvoll ungebärdig erscheinenden Locken, und ihre ganze Person war umgeben vom Nimbus der Selbstgewißheit. Daß sie Anhängerin einer Kritiktheorie ist, die den Zweifel, die Unsicherheit, Besorgnis und Vieldeutigkeit am höchsten schätzt, ist seltsam, aber eine unerschütterliche Facette ihrer ungeheuren Klarheit, ihres Selbstvertrauen und ihrer Sicherheit. Während unseres Treffens zeigte sich ihr einnehmendes Wesen – sie war nicht zu freundlich und nicht zu distanziert –, und auf einer Bewertungsskala, wie man sich Journalisten gegenüber benehmen sollte, würde ich ihr neunundneunzig Punkte geben. Sie kannte die Natur der Transaktion – wußte, daß es eine Transaktion war – und hatte sich genau überlegt, wieviel sie geben mußte, wenn das Interview ihr nützen sollte. In den meisten Interviews geben beide, der Befragte und der Interviewer, meistens mehr als nötig. Sie lassen sich davon verführen, daß die Begegnung den Anschein eines normalen freundlichen Gespräches hat. Meist umgibt ein Essen die Situation wie ein weiches Tuch, Geplauder und Geplänkel glättet die scharfen Kanten; im Konversationston werden Fragen gehorsam beantwortet und Schweigemomente zu hastig gefüllt – all das lenkt die Gesprächspartner unerbittlich von ihren jeweiligen Wünschen und Zielen ab. Rose vergaß nie – oder fast nie – und ließ mich nie vergessen, daß wir nicht einfach nur zwei Frauen waren, die sich nett bei einer Tasse Tee mit Keksen unterhielten, sondern Teilnehmer einer speziellen, künstlichen Übung mit implizit antagonistischer Tendenz, die sich gegenseitig auf raffinierte Weise beeinflussen.

Rose unterrichtet Englische Literatur an der University of London und berichtete jetzt kurz und knapp wie vor einer Klasse über die Ereignisse, die dazu geführt hatten, daß sie mit ihrer Auseinandersetzung mit den Plath-Erben an die Öffentlichkeit ging. »Ich habe mich über die rechtliche Situation bei Zitaten und Genehmigungen ausführlich informiert«, sagte sie. »Ich hatte die Geschichten mit Linda Wagner-Martin und Anne Stevenson verfolgt und wußte, daß ich auf diesem Gebiet Schwierigkeiten bekommen könnte. Nachdem ich Anfang 1990 ein Rohmanuskript fertiggestellt hatte, schrieb ich an Olwyn und bat um Abdruckgenehmigung für vier Gedichte in voller Länge, die mir Olwyn in einem sehr freundlichen Brief erteilte.« Aber als Rose nach einer weiteren Rechtsberatung ihr Manuskript an die Hughes-Familie schickte, verschwand jegliche Freundlichkeit. Obwohl Rose eine ausgezeichnete Kritikerin ist, voller Originalität, Anhängerin der poststrukturalistischen Schule, Feministin und Freudianerin, hatte sie sich in den Augen der Hughes' lediglich in die Truppe der Hughes-Peiniger und -Verfolger eingereiht, und sie bekämpften die Veröffentlichung von *The Haunting of Sylvia Plath* mit ihrer üblichen unbeholfenen Verbissenheit. Zunächst versuchten sie, die Abdruckgenehmigung für die vier Gedichte zurückzuziehen. Als sie damit scheiterten (»Wenn man einmal eine Genehmigung erteilt hat, ist das ein gültiger Vertrag, und ich hatte schon bezahlt«, erklärte mir Rose), versuchten sie, Rose zu überreden, daß sie Änderungen am Text vornahm. Den Hughes war, wie Rose erwartet hatte, ein Kapitel mit dem Titel »Das Archiv« im Halse steckengeblieben; »eine – notgedrungen spekulative – Lesart der Editionen von Plaths Werk«, schreibt sie, die die Auslassungen in den Briefen und den Tagebüchern sehr kritisch unter die Lupe nimmt. Außerdem gibt es ein paar sehr giftige Angriffe auf *Bitter Fame*: in Roses Augen hat das Buch »etwas von einer ›cause célèbre‹ im Genre der beleidigenden Biographien«, und sie stellt sich auf die Seite von Alvarez, der das Buch ablehnt, weil es Plath gegenüber zu hart und mit Hughes zu nachsichtig sei. Im Sinne der poststrukturalistischen Theorie plädiert Rose, daß man nicht mit Sicherheit wissen könne, was geschehen ist, und somit auch niemanden verurteilen und zur Verantwortung ziehen könne. »Es interessiert mich überhaupt nicht, was zwischen Plath und Hughes war«, erklärte sie mir. »Meiner Ansicht nach steht man vor einem Gewirr aus widersprüchlichen Ansichten, und wenn man sie miteinander vereinbaren will, kann man nicht allen gerecht werden. Man muß mit der Furcht leben, die aus dieser Unsicherheit erwächst. Es bringt niemanden weiter, wenn man sie zu schnell beseitigen will.« In ihrem Buch schreibt Rose über *Bitter Fame:* »Eine sehr seltsame Begleiterscheinung dieses Buches ist, daß man, besonders dann, wenn man die unbearbeiteten Briefe und Tagebücher gelesen hat, überhaupt nicht mehr weiß, wem man glauben soll.« (Es ist allerdings so, daß *Bitter Fame* **nur dann**, wenn man die Briefe und Tagebücher gelesen hat – oder auf irgendeine andere Weise auf den widersprüchlichen Charakter der Plath/Hughes-Geschichte aufmerksam geworden ist –, diesen seltsamen Effekt hervorruft. Der gewöhnliche Leser, der nicht mehr weiß, als ihm der Biograph erzählt, liest das Buch wie jede andere Biographie mit stoischem Gleichmut.) Rose führt ihre Auseinandersetzung fort:

> »Wie ein Kind in einem scheußlichen Scheidungsprozeß zwischen seinen Eltern hin und her gerissen wird, zwingen die Schriften über das Leben von Sylvia Plath, sowohl ihre eigenen als auch die ihrer Zeitgenossen dazu, sich für eine Seite zu entscheiden – und machen dies gleichzeitig unmöglich. Wem soll man glauben, woher soll man wissen, wo die Wahrheit liegt? Hinter dem Eigeninteresse der Protagonisten liegt ein Drama über die Grenzen und das Scheitern von Wissen und Selbster-

kenntnis. Wir können dem, genau wie in einem Scheidungsprozeß, nur ein Ende setzen, wenn wir uns auf eine falsche und zerstörerische Sicherheit einlassen, wofür solche Lösungen so bekannt sind.«

Was Rose in ihrem Bericht ausgelassen hat, ist die psychische Unmöglichkeit für einen Schriftsteller, unparteiisch zu bleiben. »Zwingen dazu«, ja. Aber »machen es gleichzeitig unmöglich«, nein. Ganz ohne »falsche und zerstörerische« Sicherheit ist es menschlich unmöglich, über irgendein Thema zu schreiben. Wie der Mörder braucht auch der Schriftsteller ein Motiv. Roses Buch nährt sich aus einer drängenden Feindseligkeit gegen Ted und Olwyn Hughes. Schwung und Schubkraft bezieht sie aus der kühlen Sicherheit, mit der sie (im Namen von »Unsicherheit« und »Sorge«) ihren Fall gegen die Hughes vorbringt. Im »Archiv«-Kapitel erreichen ihre Vorwürfe gegen Hughes wegen »Bearbeitung, Kontrolle und Zensur« den Gipfel ihrer Härte. Hätte Rose sich wirklich für keine Seite entscheiden können, wäre ihr Buch nie geschrieben worden; die Mühe hätte sich nicht gelohnt. Im Zustand der Bedürfnislosigkeit kann man nicht schreiben. Die Fairneß ist eine Pose, die Unparteilichkeit eine Farce; wenn man auf eine losgelöste Haltung trifft, ist dies nie mehr als ein rhetorischer Trick; wenn dem wirklich so wäre, wenn dem Schriftsteller *wirklich* vollkommen gleich wäre, wie die Dinge sich entwickeln, würde er sich nicht dazu aufraffen, sie zu präsentieren.

Rose ist die Bewegte, in der die Hughes schließlich ihre Meisterin gefunden haben; sie konnte man nicht verächtlich übergehen, sie war eine ernstzunehmende und würdige Widersacherin. In *The Haunting of Sylvia Plath* spricht sie über die tote Dichterin und Ted Hughes in einer Weise, wie niemand es vor ihr getan hat. Sie lehnt nicht nur Hughes' Auslassungen in den Tagebüchern und den Briefen ab, sondern auch seine Darstellung von Plath als hochkünstlerische Dichterin, die mit den *Ariel*-Gedichten das kleine Goldklümpchen in der Ader eines im ganzen fehlgeleiteten Schriftstellerlebens gefunden hat. Rose negiert die Unterscheidung zwischen hoher und niederer Kunst, zwischen guten und schlechten Werken, zwischen

»wahren« und »falschen« Ichs, auf der Hughes seine These aufbaut. Die Erzählungen für die »Hochglanzmagazine« (wie Plath sie ihrer Mutter gegenüber bezeichnet) sind nicht weniger beachtenswert als die *Ariel*-Gedichte. Für Rose gibt es keine »Abfallprodukte«. Für sie sind alle Werke wichtig; alle Genres, in denen sie geschrieben hat, alle Stimmen, die sie angenommen hat – und alle Stimmen, die seit ihrem Tod um sie herumschwirren –, sind ihrem postmodernen Bewußtsein willkommen.

The Haunting of Sylvia Plath ist eine brillante Leistung. Der poststrukturalistische, psychoanalytische und feministische Rahmen, in dem Rose ihre Polemik gegen die Hughes-Familie angeordnet hat, gibt dem Werk einen hochintellektuellen Glanz. Es gibt etwa achthundert Fußnoten. Man wird verwirrt, erregt und irgendwie eingeschüchtert. Die Hughes waren allerdings verblüfft und verärgert. Sie hörten nur ihre vorwurfsvolle Arie, den boshaften Unterton, der Rose selbst offensichtlich nicht bewußt war – den möglicherweise nur sie in vollem Umfang wahrnehmen konnten, da sie Gegenstand ihrer Kritik waren. In einem Brief an Anne Stevenson schrieb Olwyn, wie man sich fühlt, wenn man von Rose in ihrem Buch angegriffen wird: »Du kannst Dir nicht im mindesten vorstellen, wie außerordentlich unangenehm es ist, wenn man ein Manuskript wie Roses aufschlägt und einem die Boshaftigkeit wie eine Woge entgegenschlägt – von einem Menschen, von dem man nie zuvor gehört hat.«

Wie der Leser weiß, habe auch ich Partei ergriffen – für Hughes und Anne Stevenson –, und auch ich benutze meine Sympathien, Antipathien und Erfahrungen, um sie zu stützen. Meine Erzählung über Rose hat eine Spitze; meine versilberte Schere ist immer bereit, an ihr herumzuschnippeln. In einem anderen Zusammenhang – wenn ich *The Haunting of Sylvia Plath* nicht in Verbindung mit einem Thema gelesen hätte, an dem ich selbst beteiligt bin – hätte ich es lediglich bewundert, da ich die neuen Literaturtheoretiker in ihrer Auseinandersetzung mit den Traditionalisten unterstützte. Aber in meiner Plath-Hughes-Debatte sind meine Sympathien auf der Seite der Hughes, und wie ein Anwalt, der weiß, daß sein Fall auf schwachen Füßen steht, und dennoch spürt, daß er im Recht ist, stähle ich mich gegen die Verlockungen der mächtigsten und glaubwürdigsten Zeugin der gegnerischen Partei.

In ihrer Wohnung hatte Jaqueline Rose den Bericht über die Schwierigkeiten, die die Hughes ihr mit dem »Archiv«-Kapitel gemacht hatten, beendet, schenkte Tee ein und erzählte weiter über einen »anderen Problembereich mit den Erben«, den sie, wie sie sagte, »mindestens genauso aufschlußreich« fand. Es ging um das Kapitel ihres Buches »Keine Phantasie ohne Protest«, in dessen Mittelpunkt eine Interpretation von Plaths Gedicht »The Rabbit Catcher« steht. Ted Hughes hatte an ihrer Interpretation heftigen Anstoß genommen und Rose gebeten, das Kapitel zu streichen. Rose hatte nicht erwartet, daß Hughes von ihrem Archiv-Kapitel begeistert war, aber seine Ablehnung ihrer »Rabbit Catcher«-Interpretation traf sie gänzlich unvorbereitet, zumal dieses Kapitel nichts Negatives gegen Hughes beinhaltete und sich mit der konventionellen feministischen Interpretation des Gedichtes auseinandersetzt, eine Parabel über die Domination von Männern über Frauen – die Schlangen, denen die Erzählerin auf ihrem Spaziergang begegnet, werden als Falle verstanden, in die eine Frau durch eine konventionelle Ehe geht – und als direkter Kommentar zu Plaths eigener Ehe. Rose schlägt eine andere Interpretation vor: sie sieht in der fesselnden, rätselhaften Bildhaftigkeit dieses Gedichtes eine Phantasie über Androgynität.

Obwohl kein Kommentator zuvor diese *Phantasie* gesehen hat – es ist fraglich, ob Plath selbst sich dessen bewußt gewesen sein könnte –, erscheint Roses Interpretation bei der heutigen Akzeptanz sowohl gelebter als auch vorgestellter Homosexualität nicht sonderlich ausgefallen; die bisexuelle Komponente in der menschlichen Sexualität ist unter Post-Freudianern selbstverständlich. Aber für Hughes – und möglicherweise für die gesamte Vor-Freudianische englische Gesellschaft – ist die Vorstellung einer instabilen sexuellen Identität untragbar, und Roses Annahme, Plath hätte über gleichgeschlechtlichen Sex auch nur nachgedacht (von der Ausübung ganz zu schweigen), traf Hughes wie ein jenseits aller Vorstellungskraft liegender abscheulicher Gedanke. Ich spreche so vertraulich über Hughes, weil er seine Ansichten in einem Brief veröffentlicht hat, in einer Antwort auf einen Brief von Rose, den sie im *T.L.S.* am 10. April 1992 veröffentlicht hat. In diesem Brief schreibt Hughes sehr rührend, oder eher verwirrend, über seine Sorge über die verletzende Wirkung, die Roses Interpretation von »The Rabbit Catcher« auf seine Kinder haben könnte (die inzwischen über dreißig sind). »Professor Rose verdreht, erfindet Sylvia Plaths ›sexuelle Identität‹ mit einer Hingabe, die ich kaum glauben kann – teilt ihr eine Rolle zu, von der ich mir lebhaft vorstellen kann, wie sehr sie Sylvia Plaths Kinder kränken muß«, schrieb er, und weiter:

> »Ich habe versucht, Miss Rose nahezubringen, wie sie sich fühlen müssen, wenn sie ihr Buch (wie es mir passiert ist) im Haus von Freunden vorfinden und annehmen müssen, daß ihre Freunde jetzt die gleichen Gedanken über ihre Mutter hegen müssen, die Professor Rose hegte ...
>
> Ich habe versucht, mich in sie hineinzuversetzen, und kann mir nicht vorstellen, warum ihr diese ganz besondere Form des Leidens, die solche Situationen hervorrufen, nicht sofort und in ihrem ganzen Ausmaß bewußt geworden ist - der kleine dumpfe Schlag, den Verzweiflung, hilflose Wut und Scham für ihre Mutter verursachten, die kleine Vergiftung des Lebens, die verbitterte, aber ziemlich nutzlose Wut auf die Person, die diesen vergifteten Pfeil auf sie abgeschossen hat, nur um sich daran zu ergötzen. Und diese Momente werden endlos kumulieren, da das Buch inzwischen ein für allemal in den Bibliotheken liegt und ihre Ideen in alle späteren Bücher über ihre Mutter einfließen werden.«

Wenn man Hughes hört, wird das, was Rose geschrieben hat, so unaussprechlich und undruckbar, daß ich die empörende oder nicht-empörende Passage (was auch der Fall sein mag) hier zitieren will, damit der Leser selbst entscheidet. Sie betrifft die ersten beiden Strophen von »The Rabbit Catcher« mit folgendem Wortlaut:

»Es war ein Ort der Gewalt –
Der Wind knebelte mir den Mund mit meinem
eigenen wehenden Haar,
Entriß mir die Stimme, und das Meer
Blendete mich mit seiner Helligkeit, die Leben der Toten
Fanden hier statt, verbreiteten sich wie Öl.

Ich schmeckte den Haß des Stechginsters,
Seine schwarzen Stacheln,
Die Letzte Ölung seiner gelben Kerzen-Blüten.
Sie waren sehr wirkungsvoll, von großer Schönheit,
Und extravagant, wie Folter.«

Im Kapitel »Keine Phantasie ohne Protest« schreibt Rose über diese Eröffnung:

»Denn die Sexualität, die es beschreibt, bleibt nicht an einem Ort – sie breitet sich aus, blendet, wirbelt wie das Öl im Meer. Völlig unverhüllt produziert der wehende Wind, das Knebeln ein Bild von oralem Sex und dreht es sofort um, knebelt die Erzählerin mit ihrem eigenen wehenden Haar, das Haar in ihrem Mund, schmeckt den (Stech)ginster (Was für ein Körper – männlich oder weiblich – ist das? Wer – Mann oder Frau – schmeckt wen?), wobei ›schwarze Stacheln‹ und ›Kerzen‹ die offensichtliche Zuordnung der Geschlechtsrollen im Zaum halten. Für Freud gehören solche Phantasien, solche Momente der Unsicherheit zum generell unbewußten Subtext – von uns allen – unter der oberflächlicheren Lesart, der offensichtlicheren Erzählung einer stabilen sexuellen Identität, die wir schreiben.«

In unserer Teerunde setzte Rose ihren stringenten Bericht über ihre Auseinandersetzung mit Ted Hughes über ihre Interpretation von »The Rabbit Catcher« fort. »In meinem Gespräch mit Hughes habe ich gesagt – wie ich es auch in meinem Buch wieder und wieder sage –: ›Sehen Sie, ich spreche an keiner Stelle über Plaths gelebte sexuelle Identität in der Welt, von der ich auch nichts weiß.

Ich diskutiere lediglich Phantasien.‹ Aber er antwortete, daß diese Unterscheidung unbrauchbar ist, weil die Phantasien sehr intime Aspekte ihres Lebens betreffen. Das stimmt, sie sind intim und privat. Aber wenn man in einer Diskussion über die literarischen Schriften Sylvia Plaths nicht über Phantasien reden darf, kann man nicht über Sylvia Plath reden. Denn genau darüber schreibt sie. Über die Psyche und über innere Bilder. Wunderbare, komplizierte und schmerzhafte innere Bilder – Bilder, die uns alle einschließen, finde ich. Ich kann gegen der These, daß ihre Pathologie darin zum Ausdruck kommt, nicht folgen. Es interessiert mich nicht, ob sie pathologisch war oder nicht. Ich glaube, das kann man nicht wissen, und ich finde, daß man solche Aussagen wie ›sie war pathologisch‹ nur dann machen kann, wenn man sich absolut sicher ist, daß man selbst gesund ist, und das halte ich für einen moralisch unhaltbaren Standpunkt.«

Ich fragte Rose, ob Ted Hughes sich zu irgendwelchen anderen Passagen ihres Buches positiv geäußert habe. »Nein«, sagte sie. Und fügte hinzu, wobei sie einen leicht bitteren Unterton in ihrer Stimme zuließ: »Hughes schrieb einen Artikel, in dem er Ronald Haymans Interpretation von *The Colossus* heftig kritisiert. Er meinte, daß diese Form der wörtlichen Interpretation in jedem Klassenzimmer Gelächter hervorrufen würde. Deshalb hatte ich gedacht – was sich als grober Irrtum herausstellte –, daß meine komplexeren Interpretationen der Gedichte Anklang finden würden. Aber ich habe von Ted Hughes und Olwyn Hughes keine einzige positive Rückmeldung bekommen.«

Ich warf ein, daß ich mich mit Olwyn wenige Tage zuvor getroffen hatte, und Rose fragte: »Was hat Sie über mein Buch gesagt?« Ich berichtete, was sie bereits wußte – daß Olwyn verärgert war –, und als Rose mich um Details bedrängte, zitierte ich die Passage aus Hughes' Brief, den Olwyn mir im indischen Restaurant gegeben hatte.

Rose sah mich überrascht an. »Die Passage über die Literaturkritiker, wie sie mit den Lebenden und den Toten umgehen?« fragte sie.

»Ja.«

Rose saß regungslos da, mit nachdenklichem Gesicht. Dann stand sie plötzlich auf und verließ den Raum; über ihre Schulter sagte sie zu mir, »Ich will wissen, ob es die gleiche Passage ist.« Sie kehrte mit einem Blatt Papier in der Hand zurück und reichte es mir. Ich warf einen Blick darauf und sagte: »Ja, das ist es. Ein interessanter Standpunkt, finden Sie nicht?«

»Nun ja, er richtet sich gegen das Recht auf Kritik«, sagte Rose. »Diese Zeile über die Kritiker, die das Leben neu erfinden – ›Sie weiten ihr Recht, zu sagen, was sie wollen, auf die Lebenden aus, sie plündern ihre Psyche und erfinden sie neu, ganz wie es ihnen gefällt.‹ Das impliziert zwei Dinge. Erstens, ich würde behaupten, daß ich *die* Wahrheit über das Leben der Hughes kennen würde – was ich nie behauptet habe –, und zweitens, daß sie selbst darüber verfügen und daß jede Interpretation, die über die ihre hinausgeht, dieser einzigen Wahrheit Gewalt antut.«

»Darf ich das noch einmal sehen?« fragte ich und griff nach dem Blatt, um Roses Gedankengängen besser folgen zu können.

»Selbstverständlich. Ich meine, letztendlich läßt er der Literaturkritik keinen Raum. Vielleicht ist es das, was er sagen will. Und das ist ein sehr interessanter Standpunkt. Aber es heißt außerdem, daß in unserer Kultur kein Raum zum Verstehen, Überdenken, Interpretieren und Diskutieren verschiedener Ansichten bleibt. Diese These impliziert wirklich außerordentliche Konsequenzen.«

»Hier steht ein bemerkenswerter Satz, den ich noch nicht gesehen habe«, sagte ich und sah von meiner Lektüre auf. »Er stand nicht in dem Teil, den Olwyn mir gezeigt hat: ›Miss Rose dachte, sie schreibt ein Buch über eine Schriftstellerin, die seit dreißig Jahren tot ist, und hat anscheinend übersehen, was für mich klar auf der Hand liegt: am Ende hat sie ein Buch geschrieben, das über weite Strecken von mir handelt.‹«

Rose sagte schnell: »Ich glaube nicht, daß Sie das zitieren dürfen, ohne Ted Hughes zu fragen. Ich glaube, das gäbe rechtliche Probleme.« (Ich fragte später, ob ich diese Zeilen hier zitieren dürfe und erhielt die Genehmigung.) »Und ich hatte Ihnen die Passage ohnehin nur gezeigt, weil ich Olwyns Zitat checken wollte.« In ihrer Fassungslosigkeit war Rose in einen umgangssprachlicheren Ton gefallen: »checken wollte« gehörte nicht zu ihrer beeindruckenden Lehrersprache.

Ich wollte noch etwas über die Signifikanz dieses Satzes sagen – wie er die Bedeutung der übrigen Passage beeinflußte –, aber Rose fiel erneut aus ihrer Rolle, sie unterbrach mich. »Nun ja, das weiß ich«, sagte sie. »Aber es ist seltsam. Ich glaube, ich sollte Ihnen keine Korrespondenzen zeigen, die ich von Ted und Olwyn Hughes erhalten habe. Sie waren an mich gerichtet. Sie waren nicht dazu bestimmt, in der Öffentlichkeit herumgereicht zu werden. Ich habe Ihnen dies gezeigt, weil Olwyn Hughes Ihnen eine Passage aus einer Mitteilung an mich gezeigt hat, nicht wahr? Und Sie haben diesen zusätzlichen Satz deshalb rein zufällig gesehen. Ich glaube, ethisch betrachtet ist dies ein schwieriges Terrain. Und ich muß Sie bitten, diesen Satz nicht zu zitieren.« Sie dachte kurz nach und fügte hinzu: »Ja, ich glaube, das muß ich sagen.«

Das also war also der »spannungsgeladene« Moment meines nicht abgeschickten Briefes. Ich wiederhole ihn hier mit Hilfe meines Kassettenrecorders, der die Worte zwischen Rose und mir aufgezeichnet, aber die Körper- und Gestensprache, mit der wir alle miteinander sprechen, nicht erfaßt hat. Poststrukturalisten verwenden das Wort »Aporie«, wenn sie auf komplizierte oder festgefahrene Stellen im Text verweisen wollen, Passagen, die der gewöhnlich schnellen, logischen, frontalen Annäherung des Lesers an Verstehen nicht dienlich sind. Rose und ich hatten in unserer Begegnung eine Aporie erreicht – etwas Unerwartetes und Kompliziertes war aufgetreten. Ich erinnere mich, daß ich spürte, wie wir um etwas kämpften – wir stritten um eine »im Innersten liegende, untragbare Sache« –, aber heute, zwei Jahre später, haben die Dinge, die sich abspielten, kaum objektive Spuren hinterlassen, und ich bin nicht mehr sicher, ob ich mich mit Jaqueline Rose einmal um Ted Hughes gestritten habe. Wie einem Biographen bleiben mir nur die Texte zum Beweis – in diesem Fall der »fiktive« Text in meinem nicht abgeschickten Brief und der »faktische« Text auf meinem Kassettenrecorder –, um mich bei meiner Erzählung zu begleiten. Ich habe nicht das Gefühl, daß sie sehr vertrauenswürdig sind.

In ihrer ›Erinnerung‹ an Plath in Cambridge berichtet Jane Baltzell Kopp (das Mädchen, das sich über Plaths Samsonite-Koffer lustig gemacht hatte) über einen Vorfall, den sie völlig falsch einschätzt. Kopp schreibt, daß sie sich gewundert hat, warum Plath so wütend wurde, als sie entdeckte, daß Kopp in fünf Büchern, die Plath ihr geliehen hatte, zu Plaths Notizen mit Tinte noch Anmerkungen mit Bleistift hinzugefügt hatte. Kopp scheint sich ihres Vergehens, in ein geliehenes Buch zu schreiben, nicht bewußt zu sein; sie zitiert Plaths Bemerkung, »Jane, wie konntest Du nur?«, als etwas Absonderliches. Plath andererseits fand Kopps Tat ungeheuerlich genug, um sie in einem Brief an ihre Mutter und der folgenden Tagebucheintragung zu erwähnen: »Ich war wütend und hatte das Gefühl, meine Kinder seien von einem Fremden vergewaltigt oder geschlagen worden.« Man kann eine Biographie mit einem Buch vergleichen, in das ein Fremder hineingekritzelt hat. Nach dem Tod gerät unsere Geschichte in die Hände von Fremden. Der Biograph vergißt, daß ihm die Geschichte nur geliehen wurde, er hält sich für den Eigentümer, der nach Belieben darin herumstreichen kann. Kopp betont, daß es Plaths eigene schwarze Hervorhebungen waren, die sie zu »ein paar Bleistiftbemerkungen ermutigt« hätten. (In Plaths Aufzeichnungen hat Kopp »überall« in den fünf Büchern herumgestrichen.) Auch die Personen, die über Plath geschrieben haben, fanden die Angelegenheit (bewußt oder unbewußt) verzeihlich, als ob es ihnen zustünde, sich unverfroren oder sogar wild auszubreiten, wo sie normalerweise vorsichtig und behutsam aufgetreten wären. Mit ihrem »kathartischen Krach« (wie Plath in ihrem Tagebuch schreibt) hat sie Kopp in die Knie gezwungen, indem sie von ihr forderte, die Anmerkungen auszuradieren. Hughes' Verzweiflung über das Chaos, das verschiedene neue Besitzer mit dem Buch angerichtet haben, das er einst mit Plath gemeinsam besessen hat – bis ihr Tod und ihre und seine eigene Berühmtheit es ihnen brutal entrissen haben –, ist verständlich, aber seine Versuche, sie dazu zu zwingen, ihre Anmerkungen zu beseitigen, haben ihm nur Kummer bereitet. Die Geschichte gehört ihm nicht mehr, er hat keinen Einfluß mehr darauf. Sein Versuch, sich auf eine Auseinandersetzung um Linda Wagner-Martins Biographie einzulassen, haben lediglich für ihr nichtssagendes Buch Interesse geweckt und ihm einen Stellenwert verschafft, den es sonst niemals bekommen hätte; sein Versuch, um Jaqueline

Roses Studie zu kämpfen, hat für dieses substantiellere Werk entsprechend Reklame gemacht. Wie Wagner-Martin über Hughes (und Olwyn) triumphiert und sie mit dem Bericht über die Auseinandersetzungen in ihrem Vorwort gestraft hat, hat auch Rose in *ihrem* Vorwort in dem ihr eigenen gemessenen Ton für solche Gelegenheiten die vier Asse, die, die Hughes ihr zugeschoben hat, eines nach dem anderen gelassen ausgespielt:

> »In Briefen mit den Hughes wurde diese Buch ›böse‹« genannt. Dem Verleger wurde mitgeteilt, es würde nicht erscheinen. Es gab einen Zeitpunkt, wo versucht wurde, bereits garantierte Abdruckgenehmigungen aus Plaths Werken wieder zurückzuziehen. Ich wurde aufgefordert, meine Interpretation von »The Rabbit Catcher« herauszunehmen. Als ich mich weigerte, erklärte mir Ted Hughes, daß meine Analyse Plaths (inzwischen erwachsenen) Kindern schaden würde und daß nach Spekulationen von der Art, wie ich sie über Sylvia Plaths sexuelle Identität unterstellen würde, in manchen Ländern ›Morde verübt würden‹«.

Roses Buch erschien im Juni 1991 in England und wurde fast überall mit Beifall aufgenommen. Es wurde im *T.L.S.* und in der *London Review of Books* von Carol Oates respektive Elaine Showater ausführlich und bewundernd besprochen. In der englischen Tagespresse wurde es zusammen mit *The Death and Life of Sylvia Plath* von Ronald Hayman besprochen, das (zu Roses Vorteil) gleichzeitig erschien; durch die Oberflächlichkeit von Haymans Buch trat Roses wissenschaftliche Ernsthaftigkeit deutlicher hervor, und viele Rezensenten haben ihre Kritiken auf dieser Ungleichheit aufgebaut. Daß diese Unterscheidung den Hughes Probleme bereitete, kann man sich vorstellen. Mein Mitgefühl hatten sie zwar, aber ich wußte, daß die Unterscheidung gerechtfertigt war.

Nach meiner Rückkehr nach New York im Februar gab Olwyn auch weiterhin in Telephonaten und Briefen ihre Verärgerung über Roses Buch Ausdruck. »Das Buch hat nur ein Ziel, Ted wie ein Monster dastehen zu lassen«, sagte sie mir bei einer dieser Gelegenheiten. »Rose liest überall üble Machiavellische Gedanken hinein – und ich kann Ihnen versichern, daß niemand so gedacht hat. Es gibt in dem Buch keinen einzigen interessanten oder intelligenten Gedanken. Sie ist eine Strukturalistin, sie ist eine Feministin, sie ist Gott weiß was. Haben Sie sich noch mit ihr getroffen?«

Ich sagte ja.

»Wie sieht sie aus? Hat sie vier Augen?«

»Sie ist sehr attraktiv, sehr genau und sehr selbstbewußt.«

»Ist sie Engländerin oder Amerikanerin?«

»Engländerin.«

Es gab eine lange Pause; offensichtlich wäre es Olwyn lieber gewesen, wenn sie Amerikanerin wäre. Sie nahm den Faden wieder auf:

»Was sie über Sylvias Geschlechtsleben erzählt – es ist unglaublich, eine Verleumdung.«

»Die Toten kann man nicht verleumden«, sagte ich.

»Aber irgendwie verleumdet sie jeden mit dieser Passage, oder? Ted, Carol, alle Frauen, mit denen er je zu tun hatte.«

»Die Sache ist ziemlich kompliziert«, sagte ich.

»Es ist entsetzlich. So gewollt. So häßlich. Und dann reden sie darüber, wie gemein es von *mir* ist, diesen Engeln die Abdruckgenehmigung zu entziehen. Was kann man machen? Soll man sie einfach zitieren lassen, damit die Mythen immer wilder und wilder werden – oder soll man versuchen sie zu korrigieren, so wie ich es getan habe?«

Olwyns Versuch, Rose zu korrigieren – sie schickte ihr zwanzig einzeilig getippte Seiten mit dem Titel: »Anmerkungen zu J. Roses MS – *The Haunting of Sylvia Plath*« –, war lediglich Wasser auf Roses poststrukturalistischen Mühlen. Sie hat sie ungerührt den unzähligen Texten hinzugefügt, die sie in ihren Fußnoten anführt und in ihrem eigenen Text zitiert. Roses Methode zu zitieren erinnert mich an die Gefängnisszenen in historischen Filmen, wo Aristokraten und Bettler, tugendhafte Frauen und Prostituierte, brave Männer und Diebe alle zusammen in einen Kerker geworfen und von ihrem Wärter mit vollendeter demokratischer Gleichheit behandelt werden. In *The Haunting of Sylvia Plath* wird den Schriften von Freud, James, Ronald Hayman und einer Freundin Aurelia Plaths allen die gleiche ernsthafte Aufmerksamkeit gewidmet; und Teds Briefe an Rose und Olwyns »Anmerkungen« an Rose behandelt sie weniger wie wütende Angriffe auf das Buch, sondern einfach wie interessante Beiträge, die verspätet eingetroffen sind. (»Ihre Kommentare waren hilfreich, bedeutend und informativ, sie haben die allgemeine Diskussion des Buches wiederholt gestützt und genährt«, schreibt Rose.) Im August 1991 – ihr Fell glänzte nach wie vor, ein paar Federn hingen noch an ihren Lippen – schrieb Rose mir einen langen Brief, in dem sie mir ein paar Fragen beantwortete, die ich ihr in einem Brief geschrieben (und geschickt) hatte, nachdem ich die endgültige Fassung ihres Buches gelesen hatte:

»Auf die Frage, warum wir den Hughes' das Manuskript geschickt haben: Uns (mir und *Virago*) wurde dazu geraten. Wir wußten, daß eine Publikation über Plath schwierig war, und Anwalt und Berater von *Virago* waren der Meinung, daß wir die Veröffentlichung des Buches sicherstellen könnten, indem wir das Manuskript verschickten. Wir wüßten dann, wie sie darauf reagieren, ob rechtliche Schritte zu erwarten waren, und könnten im Vorfeld klären, ob wir darauf reagieren oder nicht.«

Ich hatte Rose auch gebeten, mir den seltsamen Begriff »Textwesen« zu erläutern, den sie in ihrer Einleitung verwendet. (»In diesem Buch, bei der Analyse von [Plaths] Schriften, spreche ich nie von realen Personen, sondern von Textwesen (Y und X), deren mehr als reale Existenz, wie ich belegen werde, über sie selbst hinausgeht, um uns alle miteinzuschließen.«) Sie antwortete, daß sie sich auch hier von rechtlichen Erwägungen hatte leiten lassen. Anwälte hatten ihr geraten, diesen Begriff zu verwenden, um Hughes von einer Klage gegen sie abzuhalten, schrieb sie, und illustriert den Gedanken an einem Beispiel: »Obwohl Gewalt in Plaths Schriften wiederholt thematisiert wird, habe ich an keiner Stelle darauf geschlossen, daß es zwischen ihnen jemals zu Gewalttätigkeiten gekommen sein muß. Hätte ich das getan, wäre es eine Diffamierung gewesen, und das Buch hätte nicht erscheinen können.« Sie fügt hinzu: »Wichtiger noch, ich hatte auch nicht das Bedürfnis, etwas derartiges zu unterstellen, da ich das meines Erachtens wirklich nicht wissen kann und fest davon überzeugt bin, daß Schreiben auch dazu da ist, Dinge zu erforschen, die nicht stattgefunden haben, die man aber – sozusagen – mehr fürchtet oder ersehnt als das, was geschehen ist.«

Vielleicht kann man Roses Position und der poststrukturalistischen Vorstellung, daß Schreiben eine Art Traum sei, dem niemand auf den Grund gehen könne (der Traum-Schreiber eingeschlossen), keinen größeren Tribut zollen als Ted Hughes es getan hat. Er schrieb in einem Brief vom 24. April 1992 im *T.L.S.*, daß er äußerst schockiert und bekümmert war, weil Rose seine Bemerkung über Mord als Bedrohung empfunden habe. In ihrem eigenen Brief an das *T.L.S.* hatte Rose die Bemerkung entrüstet zitiert: »Mir wurde gesagt ..., daß in manchen Ländern wegen Spekulationen über die sexuelle Identität einer Mutter ›Morde verübt‹ würden. Wenn das kein krimineller Druck ist (rechtlich gesehen war das – ich habe mich natürlich bei *Viragos* Anwalt rückversichert – keine Drohung), dann möchte ich gerne wissen, was sonst.« Hughes schrieb, er habe mit dieser Bemerkung ganz »allgemein an ihre (auch mütterlichen) Gefühle« appellieren wollen:

> »Ich habe nach einem historischen Beispiel gesucht, nach einer Situation, wo eine absurde, öffentlich ausgesprochene Kränkung der ›sexuellen Identität‹ einer Mutter ihren Kindern Schmerzen zufügt, die nicht nur absolut real sind, sondern, wie Professor Rose glaubt, auch noch dokumentarisch einwandfrei aufgezeichnet wurden. Ich habe den naheliegenden Fall beleuchtet und sie gebeten, sich vorzustellen, was passieren würde, wenn man das, was sie über Sylvia Plath schreibt, über eine Mutter in den stolzen Mittelmeerländern mit hohem Ehrenkodex öffentlich (und sogar weltweit) verbreiten würde.
>
> Ich war so intensiv damit beschäftigt, ihre Aufmerksamkeit zu erregen, sie einfach aufzuwecken – daß ich im Traum nicht daran gedacht habe, sie könnte sich *bedroht* fühlen ...

Ich habe ziemlich verzweifelt und mit dem Wissen, daß es sinnlos ist, versucht, an ihre Gefühle zu appellieren, aber das hat lediglich dazu geführt, daß sie, wie sie jetzt erklärt, ihren Anwalt aufgesucht hat.«

VIER

Das Spiel geht weiter. Die Spieler kommen und gehen, Jahre vergehen, und die Hughes gewöhnen sich langsam an die unangenehmen Bedingungen im Kasino. Sie haben bei ihrer Arbeit dazugelernt; sie tun nicht mehr so, als wäre das ganze ein Süßigkeitenladen. Olwyn hat ihre Arbeit als literarische Agentin des Plath-Nachlasses aufgegeben, ihre Aktivitäten als grimmige und selbstlose Beschützerin ihres Bruders hat sie allerdings nicht eingeschränkt. Sie schreibt Briefe an Lektoren und sagt den Journalisten die Meinung »in ihrer geraden Yorkshire-Art«, wie einer von ihnen meinte. Als sie auf Anschuldigungen, die Plath-Erben würden Material zurückhalten, in einem Brief an das *T.L.S.* schrieb, daß sie allein, und nicht Hughes und sie, für alle »Anstrengungen, ›Druck‹« auf Biographen auszuüben, verantwortlich sei, konnten die Leser buchstäblich sehen, wie sie sich als Schutzschild vor Hughes aufbaut. In ihrer Korrespondenz und Telephonaten mit mir schwankte sie zwischen der grollend hervorgebrachten Befürchtung, ich sei womöglich dem »Roche-Sigmund-Einfluß« zum Opfer gefallen, und der Einsicht, ich könnte vielleicht doch keinen »kultischen Blödsinn« schreiben. »Bei diesen Leuten kann man nicht an ihre Gefühle appellieren, weil sie keine haben«, sagte sie während eines Telephonates. »Man kann nicht an ihren Verstand appellieren, weil sie keinen haben. Man kann nicht an ihren guten Willen appellieren, weil sie ihre ganze kleinbürgerliche Zukunft und ihren kleinbürgerlichen Ehrgeiz auf ihrer *Böswilligkeit* aufgebaut haben – was soll man also mit ihnen machen? Man kann nicht ständig die Busfahrkarten vorzeigen, um zu beweisen, daß man die Wahrheit gesagt hat. Es ist so verletzend. Es ist so dumm. Wenn die Leute diesen dummen

Frauen und ihren Hysterien glauben wöllen, sollen sie doch. Ich habe einfach keine Lust mehr.« In letzter Zeit taucht hier und da in unserer Korrespondenz ein sanfterer, persönlicherer Ton auf. Zum Beispiel schieb sie am 10. Dezember 1991:

»Sylvia und ich: Als sie noch lebte, habe ich sie einfach akzeptiert. Meistens war es ganz angenehm, sie um sich zu haben. Sie beschäftigte sich intensiv mit Ted und arbeitete an der Schreibmaschine oder in der Küche, ansonsten war sie amüsant und interessant ...

Nach ihrem Tod wurde deutlich, daß die *Ariel*-Gedichte das Werk einer bedeutenden Dichterin waren. Daran habe ich keine Sekunde gezweifelt. Dann las ich die Tagebücher und habe einfach um sie geweint – daß unter ihrem kühlen, kontrollierten Äußeren solche Qualen verborgen lagen, hat mich erstaunt. *Briefe nach Hause* fand ich ziemlich geschmacklos, aber den Ton konnte ich wenigstens verstehen – ich stellte fest, daß auch ich ziemlich künstliche Briefe über die Kinder an Aurelia schrieb.

Es war immer klar, daß Sylvia zur Selbstsucht neigte, Ted ziemlich vereinnahmte und andere auf Distanz hielt. Aber viele Leute haben den einen oder anderen Fehler. Im allgemeinen dachte ich, wenn sie zusammen glücklich waren (was sie die meiste Zeit sicher waren), konnte man es aushalten.

Bei all dem Durcheinander, das seither durch ihre verschiedenen Schriften und üblen Nachreden entstanden ist, wäre ich allerdings eine Heilige gewesen, wenn ich diese Seite an ihr nicht gelegentlich verabscheut hätte. Aber grundsätzlich habe ich sie einfach nur bedauert ... Ich glaube, sie war tapfer und hat mit größeren Problemen gekämpft als die meisten Leute.«

Solche Passagen haben mich ermutigt zu glauben, daß unsere Begegnung einen Monat später harmonisch verlaufen würde. Aber das Treffen – in einem anderen Restaurant in Camden Town – erwies sich als ziemlich unterkühlt, fast unangenehm. Nach meiner Rückkehr nach New York schrieb mir Olwyn:

»Es hat mich deprimiert, daß Sie sich anscheinend beharrlich weigerten, zur Kenntnis zu nehmen, was ich mit Sylvias fehlender Offenheit meinte, die – jedenfalls bei mir – dazu geführt hat, daß ich sie so wenig zu kennen glaubte ... Und ich hätte nicht gedacht, daß dieser Gedanke so schwer zu verstehen sei. Ich war nicht die einzige, die diesen Eindruck hatte – viele Leute, die sie besser kannten oder genauso gut wie ich, haben ähnliches gesagt ...

Wenn permanent beurteilt wird und angezweifelt wird, was man sagt ... das ist unangenehm und frustrierend.«

Ich hatte Olwyns Zorn mit ein paar Bemerkungen über einen Mann namens Ed Cohen entfacht, mit dem Plath Briefe ausgetauscht hatte, als sie am College war. In der Lilly Library hatte ich Cohens Briefe an sie gelesen – wunderschöne, eindringliche Briefe eines jungen Mannes – und war nach Chicago geflogen, um mit ihm zu sprechen. Cohen hatte Plath geschrieben, nachdem er eine ihrer Kurzgeschichten in *Seventeen* gelesen hatte, sie hatte ihm geantwortet, und daraus war eine (versteckte) Briefromanze geworden. Dann tauchte Cohen eines Tages unangemeldet am Smith College auf, was die Romanze abrupt beendete. Er war offensichtlich nicht Plaths Typ, und sie benahm sich ihm gegenüber nicht sehr nett. Die Korrespondenz wurde dann wieder aufgenommen – Cohen verzieh ihr offensichtlich, daß sie ihn persönlich ablehnte, und akzeptierte seine Rolle als Cyrano. In Chicago, in einem hübschen, verfallenen, stuckverzierten Haus vom Anfang des zwanzigsten Jahrhunderts, wo er lebt und gebrauchte elektronische Geräte vertreibt, erzählte mir Cohen eine seltsame, komplizierte Geschichte, wie Plaths Briefe an ihn plötzlich aus einem Ablageschrank verschwanden. Nachdem er eine Rezension über *Bitter Fame* gelesen hatte, schrieb Cohen einen Brief an den Herausgeber, der sechs Wochen später veröffentlicht wurde, in dem er sich als »guter Freund zu erkennen gab, der mit Sylvia Anfang der fünfziger Jahre regelmäßig Briefe gewechselt hat«, und sagte: »Sylvia war mindestens seit Beginn des Erwachsenenalters das, was die Psychiater als Borderline-Persönlichkeit bezeichnen.« In unserem Gespräch charakterisierte Cohen sie außerdem als »manisch-depressiv«, »paranoid« und meinte, man könne »praktisch jeden denkbaren pathologischen Begriff aus der Psychologie« auf sie anwenden. »Mit ihr zusammenzuleben muß außerordentlich schwierig gewesen sein.« Ich hatte Olwyn von meinem Treffen mit Cohen erzählt und angedeutet, seine »Diagnose« sei möglicherweise eine Art Rache, weil sie ihn zurückgewiesen hatte, und andere Männer erwähnt, die sie abgelehnt hatte (unter anderem Peter Davison) und die sich nach ihrem Tod über ihre persönlichen Probleme geäußert hatten. Olwyn, deren Antennen immer auf der Suche nach versteckten ›Bewegten-Thesen‹ waren, hatte meine Verteidigungsrede für Plath gegen ihre sitzengelassenen Liebhaber als Angriff auf ihre eigene Haltung und Position verstanden. Ich schrieb sofort einen besänftigenden Brief zurück, worauf unser »Streit« beigelegt wurde. Wir kehrten wieder zu unserer friedlichen, eigenartigen, vorsichtigen Briefform zurück.

Abdruckgenehmigungen werden jetzt von einem sehr geschäftsmäßigen, unverbindlichen Herrn bei *Faber & Faber*, dem Verlag von Ted Hughes, erteilt. Anfragen beantwortet er mit der knappen Mitteilung, er werde sie an Ted und Carol Hughes (das Ehepaar wird wie eine Einheit behandelt) weiterleiten und sich melden, sobald er von ihnen gehört hat. Manchmal hört er sehr lange nichts. Als ich die Genehmigungen für diese Abhandlung einholte, habe ich eine Akte mit diesen kurzen, blutleeren Notizen angelegt. (Meine Verhandlungen mit den Erben waren spannungsgeladen aber ziemlich direkt. Die Hughes' wollten ursprünglich das ganze Manuskript lesen, um meine Zitate unter Kontrolle zu halten. Ich fand diesen Vorschlag unannehmbar. Daraufhin haben sie ihre Meinung geändert und wollten nur noch die Absätze vor und hinter den Zitaten sehen. Diese Bedingung habe ich akzeptiert und so die Genehmigungen erhalten.) Mein Bild von Olwyns Nachfolger erinnert an einen der beiden Männer in Plaths Gedicht »Tod & Co.«:

»Der eine, der nie aufblickt, dessen Augen unter den Lidern
Geballt sind, wie die William Blakes,
Stellt sie zur Schau,

Die Geburtszeichen, die sein Firmenzeichen sind –
Die Narbe von kochendem Wasser,
Den nackten
Grünspan des Kondors.«

Alvarez schreibt in seiner ›Erinnerung‹, daß Plath ihm das Gedicht am Weihnachtsabend bei seinem Besuch in ihrer Wohnung laut vorgelesen hat und daß er »törichte Einwände« gegen ihr Bild vom Kondor vorgebracht hat. »Ich sagte, er sei übertrieben, krankhaft. Im Gegenteil, erwiderte sie, genauso sähen die Beine eines Kondors aus. Sie hatte natürlich recht. Ich versuchte mit untauglichen Mitteln, die Spannung zu verringern und ihre Gedanken vorübergehend von ihren Qualen abzulenken – als ob Diskussion und literarische Kritik das vermocht hätten!« Mitte Januar, berichtet Alvarez, schickte Plath ihm eine Nachricht und schlug vor, mit den Kindern in den Zoo zu gehen, damit sie ihm die nackten Beine des Kondors zeigen könne. Er antwortete nicht darauf.

FÜNF

Gegen Mittag an einem milden, grauen Tag im September 1991 stieg ich auf einem häßlichen, modernisierten Bahnhof in Bedford, einer Stadt, eine Stunde von London entfernt, aus dem Zug, und stellte fest, daß Trevor Thomas, der Mann, der mich abholen wollte, nicht da war. Thomas war der Dritte im Bunde der Anti-Hughes-Fraktion von Elizabeth Sigmund und Clarissa Roche. Er war die Quelle der Geschichte über die Party mit den Bongotrommeln in Plaths Wohnung in der Nacht nach ihrer Beerdigung (wofür der *Independent* sich entschuldigen mußte; Thomas selbst mußte seine Aussage zurücknehmen). Er war der Mann gewesen, der in der Fitzroy Road unter Plath gewohnt hatte und sie möglicherweise als letzter lebend gesehen hat; er erzählte, daß Plath am Abend ihres Selbstmordes an seiner Tür erschienen und Briefmarken von ihm geborgt habe. In seiner ›Erinnerung‹ stützt Alvarez seine These, daß Plath nicht hatte sterben wollen, sondern von ihrem Tod durch Gas ebenso wieder auferstehen wollte wie bei ihrem ersten Tod durch Schlaftabletten, auf Thomas. Alvarez meinte, sie habe sich darauf verlassen, daß der »ältliche Maler in der Wohnung unter ihr« (er war fünfundfünfzig) sie retten würde. Um neun Uhr wurde ein neues Au-pair-Mädchen erwartet, und wenn alles nach Plan gelaufen wäre, hätte Thomas ihr Klingeln gehört; sie hätte Plaths immer noch warmen Körper gefunden, und »so wäre Sylvia ohne Zweifel gerettet worden«. Aber Thomas hatte ihr Klingeln nicht gehört – das Gas war offensichtlich in seine Wohnung gezogen und hatte ihn betäubt –, und bis das Mädchen mit Hilfe zurückkehrte, nachdem sie endlos lange an einem Telephonhäuschen hatte warten müssen, war es zu spät. (In *Bitter Fame* wird die Vorstellung in Zweifel gezogen, daß Plath gerettet worden wäre, wenn das Mädchen – die, wie weitere Recherchen enthüllt haben, eine Krankenschwester war, die Plaths Arzt, John Horder, geschickt hatte – um neun Uhr ins Haus gelangt wäre. Stevenson schreibt: »Selbst wenn Sylvia gerettet worden wäre, solange sie organisch noch lebte, wäre nach Dr. Horders Meinung ihr Gehirn irreparabel geschädigt gewesen.«)

Thomas selbst hat Alvarez' Bericht weder bestätigt noch widersprochen; er war aus London weggezogen, und man hörte nichts mehr von ihm, bis er 1986 in der Plath-Legende wieder auftauchte. In einem Brief an den *Observer* hatte sich Elizabeth Sigmund über einen Artikel mit einer bestimmten Charakterisierung von Plath beschwert; dieser Brief hatte ihn dazu veranlaßt, über die Zeitung an Sigmund zu schreiben. Sigmund reichte den neunundsiebzigjährigen Thomas an Roche weiter, die ihn dazu überredete, seine Erinnerungen zu Papier zu bringen. Auf ihr Drängen produzierte er ein siebenundzwanzigseitiges, maschinengeschriebenes Manuskript – 1989 ließ er es photokopieren und in einer Auflage von zweihundert Exemplaren binden – mit den Aufzeichnungen über seine zweimonatige Bekanntschaft mit Plath in der Fitzroy Road 23 und erzählte, was er in den Monaten nach ihrem Tod im Hause gehört und gesehen hatte. Die ›Erinnerung‹ mit dem Titel *Sylvia Plath: Last Encounters*. ist ein bemerkenswertes Dokument. Wie Dido Merwins

›Erinnerung‹ zeichnet sie ein unmittelbares und lebendiges Selbstportrait, und, im Gegensatz zu Dido, setzt Thomas Plath nicht herab, um Hughes aufzuwerten, er redet über ihn genauso schlecht. Er interessiert sich eigentlich weder für Plath noch für Hughes. Er zeigt deutlich, daß ihn ausschließlich sein eigenes Leben interessiert. Daß er Plath überhaupt begegnet ist, ist lediglich einer von vielen unglücklichen Umständen, die ihn in seinem Leben verfolgt haben. »Seit meine Frau mich im September 1962 verließ, habe ich verzweifelt nach einem Ort gesucht, wo ich mit meinen Söhnen Giles und Joshua zusammenleben könnte«, schreibt Thomas auf der ersten Seite von *Last Encounters*. Eines Tages Ende Oktober oder November – kurz bevor Plath ihren ekstatischen Brief an Mrs. Plath schrieb, wie sie die Maisonette-Wohnung in der Fitzroy Road fand – hatte er sich die Wohnung ebenfalls angesehen und war ähnlich begeistert. Sein Problem war die hohe Miete: Er war nicht sicher, ob er die erforderlichen drei Monatsmieten auftreiben könnte, die als Vorauszahlung gefordert waren, und hatte den Immobilienmakler gebeten, die Wohnung für ein Wochenende zurückzuhalten, was der Makler auch tun wollte. Als Thomas ihn jedoch am Montag anrief, um zu bestätigen, daß er die Wohnung nehmen wolle, war sie vergeben. Der Makler »erklärte mir, daß ein junges Ehepaar mit zwei kleinen Kindern, Mr. und Mrs. Hughes, sie am Sonntag nachmittag besichtigt hätten, und da er den Eindruck hatte, daß sie sie dringender brauchten als ich, hat er sie ihnen gegeben und die Paterrewohnung für mich zurückgehalten.« Thomas berichtet weiter:

> »Ich war sehr wütend, weil die Parterrewohnung zu klein war. Außerdem war ich sicher, daß man mich irgendwie betrogen hatte. Obwohl sie nicht mehr zusammenlebten, hat Ted Hughes ihr sehr geholfen, indem er mit ihr zu den Maklern ging, die sicher nicht an eine alleinstehende Frau mit zwei Kindern vermietet hätten. Jahre später erfuhr ich, daß Mrs. Hughes die Miete für *ein Jahr* im voraus bezahlt und einen Fünfjahresvertrag unterzeichnet hatte. Kein Wunder, daß der Makler glaubte, sie bräuchte sie dringender als ich.«

Obwohl ihm die Parterrewohnung nicht gefiel, nahm er sie. »Ich mußte aus dem schlechten Geschäft das Beste machen«, grollt er. »Ich ließ meine Sachen aus dem Lager kommen und stopfte sie in die Wohnung ... Für die Jungs mußte ich Etagenbetten bauen.« Grund für diesen augenscheinlich seltsamen Kompromiß – sicher hätte er sich woanders nach einer größeren Wohnung umsehen können – war eine blaue Keramikplakette mit Yeats Namen. In seiner Jugend hatte Thomas bei einer Produktion von Yeats' Stück *An der Falkenquelle* mitgewirkt. Er hatte Regie geführt, gespielt und die Kostüme entworfen. Thomas glaubte an okkulte Dinge, und er spürte, daß er in Yeats Haus in der Fitzroy Road leben »mußte«. Aber er fühlte sich keineswegs dazu verpflichtet, der jungen Dame aus der Wohnung im ersten Stock gegenüber hilfreich oder auch nur besonders höflich zu sein, und in seiner ›Erinnerung‹ erzählt er geradezu genießerisch von seinen diversen verweigerten Hilfeleistungen und Unhöflichkeiten. Als Plath am Tag ihrer Ankunft sich selbst und die weinenden Kinder versehentlich ausgeschlossen hatte und Thomas um Hilfe bat, »mußte ich ihre Hoffnungen auf Schlüssel zunichte machen, da ich nur die für meine eigene Wohnung hatte. Ich wollte auf keinen Fall etwas damit zu tun haben, also riet ich ihr, die Polizei anzurufen, und ging meiner Wege.« Bei einer anderen Gelegenheit während der großen Kälte, als tiefer Schnee lag und Plaths Wagen nicht ansprang, »verlangte sie von mir, daß ich mit nach draußen kam und eine von diesen schweren Kurbeln schwingen sollte, die man vorne am Auto aufsteckt, um es damit anzuwerfen. Ich mußte ablehnen, denn wenn man nicht wußte, wie es ging, konnte man sich den Daumen oder sogar die Hand brechen«. Thomas berichtet, daß Plath ihren Müll in seine Tonnen warf, statt sich selbst welche zu besorgen, und mit dem Kinderwagen den Flur blockierte. »Ich glaube, man könnte sagen, daß ich eigentlich nichts gegen sie hatte«, schreibt er. Und weiter:

> »Sie war eine ziemlich selbstsüchtige Person, kümmerte sich nicht um die Probleme anderer Leute. Sie hat sich kein einziges Mal um mich und meine Söhne Gedanken gemacht oder gefragt, unter welchem Druck wir vielleicht stehen. Sie hat auch

nie Interesse an meinen Bildern gezeigt oder gefragt, was ich mache. Die ganze Welt hat sich um sie gedreht. Diese Selbstbesessenheit habe ich auch bei anderen kreativen Menschen beobachtet.«

Thomas kommt bald zu seinen beiden Standardgeschichten, den »letzten Begegnungen« aus seinem Titel. Bei der ersten, die um acht Uhr an einem Sonntagmorgen kurz vor Plaths Tod stattfindet, erscheint sie an seiner Tür und ist so erschüttert, daß sogar er berührt ist:

> »Da stand sie mit roten, geschwollenen Augen, Tränen liefen über ihr Gesicht, und mit zitternder Stimme sagt sie unter Schluchzen: ›Ich werde sterben … und wer wird sich um meine Kinder kümmern?‹ Ich wußte nicht recht, was ich machen sollte. Ich streckte die Hand aus und ergriff ihren Arm. ›Kommen Sie erstmal herein und setzen Sie sich. Ich hole Ihnen einen Drink.‹«

Plath erzählt Thomas weinend, daß sie am Ende sei. Dann schlägt ihre Stimmung um, und sie wird

> »furchtbar wütend und haut mit einer alarmierenden Intensität mit geballten Fäusten in die Luft. ›Diese schreckliche Frau ist schuld. Sie hat ihn mir gestohlen. Wir waren so glücklich, und sie hat ihn mir gestohlen. Sie ist eine böse Frau, eine niederträchtige Frau, ein verruchtes Weib. Sie sind in Spanien und geben unser Geld aus, mein Geld. Ach! Wie ich beide hasse!‹ Sie war so aufgebracht, daß ich versuchte, sie abzulenken, indem ich ihr erzählte, daß meine Frau auch in Spanien sein müßte, mit dem Mann, mit dem sie mich verlassen hat; und ob es nicht lustig wäre, wenn sie im gleichen Hotel in Barcelona wären? Es hat nicht funktioniert. Wie zuvor bei anderen Gelegenheiten war sie einzig und allein mit ihren eigenen Problemen beschäftigt. Für meine hatte sie keine Zeit«.

Bei der zweiten Begegnung, um 11.45 Uhr am Abend ihres Todes, erscheint Plath wieder an seiner Tür, diesmal um ihn um Briefmarken zu bitten. Sie sagt, sie braucht sie, um in der gleichen Nacht noch Briefe nach Amerika abzuschicken. Thomas gibt ihr die Briefmarken, und sie öffnet eine kleine Geldbörse, um sie ihm zu bezahlen. »Ich sagte ihr, ist schon gut, für Briefmarken nehme ich kein Geld, worauf sie antwortet: ›Aber ich muß sie bezahlen, denn wie soll ich das sonst vor Gott mit meinem Gewissen vereinbaren, nicht wahr?‹« Nachdem Thomas in seine Wohnung zurückgekehrt ist, sieht er immer noch Licht unter dem Türspalt, geht zurück, da steht Plath noch immer im Flur, mit »erhobenem Kopf und irgendwie verklärtem Blick«. Thomas bietet ihr an, ihren Arzt anzurufen – er findet, daß sie sehr krank aussieht – aber sie sagt: »Nein, tun Sie das bitte nicht. Ich habe nur einen wunderbaren Traum, eine ganz wundervolle Vision.« Auf Thomas' Angebot, in die Wohnung zu kommen, geht sie nicht ein, auch nicht auf seinen Vorschlag, wieder nach oben zu gehen. Sie bleibt einfach im Flur stehen, und schließlich sagt er zu ihr: »Ich muß jetzt gehen, sonst komme ich morgen nicht rechtzeitig aus dem Bett.« Wie sich herausstellt, steht er am nächsten Tag nicht vor fünf Uhr nachmittags auf. Weil das Gas in seine Wohnung hinuntergesickert ist, verpaßt er das ganze Spektakel am Vormittag: die Entdeckung der Leiche, die Ankunft von Polizei und Krankenwagen, die weinenden Kinder, die erschütterten Verwandten. Ein feiner Schachzug – eines geschickten Romanciers würdig –, daß der egozentrische Erzähler von *Last Encounters* von der Rolle des normalen entsetzten Zuschauers ausgenommen wird und er seinen eigenen »Tod« durchmachen muß. Als Thomas schließlich aufwacht, fühlt er sich seltsam und hat Kopfschmerzen; das Haus ist ruhig, und er macht sich einfach auf den Weg zu seiner Arbeit bei der Gordon Fraser Gallery, um sich (seltsamerweise) zu entschuldigen, daß er nicht angerufen hat. Erst als er zurückkehrt – sein Chef schickt ihn nach Hause –, erfährt er durch einen Nachbarn von dem Selbstmord.

Am Bahnhof in Bedford erschien um zwanzig nach zwölf ein schwacher Sonnenstrahl am grauen Himmel. Ich sah nervös auf meine Uhr. Dann trottete ein etwa siebzigjähriger hochgewachsener

Mann auf mich zu. »Ich bin Robbie«, sagte er und entschuldigte sich für seine Verspätung, verursacht durch den mißglückten Versuch, eine vegetarische Pizza zu kaufen. »Trevor sitzt im Auto«, sagte er. »Sein Bein macht ihm ein bißchen Probleme, deshalb ist er im Auto geblieben.« Robbie redete langsam und ruhig und gleichförmig. Er hatte einen vorstehenden Bauch, müde Augen und das sichere, etwas unterwürfige Auftreten einer Krankenschwester oder eines Hundetrainers. Im Auto reichte Thomas mir beiläufig die Hand und begann auf der Stelle über die Pizza mit Wurst zu quengeln, die er zu kaufen gezwungen war, weil der Laden, der vegetarische Pizzen verkaufte, samstags geschlossen war. Die vegetarische Pizza hatte man meinetwegen gesucht, und obwohl ich sagte, daß es überhaupt nichts ausmache, regte sich Thomas weiter darüber auf. Er war ein gepflegter Mann mit weißem Haar und weißem Bart und trug eine Art Overall aus schwarz-weiß gestreiftem Seersucker; am Hals sah man ein türkisfarbenes Hemd, und auf der Brust hing eine Medaille. Er trug seinen gepflegten Kopf hocherhoben und seine rosigen Lippen geschürzt. Sein linkes Bein war stark geschwollen.

Das Auto hatten Robbie und Thomas am Tag zuvor gebraucht gekauft und wußten noch nicht richtig damit umzugehen. An jeder Ampel gab es ein heftiges Gerangel mit der Gangschaltung. Ich stellte Thomas eine Frage zu seiner ›Erinnerung‹; er versuchte mir zu antworten und sagte dann: »Ich bin jetzt wegen des Autos zu nervös zum reden. Ich erzähle es Ihnen später.« Als wir uns einem kleinen Lebensmittelladen näherten, befahl Thomas Robbie zu halten; er redete mit ihm wie mit einem Chauffeur. Robbie fuhr gehorsam an die Seite. »Hol ein paar gefüllte Oliven und Heinz Salatsoße«, sagte Thomas. Robbie ging in den Laden.

Während er fort war, erzählte mir Thomas, was er in der vergangenen Nacht geträumt hatte. »Ich stand zwischen rosafarbenen Felsen mit Blick auf das Meer. Ein junges Hippiemädchen kam auf mich zu und bat um Geld. Ich sagte: ›Ich bin Franzose, und ich muß nach Hause.‹ Sie sagte: ›Ich werde mit Ihnen gehen‹ und versuchte immer wieder, mich von den rosa Felsen ins Meer hinabzustoßen. Ich sagte immer wieder: ›Laß das, ich habe kein Geld‹, und sie antwortete jedesmal: ›Das ist mir egal.‹«

Robbie kam mit einem Paket aus dem Geschäft. »Bitte sehr, Trevor«, sagte er. »Gefüllte Oliven hatten sie nicht, aber ich habe zwei andere Sorten mitgebracht. Hier ist das Wechselgeld. Gibt es noch etwas, das du haben möchtest?«

Thomas überlegte und sagte dann: »Du könntest ein fertiges französisches Dressing für die Avocados holen.« Robbie machte sich gleichmütig wieder auf den Weg in den Laden. Kindische alte Leute erzeugen eine schändliche, mörderische Ungeduld bei denen, deren Zeit noch nicht gekommen ist. Thomas überlegte noch einmal. »Laß nur«, rief er Robbie hinterher. »Ich mache das Dressing selbst.« Robbie drehte gelassen wieder um.

Als wir wieder fuhren, fragte ich Thomas: »Wie interpretieren Sie Ihren Traum? Glauben Sie, daß er etwas mit meinem Besuch und dem bevorstehenden Gespräch über Sylvia Plath und Ted Hughes zu tun hatte?«

»Nein«, antwortete Thomas. »Es ging um meinen Bruder, der mit jemandem weggegangen ist und mich verlassen hat – «

Robbie unterbrach ihn ungerührt. »Bevor du mit deiner Geschichte anfängst, Trevor, solltest du Janet vielleicht besser erzählen, was es über die – äh – rechtliche Seite zu sagen gibt.«

»Würdest du bitte still sein«, sagte Thomas. »Wenn du dazwischen redest und mir erzählst, was ich tun soll, mache ich Fehler.«

»In Ordnung«, antwortete Robbie.

»Wenn du dich auf meine Intuition verlassen würdest, wäre das wesentlich netter von dir.«

»In Ordnung.«

»Es ist meine Geschichte. Ich war derjenige, der damit fertigwerden mußte, und wäre beinahe dabei draufgegangen.«

Über die »rechtliche Seite« wußte ich bereits einiges. Nachdem er den *Independent* wegen der Geschichte mit den Bongotrommeln vor den Presserat zitiert hatte, erwirkte Hughes eine gerichtliche Verfügung gegen Thomas, um der Verleumdung ein für allemal ein Ende zu machen. Die Verleumdung, das waren die letzten Seiten von *Last Encounters* über die Zeit nach Plaths Tod, als Verwandte, Freunde von Plath und Hughes und diverse Kindermädchen in der Fitzroy Road 23 auftauchten und Thomas von seinem Posten im Erdgeschoß ihr Kommen und Gehen finster beobachtete. Wie seine ersten Begegnungen mit Plath waren auch die Begegnungen mit denen, die sie überlebten, kurz und fragmentarisch; in seinem Bericht über sie kämpfen billige Beschwerden und Voyeurismus erneut um die Vorherrschaft über die Gefühle des Verfassers. Thomas berichtet über diverse Begegnungen mit Hughes und Assia Wevill. Er schreibt sehr anerkennend über Wevill (sie war »sehr hilfreich und hat Giles einen Termin bei der J. Walter Thompson Organisation verschafft, wo sie gearbeitet hat«), aber Hughes beschreibt er als hochmütigen, bedrohlichen Mann, der sich ihm gegenüber immer wieder unhöflich benommen hat: »Ich wußte auf den ersten Blick, daß er zu den Leuten gehört, die sich immer in sicherer Distanz halten.« Später, schreibt Thomas, als er fälschlicherweise glaubte, jemand sei in die Plath-Wohnung eingebrochen, und die Polizei rief, die Hughes aus dem Schlaf riß, hat der aufgestörte Hughes »die Treppe hinuntergebrüllt, damit ich es hören sollte: ›Das war nur der dumme alte Narr von unten.‹« In seinem Brief an Andrew Motion über die Biographie von Wagner-Martin – dem Brief, in dem er über »Nervenzusammenbrüche, Neurosen und häusliche Katastrophen« schrieb, die »uns davor bewahrten, daß einige Travestien dieser Art fertiggestellt wurden« – erklärte Hughes weiter unten unverblümt:

> »Das größte Problem bei den Plath-Biographen ist, daß sie von Anfang an, wenn sie sich auf ein Buch einlassen, von dem sie hoffen, daß es sich gut verkauft, nicht realisieren, daß der interessanteste und dramatische Teil von S.P.s Leben nur zur Hälfte S.P. betrifft – die andere Hälfte betrifft *mich*. S.P. können sie nach dem Bild ihrer närrischen Phantasien karikieren und neu erfinden und damit durchkommen – und dann glauben sie in ihrer hirnlosen Art, daß es vollkommen o.k. ist, wenn sie mit mir genauso verfahren. Offensichtlich übersehen sie, daß es mich immer noch gibt, um aufzupassen, und daß ich keineswegs bereit bin, mich ihnen zum Fraß vorzuwerfen und ihrer Rekonstitution zu überlassen, wenn ich es verhindern kann.«

Im Falle von Thomas' ›Erinnerung‹ mußte Hughes Plath der Gnade von Thomas überlassen, aber mit seiner Klage gegen Thomas zwang er ihn, seine Aussage zu widerrufen und sich für die Unterstellung zu entschuldigen – ich zitiere aus den Gerichtsunterlagen von 1990 – »daß Mr. Hughes am Abend nach der Beerdigung Plaths an einer lebhaften und wilden Party mit Bongotrommeln teilgenommen hatte, die in der Wohnung abgehalten wurde, wo Plath am Anfang der Woche Selbstmord begangen hatte. Zweck der Party sei gewesen, Mr. Hughes ›aufzuheitern‹.« Dieses Dokument, das während der öffentlichen Verhandlung laut verlesen wurde, enthielt außerdem Thomas' Eingeständnis, daß »Mr. Hughes an keiner solchen Party, wie sie in seiner ›Erinnerung‹ beschrieben wurde, teilgenommen habe, und er [Thomas] akzeptiere nun, daß er sich geirrt und eine solche Party an dem fraglichen Abend nicht stattgefunden habe«.

Ich begann, Thomas über seinen Rechtsstreit mit Hughes zu befragen, als wir unser Ziel erreicht hatten: ein kleines Haus in einer ruhigen Straße mit schmalen, ziemlich trostlosen und dürftigen zweigeschossigen Backstein-Reihenhäusern, in England die am weitesten verbreitete Wohnhaus-Architektur. Aber auf das, was mich im Inneren des Hauses erwartete, war ich nicht vorbereitet: ein unordentliches Lager, angefüllt mit bizarrem Kram. Wir betraten einen schmalen Durchgang, den bis unter die Decke gestapelte verbeulte Pappkartons nahezu unpassierbar machten, der in einen kleinen, quadratischen, schwach beleuchteten fensterlosen Raum führte. In der Mitte stand ein runder weißer Plastiktisch, um ihn herum diverse kaputte Stühle, der größte mit Blickrichtung auf den Fernseher. An den Wänden, auf dem Boden, auf jeder freien Fläche stapelten sich hundert oder gar tausend Gegenstände, als ob man hastig in einen Trödelladen den Inhalt von zehn weiteren Trödelläden gestopft hätte. Das Ganze bedeckte eine Staubschicht: Keine normale, durchsichtige Staubschicht, sondern eine Staubschicht, die wiederum vom Staub bedeckt war – Staub, der im Laufe der Jahre eine Art Objektcharakter angenommen hatte, sozusagen immanent. Durch einen Türbogen in der Nähe des Eingangs konnte man in ein dunkles Schlafzimmer mit einem ungemachten Bett sehen, auf dem zerknülltes Bettzeug und so etwas wie Kleiderhaufen lagen, um das Bett herum wiederum Schatten von weiteren Gegenständen. Mit Erleichterung bemerkte man eine Küche mit Tageslicht hinter dem Wohnzimmer. Aber die Erleichterung war nicht von Dauer. Die Küche war gewissermaßen noch beunruhigender als alle anderen Zimmer. Auch hier quoll jede Abstellfläche über – Hunderte von Utensilien, Geräten, Flaschen mit Gewürzen, Dosen, Körbe, Teller, ineinandergestapelte Töpfe – womit dem Raum jede Funktion genommen war; für die Zubereitung von Essen und die anschließende Restebeseitigung war der Raum völlig ungeeignet. Nirgendwo konnte man etwas abstellen, um zu arbeiten oder gar zu kochen: Der Gasherd war außer Betrieb und zur Abstellfläche für weitere Gegenstände geworden.

Robbie brachte die Fertigpizza und das Päckchen mit Oliven und Heinz Salatsoße in die Küche und sah hilflos um sich, als ob er noch nie hier gewesen wäre. Thomas war in den Sessel vor dem Fernseher gesunken, stand dann aber mit schmerzverzerrtem Gesicht wieder auf und begann, Robbie für die Vorbereitung des Essens Anweisungen zu geben. Robbie hatte einen Platz zum arbeiten gefunden: ein kleines Eckchen auf einem winzigen Schneidebrett, auf dem er Tomaten inmitten von alten Brotkrumen schnitt. Gutmütig befolgte er Thomas' gebieterische Anweisungen, bis er dann schließlich auf eine unmögliche Anordnung ausrief: »Aber da ist doch überhaupt kein Platz!« Nachdem ich meine Hilfe angeboten hatte, in dem Bewußtsein, daß ich nichts tun konnte, ging ich ins Wohnzimmer zurück, der Anblick der beiden streitenden und angestrengt herumfuhrwerkenden alten Männer tat einfach zu weh. Endlich waren die Vorbereitungen beendet, und während die Pizza in einer von zwei Mikrowellen in der Küche heiß wurde, ging Robbie nach oben in seine eigenen Zimmer, und Thomas und ich saßen am weißen Tisch. Thomas begann mit einer unzusammenhängenden Geschichte über sein kompliziertes und schwieriges Leben, dessen Mißgeschick durch die »unheilvollen, finsteren Vibrationen«, die »der Yeats-Einfluß« in der Fitzroy Road 23 verströmt hat, offensichtlich nur verschlimmert worden waren. Ich hörte mir an, wie er von diversen Jobs erzählte, aus denen nichts Rechtes wurde, von seiner Frau, die ihn wegen eines reichen Geschäftsmannes auf der Isle of Wight verlassen hatte, von einem seiner Söhne, der aus dem Internat abgehauen war, von diesem und jenem Menschen, der ihn übel mißbraucht hatte. So wie meine Augen vor der bedrohlichen Multiplizität der Gegenstände zurückgeschreckt waren, wich mein Verstand seinem einlullenden, zusammenhanglosen Monolog aus. In einem Absatz über den Autor am Ende von *Last Encounters* hat R. C. Stuart (Robbie) dieses Material schwungvoll zu einer Art Job-Resümee geordnet – »Professor Trevor Thomas, Verwalter, Künstler, Autor und Schauspieler, hat eine abwechslungsreiche und hervorragende Karriere hinter sich«, – er zitiert »hochgelobte« Produktionen, in denen Thomas mitgespielt hat, den »unverwechselbaren« Stil seiner Bilder, seine »revolutionären Techniken bei Museumsausstellungen« und seine »beeindruckende Integrität«. Thomas' mürrische Erzählung führte das Material jetzt in den Urzustand zurück.

Als ich mich später an Thomas' Haus erinnerte (was ich häufiger tat, so einen Ort vergißt man nicht so leicht), kam er mir wie eine monströse Allegorie der Wahrheit vor. So sind die Dinge, sagt das Haus. Das ist die unmittelbare Aktualität, in all ihrer Vielfalt, Zufälligkeit, Unbeständigkeit, Redundanz, *Authentizität.* Angesichts der alles beherrschenden Unordnung in Trevor Thomas' Haus erscheinen uns die ordentlichen Häuser, in denen die meisten von uns leben, dürftig und leblos – auf die gleiche Weise schrumpfen und verblassen Erzählungen, die man Biographien nennt, im Angesicht der unordentlichen Aktualität eines Lebens. Das Haus hat außerdem meine Phantasie angeregt, weil es eine Metapher des Problems des Schreibens an sich ist. Wer sich hinsetzt, um zu schreiben, hat nicht das leere Blatt Papier vor sich, sondern seinen eigenen erheblich überfüllten Verstand. Das Problem liegt darin, das meiste davon auszuräumen, große Plastikmüllsäcke mit den kunterbunt vermischten Dingen zu füllen, die sich in Tagen, Monaten, Jahren eines Lebens angehäuft haben, in denen man sie mit den Augen, den Ohren und dem Herzen aufgenommen hat. Ziel ist es, Platz zu schaffen, damit ein paar Ideen und Bilder und Gefühle so angeordnet werden können, daß ein Leser sich eine Weile mit ihnen aufhalten und nicht vor ihnen fliehen will, so wie ich vor Thomas' Haus. Aber so ein Hausputz (beim Erzählen) ist nicht nur mühsam, sondern auch gefährlich. Es besteht die Gefahr, daß man die falschen Dinge wegwirft und die falschen Dinge behält; es besteht die Gefahr, daß man zuviel wegwirft und mit einem leeren Haus zurückbleibt; ebenso die Gefahr, alles wegzuwerfen. Wenn man einmal anfängt wegzuwerfen, kann man vielleicht nicht mehr aufhören. Vielleicht sollte man besser nicht damit anfangen. Vielleicht sollte man alles behalten, wie Trevor Thomas, damit man nicht mit leeren Händen dasteht. Die Angst, die mich in Thomas' Haus befiel, ist mit der Angst eines Schriftstellers verwandt, der sich nicht traut, mit dem Schreiben anzufangen.

Robbie kam zurück und trug das Essen auf. Jeder von uns bekam einen Teller, auf dem ein Stück Pizza, Kartoffelsalat und Oliven und Tomatenscheiben hübsch angerichtet waren; der Kampf, sie anzurichten, hatte keinerlei Spuren hinterlassen. Thomas starrte auf seinen Teller und sagte: »Clarissa sagt, Olwyn habe ihr erzählt, daß Sylvia schlimme Dinge über mich gesagt hat. Ich glaube das nicht. Wenn sie mich so wenig gemocht hätte, hätte sie mich doch nicht um Hilfe gebeten, oder? Vielleicht doch. Ich weiß es nicht.«

Ich antwortete: »Man kann einer Person gegenüber verschiedene Gefühle haben. Sie haben sie doch auch nicht gemocht, und trotzdem tat sie Ihnen leid.«

Robbie meinte: »Stimmungen sind nicht das gleiche wie grundsätzliche Einstellungen.«

»Haben Sie das Gefühl, dabeigewesen zu sein, Robbie?« fragte ich.

»Ich habe die Geschichte so oft von Trevor gehört. Immer gleich. Sie ändert sich nie. Er hat ein photographisches Gedächtnis, wie eine Kamera«, sagte Robbie stolz, als ob er ein Pferd vorführen würde.

»Das stimmt«, sagte Thomas. »Wenn ich Ihnen die Geschichte jetzt erzähle, sehe ich die Szene vor mir. Ich sehe, wie sie dasteht. Ich öffne die Tür. Tränen laufen über ihr Gesicht. Sie hat ganz rote Augen. Ihre Haare sehen schrecklich aus. ›Ich werde sterben. Wer wird sich um meine Kinder kümmern?‹ Ich wußte nicht, was ich tun sollte. Was hätten Sie getan? Ich sagte: ›Kommen Sie herein.‹ Das war beim zweiten Mal. Das erste Mal war der Abend, wo sie mich fragte, ob ich ihr Auto ankurbeln würde. Es hatte heftig geschneit. Ich sagte ›nein‹. Ich hätte mir die Hand brechen können. ›Rufen Sie lieber beim BBC an.‹ Was sie auch tat – sie arbeitete an einer Radiosendung. Sie sagten, sie solle sich ein Taxi nehmen. Während sie wartete, sagte sie: ›Ich mag all ihre alten englischen Sachen. Wissen Sie, Sie erinnern mich an meinen Vater. Er war auch Professor, in Amerika.‹ Also wußte sie, daß ich Professor war. Aber sie hat mich nie gefragt, was ich tue. Sie hat nie gefragt, ob ich male oder zeichne oder Künstler bin. Ich hätte ein Portrait von ihr machen können, wenn sie freundlicher gewesen wäre.«

»Haben Sie sie gefragt, was *sie* macht?«

»Na ja, ich bin einfach davon ausgegangen, daß sie Hausfrau ist«, sagte Thomas nach einer Weile. Und dann: »Ich wußte nicht, daß sie Schriftstellerin war, bis zu dem Abend, an dem sie hysterisch geworden ist.« In der Szene seiner ›Erinnerung‹, wo Plath zu seiner Wohnung kommt und von dem verruchten Weib redet, das ihr ihren Mann gestohlen hat, zeigt sie ihm außerdem eine Seite aus dem *Observer* mit einer Rezension der *Glasglocke*, und auf der gegenüberliegenden Seite ist zufällig ein Gedicht von Hughes. Plath erklärt ihm, daß sie Victoria Lucas ist. Dann, »wild und heftig«, sagt sie: »Wahrscheinlich ist er jetzt mit unseren Freunden da, nimmt ihre Glückwünsche zu dem Gedicht entgegen, bewunderter Mittelpunkt, kann kommen und gehen, wie er will. Und ich sitze hier, in diesem Haus gefangen, angekettet an die Kinder.«

Ich fragte Thomas, ob er *Die Glasglocke* gelesen habe.

»Oh, ja natürlich, nach ihrem Tod. Bevor sie starb, hatte ich nichts von ihr gelesen. Ich habe keines ihrer Gedichte gelesen. Gedichte interessieren mich nicht. Ich mag Romane. Ich mag Memoiren. Am liebsten mag ich Biographien. Ich glaube, ich kann selbst ganz gut schreiben. Clarissa sagt, daß der Stil meiner ›Erinnerung‹ sehr ergreifend ist. Sie sagt, der Stil sei sehr gut. Anscheinend war ich irgendwie inspiriert. Es liest sich gut, nicht wahr?«

»Stimmt.«

»Fast alle haben gesagt: ›Ich konnte es nicht aus der Hand legen.‹ Ich weiß nicht, was Hughes daran auszusetzen hat. Ich habe ihn überhaupt nicht angeschwärzt. Robbie, keine Milch in den Tee. Janet will keine Milch.«

»Ich weiß. Der ist für dich.«

»Ich habe hier schon einen.«

»Der ist eiskalt. Ich habe frischen gekocht.«

Thomas starrte angewidert in die Teetasse, die Robbie ihm hingestellt hatte. Dann sagte er: »Als Miss Malpass anrief – sie gehört zu dem großen Anwaltsbüro, das Ted vertritt, Nabarro Nathanson. Im großen und ganzen jüdisch. Sie haben einen großen Stamm an Rechtsanwälten und Zugang zu allen Gerichtsbarkeiten. Sie rief an und sagte: ›Wir sollten versuchen, zu einem Vergleich zu kommen. So etwas Dummes, daß ihr beiden Männer euch so in den Haaren liegt‹, Robbie meinte: ›Warum sagst du nicht ja? Das ganze Theater nimmt dich so sehr mit.‹ Und *es hat* mich furchtbar mitgenommen. Ich bin ziemlich krank geworden, nicht wahr, Robbie?«

»Ja. Nervliche Erschöpfung. Zu viel Kummer. All diese Gedanken, die bei seinem photographischen Gedächtnis so lebhaft wiederkehrten. Wieder und wieder. Bei jedem Interview, so wie heute – «

Thomas unterbrach ihn. »Ach, das hat mir nichts ausgemacht. Ted Hughes' Drohungen waren es. Ich hatte Angst vor ihm, ich hatte Angst, er könnte mich verklagen. Ein Gerichtsvollzieher war hier. Mein Anwalt hatte mir erklärt, daß Hughes mir mein Haus wegnehmen könnte, meine Gemälde – alles, was ich habe. Ich weiß, das klingt ein bißchen arrogant, aber ich finde es unglaublich, daß ein gebildeter Mann – falls man Ted Hughes als angesehenen, gebildeten Mann bezeichnen kann – es wagen würde, so gegen mich vorzugehen, wo ich doch viel älter bin und auch ein gewisses intellektuelles Format habe. Ich meine, meine Eintragung im *Who is Who* stellt seine weit in den Schatten. Bei seiner steht lediglich eine Liste der Bücher, die er geschrieben hat.«

Als es Zeit war zu gehen und ich ein Taxi rufen wollte, erhoben die beiden Männer Einspruch und fuhren mich zum Bahnhof. Robbie kam jetzt mit der Gangschaltung besser zurecht. Auf meine Frage nach seinem Beruf antwortete Robbie, daß er vor sechs Jahren in Pension gegangen sei, und erklärte mir mit verwirrenden technischen Details seine Arbeit in der Elektronikbranche. Als er fertig war, sagte Thomas: »Sie sehen, Robbie hat mehr auf dem Kasten, als man glaubt.«

Im Zug las ich die Kopie von Thomas' Eintragung im *Who is Who*, die er mir gegeben hatte. Sie war lang und zählte etliche Jobs in Museen und an Universitäten auf, manche hatten nur ein Jahr gedauert, außerdem wurden drei Publikationen in Museumszeitschriften erwähnt. Dann machte ich mir Notizen über Trevor Thomas' Haus. Ich wußte, daß mich das Labyrinth der Geschichte von Sylvia Plath und Ted Hughes irgendwann dorthin zurückführen würde – das Aleph meiner Erzählung – und daß ich, wenn der Zeitpunkt gekommen wäre, nach einem Beweis suchen würde, daß ich es nicht nur für meine Geschichte heraufbeschworen hatte, sondern auch wirklich dort gewesen war.

Auswahlbibliographie

Schriften von Sylvia Plath:

The Colossus
– London, Melbourne, Toronto: William Heinemann Ltd. 1960; London, Faber and Faber Limited 1967; New York: Alfred A. Knopf 1962; New York: Vintage Books 1968.
Gedichte.

Three Women
– London: Turret Books 1968.
Monolog für drei Stimmen; mit einer Einführung von Douglas Cleverdon. In Amerika erschien ein Raubdruck der englischen Ausgabe, vermutlich 1970 oder 1975 in Oakland hergestellt.

Deutsche Ausgabe:
– *Drei Frauen.* Ein Gedicht für drei Stimmen. Aus dem Englischen von Friederike Roth. Frankfurt am Main: Frankfurter Verlagsanstalt 1991.

The Bell Jar
– London, Melbourne, Toronto: William Heinemann Ltd. 1963. By Victoria Lucas [pseud.]. London: Faber and Faber Limited 1966. By Sylvia Plath. New York; Evanston, San Francisco, London: Harper & Row, Publishers 1971. Toronto, New York, London: Bantam Books 1972.
Roman. Die amerikanischen Ausgaben enthalten biographische Angaben von Lois Ames und Zeichnungen von Sylvia Plath.

Deutsche Ausgabe:
– *Die Glasglocke.* Aus dem Englischen von Christian Grote. Frankfurt am Main: Suhrkamp 1968.

Ariel
London: Faber and Faber Limited 1965. New York: Harper & Row, Publishers 1966.
Gedichte.

Deutsche Ausgabe:
– *Ariel.*
Gedichte. Englisch und deutsch. Deutsch von Erich Fried. Frankfurt am Main: Suhrkamp 1974.

Uncollected Poems
London: Rainbow Press 1971.
Gedichte.

The Surgeon at 2 a. m.
Portland, Oregon, U. S. A.: 1971.
Gedichte. Mit einem Vorwort von Matthew Kangas.

Crystal Gazer
London: Rainbow Press 1971. *Gedichte.*

Fiesta Melons.
Exeter: The Rougemont Press 1971.
Gedichte. Mit vierzehn Zeichnungen von Sylvia Plath.

Crossing the Water
London: Faber and Faber Limited 1971. New York, Evanston, San Francisco, London: Harper & Row, Publishers 1971.
Gedichte. Die beiden Ausgaben sind nicht identisch.

Winter Trees
London: Faber and Faber Limited 1971. New York, Evanston, San Francisco, London: Harper & Row, Publishers 1972.
Gedichte. Die beiden Ausgaben sind nicht identisch.

Letters Home. Correspondence 1950-1963. Selected and Edited with Commentary by Aurelia Schober-Plath.
New York, Evanston, San Francisco, London: Harper & Row, Publishers 1975. London: Faber and Faber Limited 1976.

Deutsche Ausgabe:
– *Briefe nach Hause. 1950-1963. Ausgewählt und herausgegeben von Aurelia Schober-Plath.* Aus dem Englschen von Iris Wagner. München, Wien: Carl Hanser Verlag 1975. Mit einem Nachwort von Gabriele Wohmann.

The Bed Book
London: Faber and Faber Limited, 1976.
Ein einzelnes Gedicht. Illustrated by Quentin Bell.
New York, Hagerstown, San Francisco, London: Harper & Row, Publishers 1976. Pictures by Emily Arnold McCully.

Deutsche Ausgabe:
– *Das Bett-Buch.* Ins Deutsche gebracht von Eva Demski. Zweisprachige Ausgabe. Mit Bildern von Rotraut Susanne Berner. Frankfurt am Main: Frankfurter Verlagsanstalt 1989.

Johnny Panic and the Bible of Dreams
London: Faber and Faber Limited 1977, 1979. New York, Hagerstown, San Francisco, London: Harper & Row, Publishers 1979.
Erzählungen und Prosa aus den Tagebüchern. In der zweiten englischen Ausgabe wurden neun weitere Texte aufgenommen, in der amerikanischen Ausgabe fehlen zwei Texte, dafür wurde ein weiterer aufgenommen.

Deutsche Ausgaben:
– *Die Bibel der Träume.* Erzählungen. Prosa aus den Tagebüchern. Aus dem Amerikanischen von Julia Bachstein und Sabine Techel. Frankfurt am Main: Frankfurter Verlagsanstalt 1987.
– *Zungen aus Stein.* Erzählungen. Aus dem Amerikanischen von Julia Bachstein und Susanne Levin. Frankfurt am Main: Frankfurter Verlagsanstalt 1989.
Die beiden Bände enthalten alle veröffentlichten Texte.

Collected Poems
London: Faber and Faber Limited 1981.
New York, Cambridge, Philadelphia, San Francisco, London, Mexico City, Sao Paulo, Sydney: Harper & Row, Publishers 1981.
Gedichte.

The Journals of Sylvia Plath
New York: The Dial Press 1982. New York: Ballantine Books 1983.

Selected Poems
London: Faber and Faber Limited 1985.
Gedichte.

Schriften über Sylvia Plath

Wegen der Fülle des Materials findet sich hier nur eine Auswahl unter besonderer Berücksichtigung der in diesem Buch erwähnten Personen und Schriften und der bisher in deutsch veröffentlichten Biographien und ›Erinnerungen‹.

Alexander, Paul: *Rough Magic: A Biography of Sylvia Plath.* Viking, 1991.

Alexander, Paul (Hrsg.): *Ariel Ascending. Writings about Sylvia Plath.* Harper & Row, Publishers 1985.

Alvarez, Alfred: *The Savage God: A Study of Suicide.* Random House, New York 1972.
– Deutsche Ausgabe: *Der grausame Gott.* Hoffmann & Campe, Hamburg 1974.

Baltzell Kopp, Jane: *»Gone, Very Gone Youth«: Sylvia Plath at Cambridge,* 1955-1957, in: Edward Butscher: *Sylvia Plath: The Woman and the Work,* S. 61-80.

Butscher, Edward: *Sylvia Plath: Method and Madness.* Seabury Press New York 1976.

Butscher, Edward (Hrsg.): *Sylvia Plath: The Woman and the Work.* Dodd, Mead, New York 1977.

Davison, Peter: *Half Remembered, A Personal History.* Harper & Row, New York 1973.

Hardwick, Elizabeth: On Sylvia Plath. in: Paul Alexander: *Ariel Ascending,* S. 100-115.

Hardwick, Elizabeth: *Seduction and Betrayal.* Random House, New York 1974.
– Deutsche Ausgabe: *Verführung und Betrug.* Frauen und Literatur. S. Fischer Verlag, Frankfurt am Main 1986.

Ronald Hayman: *The Death and Life of Sylvia Plath.* Birch Lane Press, 1991.
– Deutsche Ausgabe: *Sylvia Plath. Liebe Traum und Tod.* Wilhelm Heyne Verlag, München 1992.

Heany, Seamus: *The Gouvernement of the Tongue,* The 1986 T. S. Eliot Memorial Lectures and Other Critical Writings, Faber and Faber Limited, London 1988.
– Deutsche Ausgabe: Die unermüdlichen Hufschläge: Sylvia Plath, in: *Die Herrschaft der Sprache*, Carl Hanser Verlag, München 1992, S. 196-224.

Howe, Irving: A Partial Dissent, in: Irving Howe: *The Critical Point*, Horizon Press, New York 1973.

Hughes, Ted: Foreword, in: *The Journals of Sylvia Plath, 1950-162,* Hg. Frances McCullough und Ted Hughes. Dial Press, New York 1982.

Hughes, Ted: Introduction, in: *Johnny Panic and the Bible of Dreams.* Harper & Row, New York 1979.

Hughes, Ted: *Sylvia Plath and Her Journals*, in: Paul Alexander: *Ariel Ascending*, S. 152-1964.

Krook, Dorothea: *Recollections of Sylvia Plath,* in: Edward Butscher: *Sylvia Plath: The Woman and the Work,* S. 49-60.

Lameyer, Gordon: *Sylvia at Smith,* in: Edward Butscher: *Sylvia Plath: The Woman and the Work,* S. 32-41.

Lameyer, Gordon: *The Double in Sylvia Plath's The Bell Jar,* in: Edward Butscher: *Sylvia Plath: The Woman and the Work*, S. 143-165.

Merwin, Dido: *Vessel of Wrath: A Memoir of Sylvia Plath*, in: Anne Stevenson: *Bitter Fame: A Life of Sylvia Plath,* S. 322-347.
– Deutsche Ausgabe: *Ein Gefäß des Zorns,* in: Anne Stevenson: *Sylvia Plath. Eine Biographie,* S. 535-575.

Myers, Lucas: *Ah, Youth...: Ted Hughes and Sylvia Plath at Cambridge and After*, in: Anne Stevenson: *Bitter Fame: A Life of Sylvia Plath,* S. 307-321. – Deutsche Ausgabe: *Oh, Jugend... Ted Hughes und Sylvia Plath in Cambridge und später*, in: Anne Stevenson: *Sylvia Plath. Eine Biographie,* S. 509-533.

Newman, Charles (Hrsg.): *The Art of Sylvia Plath. A. Symposium.* Indiana University Press, Bloomington 1970.

Roche, Clarissa: *Sylvia Plath, Vignettes from England*, in: Edward Butscher: *Sylvia Plath: The Woman and the Work,* S. 81-96.

Rose, Jaqueline: *The Haunting of Sylvia Plath.* Virago Press Limited, London 1991.

Sexton, Anne: *The Barfly Ought to Sing*, in: Paul Alexander: *Ariel Ascending,* S. 178-184.

Sigmund, Elizabeth: *Sylvia in Devon, 1962*, in: Edward Butscher: *Sylvia Plath: The Woman and the Work,* S. 100-109.

Stevenson, Anne: *Bitter Fame: A Life of Sylvia Plath.* Houghton Mifflin Company, Boston 1989.
– Deutsche Ausgabe: *Sylvia Plath. Eine Biographie.* Frankfurter Verlagsanstalt, Frankfurt am Main 1989.

Wagner-Martin, Linda: *Sylvia Plath: A Biographie.* Simon & Schuster, New York 1987.
– Deutsche Ausgabe: *Sylvia Plath. Eine Biographie.* Insel Verlag, Frankfurt am Main 1990.

Wilbur, Richard: Cottage Street, 1953, in: Edward Butscher: *Sylvia Plath: The Woman and the Work,* S. 30-32.